한국의 간이역

한국의 간이역

ⓒ임석재, 2009

초판 1쇄 2009년 6월 22일 펴냄

글 · 사진 | 임석재 펴낸이 | 강준우
기획편집 | 정지희, 김윤곤, 김수현, 이지선   디자인 | 이은혜, 임현주
마케팅 | 이태준, 최현수 관리 | 김수연 펴낸곳 | 인물과사상사
출판등록 | 제17-204호 1998년 3월 11일   주소 | (121-839) 서울시 마포구 서교동 392-4 삼양빌딩 2층
전화 | 02-471-4439 팩스 | 02-474-1413   홈페이지 | www.inmul.co.kr | insa@inmul.co.kr
ISBN 978-89-5906-112-9 03300
값 17,000원

한국의 간이역

건축기행, 새롭게 보는 문화재 간이역
－수탈과 낭만의 변주곡 사이에서

임석재 글·사진

인물과
사상사

간이역에 얽힌
극단의 감정과 건축 미학

'간이역' 하면 아무래도 서정적이고 낭만적 이미지가 제일 먼저 떠오른다. 소위 말하는 '추억의 간이역' 이다. 여기서 '추억' 이라는 단어의 실체가 좀 모호한데, 아마도 서정적이고 아스라한 기억을 총칭하는 의미로 쓰는 것 같다. 간이역은 대부분 시골에 있기 때문에 주변 분위기가 고즈넉하고 때 묻지 않아 이런 감정을 더욱 자아낸다. '소시민의 미학' 이다. 사람들은 이런 곳에서 살라고 하면 못 살지만 가끔 이렇게 외지고 낙후된 지역에서 혼자 적막한 시간을 보내면서 자기 내면을 들여다보기를 좋아한다.

간이역 건물 자체는 뛰어난 수작은 아니지만 그런대로 예쁜 편에 속한다. 무엇보다도 '기차' 혹은 '철도' 라는 단어가 이상하게 낭만성과 깊게 연루되어 있다. 골덴강으로 만든 매우 삭막한 산업 생산물임에도 불구하고, 사람들은 '철로' 조차 상당히 낭만적 대상으로 받아들인다. 하기야, 기차가 저 멀리서 달려올 때 철로에 전해지는 진동과 금속성 소리는 뭐라 말로 표현하기 힘든 내적 흥분을 자아내기는 한다. 이런 소리를 서울역에서 들으면 잘 들리지도 않을뿐더러 아무 감흥이 없지만, 시골 간이역에서 들으면 곧바로 '여행' 내지는 '어릴 적 기억' 등과 동의어가 되어버린다. 간이역이라는 단어에는 이처럼 많은 이미지들이 얽여 있다.

사람들은 '추억의 간이역' 운운하며 수필도 쓰고 시도 쓴다. 간이역은 꽤 일찍부터 사람들의 관심을 끌었지만, 지금까지는 문학적 감수성의 대상으로만 다루어왔다. 이때 등장하는 배경 사진은 열에 아홉 '안개 낀 새벽녘 풍경' 같은 종류이다. 배호의 '안개 낀 장충단 공원' 이래 안개는 고독한 낭만성의 대명사가 되었고, 정훈희가 이걸 이어받아 '안개'라는 단독 제목으로 아예 기정사실화했는데, 사실 안개를 둘러싼 공식화된 전형성의 대명사는 간이역이다. 사진 좀 찍는다는 사람들도 안개 넣지 말고 찍으라 하면 간이역에서 쓸 만한 스폿을 잡아내지 못한다.

그 반대편에 소수지만 간이역을 일제 수탈의 증거로 보는 민족주의자들이 있다. 특히 최근에는 한국 현대사에 대한 미시사 연구의 하나로 일제강점기 철도산업에 대한 연구가 활발한데 기차역도 중요한 항목이 되고 있다. 간이역은 대도시 역과 함께 이 연구의 양대 축을 이룬다.

이런 연구에서는 간이역을 통해 얼마나 많은 한반도의 물자가 일본으로 약탈당해 갔으며, 얼마나 많은 한반도의 젊은이들이 일제가 벌인 전쟁터에 징용되어 갔는지를 증명한다. 그리고 토지 수탈과 노동력 착취 등 철도를 깔고 기차역을 짓는 과정에서 벌어진 일제의 만행에 대해서도 증명한다. 이렇게 보면 간이역은 아프다 못해 흉악하기까지 한 건물이다. 문화재 지정이 웬 말이며, 구 청와대 철거(1993년 11월) 때처럼 날잡아 축제라도 벌이면서 '최신 파괴공법'으로 한꺼번에 싹 쓸어 없애도

분이 풀리지 않을 대상이다.

두 개의 시선, 수탈과 낭만

간이역에는 이렇게 양극단의 감정이 공존한다. 국민들의 감성은 '추억' 쪽에 가까워보인다. 이번 책을 쓰면서 여러 사람들에게 물어봤는데 한 명도 안 빼고 모두 간이역하면 낭만, 서정, 추억 등이 떠오른다고 했다. 일부 감수성이 예민한 여자들은 두 손을 꼭 쥐고 먼 하늘을 응시하며 '아, 한 번 가보고 싶어'라고 하기도 했다. 간이역이 일제 수탈의 직접 수단으로 지어졌다는 사실을 모르는 한국 사람은 없겠지만, 그런 역사적 정보에 감정을 이입해 온몸을 부르르 떨며 마음으로 받아들이는 것은 분명 다른 일이다. 요즘 대학생들 나이 정도만 해도 문제가 심각하다. 간이역과 관련된 이런 역사적 사실을 모르는 경우가 허다하다. 특히 '근대문화재'라는 단어가 들어가기 시작하면 사람들은 더 무뎌진다. 세월이 많이 흐르긴 흘렀나보다. 시간의 축적이 식민 문제와 주체의 문제 등 심각한 주제들을 밀어내고 있으니 말이다.

간이역 관리 당국이라 할 수 있는 철도공사 직원들은 '식민수탈'이라는 단어에 민감하게 반응하는 듯했다. 자신들은 그저 국민의 편의와 산업발전을 위해서 묵묵히 일할 뿐인데, 자신들의 일터가 식민수탈의 중심지였다는 사실 자체에 우선 힘들어하는 것 같았다. 더욱이 대학교수란 사람이 나서서 이런 사실을 온 동네에 떠들고 다니니 더 심기가 불편했을 것이다. 한 명 한 명 붙들고 물어보지는 않았지만 '이제 그만 묻어두고 현재와 미래의 발전을 위해서 다 함께 정진하자' 내지는 '이제 와서 그걸 끄집어내 떠드는 게 무슨 이익이냐' 정도가 철도 종사자들의 대체적인 심정인 듯했다.

간이역에 관심을 갖게 된 직접적인 계기는 고속열차 안에 비치되는 『KTX 매거진』에서 원고청탁을 받으면서이다. 유럽의 기차역에 관한 6회 원고를 먼저 쓴 뒤(이 주제와 관련해 『유럽의 기차역』 출간 예정) 한국의 기차역으로 옮겨갔다. 서울역 같은 대형 역도 썼지만 1년 가까이 진행된 연재의 대부분은 간이역에 관한 것이었다. 제일 먼저 집에서 가까운 능내역에 가보았다. 이 역은 등록문화재는 아니어서 이번 책에서는 빠졌는데(『한국의 간이역』 2권에 들어감), 직접 보고 큰 충격에 빠졌다. 문학작품을 통해 간이역에 대해서 이런저런 내용을 주워들은 적은 있었지만, 직접 내 발로 구석구석 돌아보고 하루 종일 사진을 찍은 적은 처음이라 더 그랬다.

감성적 접근은 반성과 성찰을 전제로

충격은 두 갈래였다. 우선 그 자체로 아름답고 너무 서정적이었다. 터를 잡고 앉은 모습이나 동네 속에 위치한 상황, 주변 경치와 어울리는 품새 등이 매우 보기 좋았다. 다른 하나는 건축 내용이었다. 머릿속에서는 전광석화처럼 건축양식사 관점에서 많은 생각들이 쏟아져 나왔다.

일반인이 보기에는 규모도 작고 건축적 구성도 단순해 보이겠지만, 내 눈에는 그렇지 않았다. 이 자그마한 건물 한 채가 담고 있는 건축적 내용이 굉장히 다양하고 풍부했다. 세 번을 찾아가 글도 쓰고 사진도 찍으면서 간이역을 어떻게 접근할지 곰곰이 생각했다. 저녁에 사진을 정리하면서 한 가지 생각이 더 떠올랐다. 과연 간이역을 이렇게 서정적으로만 볼 것인가, 일제 수탈의 전진기지였다는 사실은 세상이 다 아는 역사적 정보인데 왜 사람들은 이 문제에 둔감할까 등등이었다. 물론 능내역은 해방 후에 지었기 때문에 이런 역사적 사실의 대상은 아니지만, 간이역 전체로 확장하면 불문가지의 사실이었다.

결국 간이역에서 서정성, 역사성, 건축조형성의 세 가지 방향을 찾은 셈이다. 서정성과 역사성에 대해서는 앞서 얘기한대로 지금까지 많은 접근들이 있었다. 그러나 정작 건축적 분석은 없었다. 건물이 주인공인데도 건축적 분석 없이 서정성과 역사성을 논해왔다는 것이 조금 이해가 안 가기도 했고, 뒤집어 생각하면 건축전공자인 내가 기여할 틈새시장 같은 것이기도 했다. 간이역을 서정적 감상의 대상으로 보고 시도 쓰고 수필도 쓰라면 잘할 자신이 있지만, 이런 접근은 이제 좀 진부해졌고 역사성에 대한 판단은 일반사에서 다룰 내용이라 전공분야가 달랐다.

오랜 생각 끝에 내 전공에 맞게 보고 느낀 그대로의 건축적 분석을 일차 방향으로 잡았다. 궁극적으로는 이런 건축 분석을 통해 서정성과 역사성 모두에 조형적 근거를 제공하기로 했다. 상반되는 두 태도에 대해 어느 한 쪽 편을 들지 않고 제3의 접근을 통해 양쪽 모두에 인식의 확장을 돕고자 함이다. 양시론(兩是論)인 셈이다. 그동안 서정성에 치우쳐왔기 때문에 역사성을 함께 얘기하는 것만으로도 서정성을 부정하고 반일다운 태도를 취하는 것으로 보일 수 있겠으나 그렇지는 않다.

이분법이 판치는 우리나라에서 이런 태도는 회색분자로 보일 수도 있다. 박쥐 같은 어정쩡한 양다리 걸치기로 손가락질 받기 쉽다. 간이역에까지 이런 이분법을 들이대고 싶지는 않다. 역사도 시간이 지나면 문화가 되고 예술의 대상이 되는 법이다. 이런 확장 가능성이 역사의 매력 가운데 하나이며 그 가능성을 찾아내 구체적 작업을 벌이는 것은 매우 재미있고 보람된 일이다. 동시에 역사에 담긴 아픈 사실도 반드시 함께 알아야 한다. 알고 극복한 다음에 확장하는 것하고 알지도 못하면서 막연히 즐기기만 하는 것하고는 천지 차이다.

역사의 확장 안에는 역사에 대해서 몰랐던, 혹은 가볍게 흘려보냈던 기존의 태도를 보완하는 작업도 포함되어야 한다. 서정성 안에 식민 역사성도 함께 들어가야 한다. 식민 역사성은 반드시 알고 가슴에 새겨야 할 사실이다. 반성과 다시는 똑같은 부끄러운 역사를 반복하지 않는다는 전제 아래 이를 극복할 마음의 자세를 갖춘다면, 서정적으로 즐기는 것은 오히려 권장할 일이다.

아픈 역사를 배우고 그 아픔에 동의하고 마음으로 받아들이는 방식에는 의외로 즐김이 유용할 수 있다. 간이역을 돌면서 묵념하고 통곡하고 분개할 수만은 없는 일이며 전부 헐어버리고 화풀이를 할 수도 없는 일이다. 그렇다고 우리 할머니 할아버지들이 아픈 고통을 겪었던 쓰라린 역사의 현장에서 사춘기 소녀마냥 시나 쓰고 안개 자욱한 사진이나 찍어대고 있는 것도 썩 바람직하지만은 않은 것 같다. 즐기고 놀되 그 역사를 반추해야 한다. 이런 과정을 거친 다음에 느끼는 서정성은 한층 단단하고 성숙한 것이 된다. 이것이 내가 이 책을 쓴 이유이자 목적이다.

건축적으로도 충분히 의미있고 아름답다

많은 사람들이 간이역을 서정적 대상으로만 본다. 맞는 말이다. 나도 그랬다. 능내역을 처음보고 제일 먼저 가진 느낌은 서정성이었다. 그 서정성은 분명 아름다운 것이었고 이것을 부정할 생각은 추호도 없다. 요즘처럼 삭막해져만 가는 조형 환경에서 이렇게 서정성을 불러일으키는 건축물이라는 게 얼마나 소중한 것인지 누구보다 잘 안다.

물론 서정성만으로 끝나지는 않았다. 사람들이, 아니 나부터라도 그 속에 담긴 역사성을 과연 제대로 알고 서정성을 느끼는 것인가 하는 의문이 크게 일어났다. 서정성을 부정하려는 것은 절대 아니다. 객관적 사실은 그 자체로 충분히 의미가 있으며 이런 바탕 위에서 서정적 감상은 더 풍부해질 수 있다. 간이역에 대한 건축적 분석을 시도한 이유가 이것이다. 한편으로 내가 제일 잘할 수 있고, 나만이 할 수 있는 작업이기도 했다.

간이역이 서정적이라면 왜 서정적인지를 좀 더 객관적이고 구체적이고 자세하게 설명하려 했다. 지금까지 간이역에 대한 서정성은 다소 모호하거나 너무 '안개 낀 분위기' 종류의 것에 쏠려있었다. 연상 작용의 대상도 기억, 충동, 인용, 제안 같은 주관적 감성 위주였다. 객관적 증거가 부족했는데, 이것을 제공하려 노력했다.

역사적 접근 태도에 대해서도 마찬가지이다. 일제강점 36년, 한일병합 이전부터 준비해온 시기까지 합하면 50년이 넘는 긴 시간 동안 한 나라가 다른 나라를 식민지로 삼아서 수탈을 했으면 그 증거가 건축적으로도 드러나게 마련이다. 정치 · 경제 · 사회적으로 드러난 증거 이외에 간이역에 쓴 건축부재 하나하나에도 식민수탈의 증거가 나타나게 되어 있다. 이것이 건축이고 건축양식이다.

지금까지 대치하며 서로 상반된 태도를 견지해온 서정성과 역사성 모두에 확장의 기회를 제공하고, 함께 만날 수 있는 공동의 장을 마련하자는 것이 이 책을 쓴 큰 이유이다. 서정적 접근이 사춘기 소녀의 철부지 감상이 아니라 정말로 타당한 것이라는 증거를 제공하고자 했다. 서정적 접근에 꼬리표처럼 따라다니는 역사성의 결여에 대해 면죄부를 준 것일 수도 있다. 탈식민사관의 다소 무거운 태도에 대해서도 똑같이 타당한 근거를 제공했으며, 이것을 건축 감상이라는 즐거운 조형놀이로 바꿔서 설명했다. 이런 작업이 잘 되었다고 느끼신다면 회색분자의 승리라고 해도 좋다.

아무튼 간이역을 본격적으로 연구하기로 마음먹고 답사를 다니기 시작했다. 가장 오래된 역인 춘포역과 임피역을 시작으로 전국 고속도로와 국도를 누비며 팔도를 돌아다녔다. 보면 볼수록 여러 생각들이 섞여 떠올랐다. 서정적 감상이 떠오르면 실컷 즐겼다. 몇 시간을 혼자서 놀면서 철로도 따라 걷고 지나가는 기차에 손도 흔들었다. 아픈 식민 역사가 보일 때에는 숙연해지면서 그 의미를 되새기고 또 되새겼다.

건물이 눈에 들어오면 마치 국과수에서 살인사건의 시체 해부하듯 도마 위에 올려놓고 하나하나 뜯어보고 그 의미를 따졌다. 많은 간이역이 의외로 굉장히 한국적이라는 사실을 깨달으면서 왜 그런지 파고들어 살폈다. 햇빛을 정면으로 받은 모습이 궁금해서 계절 따라 향(向)과 태양 각도 따져보고, 맑은 날 시간을 맞춰 달려갈 때도 많았다. 그때마다 간이역은 활짝 웃으며 반겨주었다.

역사성은 새롭게 탄생한다

이 책은 등록문화재로 지정된 간이역을 대상으로 했다. 지금까지 등록문화재로 지정된 기차역은 2007년 6월 현재 모두 22개이고, 그 후 하고사리역이 추가되어 23개이다. 이 책은 2007년 6월을 기준으로 삼았으며 구 서울역을 빼면 간이역은 21개이다. 이 가운데 16개의 역에 대해 썼다.

간이역은 해방 이후에도 1960년대까지 계속 지어졌기 때문에 문화재가 아닌 것까지 합하면 현재 남아있는 건물은 40여 채 된다. 10여 년 전부터 최근까지 무서운 속도로 헐리다 이 정도 남은 건데, 원래 지어진 정확한 총수를 아는 사람은 아무도 없다. 백 채가 넘는다고 봐도 된다. 시간이 오래 지나고 많이 헐려서 지금은 특이하고 귀하게 여겨지지만, 당시에는 모두 비슷한 양식이었다. 그래서 간이역이라고 뭉뚱그려 말하면 그놈이 그놈 같아서 일반인의 눈에는 잘 구별이 가지 않을 수도 있다.

거꾸로 이 역들 가운데 '똑같은 것'은 하나도 없다. 이 차이는 결코 작은 것이 아니다. 특히 건축적으로 볼 때 그렇다. 정밀한 관찰과 엄밀한 구별이 필요하다. 이 자체만으로도 일차적으로 개별 역에 대한 중요한 분석과 기록이 될 수 있다. 이것으로 끝나는 것이 아니라 이 과정에서 서정성의 범위를 확장할 수도 있고, 한국 현대사의 역사성을 새롭게 읽어낼 수도 있다.

일제강점기부터 해방 이후까지 50여 년에 걸쳐 지어지면서 간이역 내에서도 일정한 흐름을 형성했다. 일종의 간이역 건축양식사인 셈인데 그렇게 딱 떨어지지는 않지만 아쉬운 대로 하나의 흐름은 형식화해낼 수 있다. 이 책에서는 간이역의 종류를 일본형, 한국형, 산간형, 도심형, 바닷가형으로 분류하고 각각을 대표하는 개별 역 중심으로 편제를 짰다. 지역과 국가주체를 섞은 분류이다. 시간에 따른 형식화는 약한 편이고, 그보다는 지역에 따른 차이가 두드러졌다. 일본식과 한국식에 따른 분류도 유용해서 둘을 섞었다.

간이역들에서 관찰되는 차이와 변화는 간이역이라는 이름 하나로 뭉뚱그려 그냥 넘겨버릴 일이 아니다. 박공, 차양, 매스 구성, 비례감 등의 기초적인 건축 조형 어휘의 기준에서 보면 역들마다 차이는 매우 컸다. 차이 속에 서정성의 근거가 들어있고 역사성도 배어있다. 역마다 나타나는 차이와 변화를 추적했으며 이를 바탕으로 서정적 감상의 대상이 될 내용을 추천했고, 동시에 역사적 반성이 필요한 부분을 지적했다. 그중 I부는 건축에 관한 기본사항 설명을 겸하고 있어 조금 딱딱할 수 있다. 좀 더 홀가분하고 경쾌한 기분으로 문화재 간이역을 만나고 싶은 분들은 II부를 먼저 읽기 바란다.

감사의 말로 머리말을 마치고자 한다. 간이역 연구의 단초를 제공한 『KTX 매거진』에 감사드린다. 친절하게 맞아주신 지역민들에게 감사드린다. 바쁜 가운데에서도 치밀하고 빠르게 좋은 책을 만들어주신 인물과사상 식구들에게 감사드린다. 마지막으로 사랑하는 가족에게 감사드린다.

2009년 6월

임석재

2부

1부

chapter 1

춘포역

'추억의 간이역' 대 '일제강점기 표준설계'

기차역은 1910년 한일병합 이전부터 지어졌으며 병합 이후에는 다양한 규모와 건축양식의 역사(驛舍)가 가속도를 내며 들어서기 시작했다. 병합 이전의 기차역 건설은 겉으로는 건설권을 불하받거나 공동사업 형식을 띠었다. 이미 이때부터 일제는 한반도의 철도산업을 수탈 도구로 생각하고 있었던 것이다. 우리가 흔히 '간이역'이라고 부르는 소규모 기차역도 수탈에서 중요한 일부분이었다.

　일제강점기 때 기차역은 입지에 따라 대도시 역과 시골 역으로 나눌 수 있다. 대도시역은 서양의 고전주의나 낭만주의처럼 이름 있는 대형 건축양식으로 지었다. 지금은 모두 사라지고 구 서울역 한 채만 남았지만, 당시 사진을 보면 여기가 식민지 조선인지 유럽의 어느 나라인지 구별이 안 갈 정도로 서양의 대형 양식으로 지어진 역들이 참 많았다. 웬만한 중대도시 역은 대부분 이런 양식들로 지어졌다.

반면 시골에 짓던 간이역은 특별히 이름을 붙일 만한 대표양식이 없다. 굳이 선례를 따지자면 서양의 시골 역과 일본식 주택을 섞은 양식이었다. 문화재 기록이나 보고서에는 간이역 지칭어로 '서양식', '일본식', '근대식'이라는 말이 등장한다. 간이역에는 '표준설계'라고 부르는 일정한 공통 형식이 있었다. 건축공사를 쉽게 하고 사용도 편리하게 하기 위해서 말 그대로 표준 내용을 정해서 반복 건축한 것인데, 일제강점기 때 한반도 전역의 시골에 지었던 수백 채의 간이역은 모두 이 표준설계를 따랐다. 해방이 되어 1960년대가 될 때까지 이 양식은 변하지 않았다. 한국전쟁 후 분단이 되고, 무기력한 자유당 정권의 부정부패가 이어지면서 기차역의 새 양식을 창출하지 못했기 때문이다.

지금은 '추억의 간이역이 사라져가네' 하며 아쉬워하고 귀하게 여기지만, 옛날에는 전국에 널린 게 이런 역들이었다. 가는 곳마다 발길에 차인다 할 정도였다. 일본에는 더 넘쳐나서 지금까지도 수백 채가 남아있다. 간이역이 본격적으로 헐리기 시작한 건 1980년대로 약 20년 전이다. 진부한데다 별 볼일 없어 보이는 작은 건물이라는 점, 일제강점기 때 유물이라는 점, 근대 문화재에 대한 인식을 갖기에는 시기적으로 일렀다는 점 등이 복합적으로 작용하면서 자고 나면 몇 채씩 헐려나갔다. 간이역은 점점 귀한 존재가 되어갔다. 급기야 철도 애호가와 건축 전공자들 사이에서 '이러다 하나도 안 남고 전멸할지 모른다'는 위기감이 형성되기 시작했고, 10여 년의 노력 끝에 남은 간이역을 등록문화재로 지정하는 데 성공했다.

같은 주체가 같은 시기에 지었기 때문에 크게 보면 한국의 간이역과 일본의 간이역은 같다고 볼 수 있다. 그러나 차이점도 있다. 한국의 간이역에는 나름대로 한국다운 특징들이 스며들어 있다. 지은 장소가 다르

1 일본식 주택의 특징인 겹 지붕(심천역).
2 삼각모양 지붕(박공)과 수직 비례의 서양식 특징(동촌역).
3 창의 분할과 디테일의 공예미학이 뛰어난 한국식 특징(가은역).

기 때문이다. '시골의 소규모' 였기 때문에 더욱 그랬다. 대도시의 큰 역들은 공공성이 강하고 대형 건설 회사나 일본 회사들이 지어 한국다움이 스며들 여지가 없었지만, '시골의 소규모' 역에는 한국 장인들이 '노무자' 로 현장 공사에 많이 참여해 충분히 그럴 여지가 있었다. 표준설계를 따랐다지만 현장에서 마무리 공사를 한 건 대부분 한국 노무자들이었기 때문이다. 시골에 들어와 있던 일본인들이 대도시에 진출해 있던 사람들보다 지역민에 더 많이 동화된 것도 이유일 수 있다. 본줄기를 손상하지 않는 범위 내에서 지역민의 정서가 조금씩 반영되는 것까지는 막을래야 막을 수도 없었을 것이다. 모든 간이역이 다 이런 건 아니었다. 일본에 지어진 것과 똑같은 역도 있고 서양식을 그대로 빼닮은 역도 있다. 동시에 외래 선례와는 다른 한국다운 감성을 보이는 역들도 있다.[1,2,3]

이런 차이는 크다면 크고 작다면 작지만, 이런 차이를 알아야 간이역을 제대로 감상할 수 있다는 것이 내 생각이다. 지금까지 간이역은 '새벽에 안개 자욱이 낀 시골의 낭만적 경치 속 간이역' 처럼 감상적으로 접근하는 경향이 강했다. 많은 사람들이 간이역을 소재로 시도 쓰고 수필도 썼는데, 만약 일본 관광객이 와서 "아! 일본에 지천에 깔린 게 한국에도 있네요. 옛날에 우리 할아버지가 지어준 것이겠지요!"라고 한다면, 한 발 더 나아가 "역시 일본과 한국은 같은 나라예요, 일본이 없었다면 한국이 어떻게 이런 역을 지었겠어요!'라고 한다면 어떨까. 이런 소리를 듣고도 시가 나오고 수필이 써질까.

간이역에는 아픈 역사가 깃들어 있다. 여기에 대한 판단은 이 책을 써 가면서 복합적으로 해나갈 것이다. 간이역을 어떻게 느끼고 생각하고 판단하는지는 모두 각자의 자유이다. 내 생각과 다른 판단도 얼마든지 있을 수 있다. 문제는 간이역의 식민성이나 한국적인 특징에 대해 지금까지 한 번도 진지하게 성찰해 본적이 없다는 사실이다. 아는 것과 모르는 것은 매우 다르다. 알고 나면 간이역에 대한 생각이 바뀔 수도 있다. 좀 더 마음 편하게 감상하게 될 수도 있고 반대로 이전까지의 감상적 태도를 바꿀 수도 있다. 이것은 독자 각자의 몫이다. 솔직히 둘 다 있을 수 있는 태도라고 생각한다. 단지 나는 반드시 했어야 하는, 그럼에도 불구하고 지금까지 한 번도 진지하게 하지 못한 얘기를 하려는 것뿐이다. 간이역에 스민 식민성과 한국적 건축미와 특징을 바탕으로, 간이역의 서정성을 좀 더 섬세하게 들여다보려고 한다.

표준설계는 제일 기본적인 내용이기 때문에 그 설명부터 간단히 하면서 시작하는 게 좋을 것 같다. 구조는 겉에서 보면 콘크리트 같지만 목조가 대부분이다. 나무로 골조를 세운 뒤 그 위에 철망을 치고 다시 기름종이를 바른 다음 흙으로 1차 마감을 하고 마지막으로 도장(塗裝)을 하는 형식이다. 규모는 부속시설을 제외한 역사만을 기준으로 할 때 최소 57제곱미터(17.24평), 최대 339제곱미터(102.55평)로 편차가 좀 있는 편이다. 대부분은 60~200제곱미터(18.15~60.5평) 사이에 들어온다. 그 속에 맞이방(대합실), 매표소, 역무실, 숙직실, 차양 등을 기본 기능으로 갖추었다. 건물 본체는 직사각형을 기본 형태로 갖는 단순한 형태이며, 차로 쪽은 돌출부 없이 평평하게 가는 것이 보통이고 역무실이 철로 쪽으로 몇 미터 정도 돌출하는 경우가 많다.[4,5] 지붕은 박공경사지붕*인데 맞이방과 역무실은 주 지붕과 직각 방향으로 박공을 따로 냈다.[6] 하늘에서 지붕을 내려다보면 십자가 형태이다. 따로 낸 박공에는 역명이 들어간 간판을 걸었고,[7] 맞이방 앞 대기공간에는 긴 차양을 냈다.[8] 맞이방 출입문과 역무실 돌출부 창에는 일자 차양이 났다.[9]

이 정도면 간이역에 대한 건축학적인 설명은 아쉬운 대로 다한 셈이다. 21개의 등록문화재 간이역, 혹은 해방 이후에 지어진 것까지 합해서 현재 남아있는 40여 개의 간이역들은 언뜻 보면 큰 차이가 없어 보인다. 일반 사람들은 그 차이를 구별하기 힘들다. 막상 간이역을 사용하고 있는 역무원이나 건축 전공자라고 해도 마찬가지이다. "다 비슷해 보인다"면서 거의 구별을 하지 못한다.

그러나 눈이 조금 매운 사람이라면 간이역마다 다른 점이 있다는 것을 금방 알아차릴 수 있다. 사진을 보여주며 구별해보라고 했을 때 구별을 못하던 사람들도 차이를 설명해주면 "아 그렇구나", "진짜 그렇네", "그럴 수도 있구나" 등의 반응들을 보이며 신기해한다. 건축적으로는 이런 차이를 아는 것 자체가 중요하고 의미 있는 일이며, 감수성이 좀 더 예민한 사람이라면 이 같은 차이가 서정적 감상의 내용에까지 영향을 미칠 수 있다.

자세히 보면 이는 적지 않은 차이다. 시간의 흐름에 따른 50여 년의 역사성까지 함께 생각하면 더욱 그렇다. 박공의 개수와 위치, 박공 삼각형의 기울기와 형태 하나에도 의미가 있으며 이런 세세한 건축적 차이를 역사성과 함께 해석할 수 있어야 한다. 이런 건축적 차이는 설계한 사람과 시공한 사람이 알고 했을 수도 있고, 무의식적으로 나타난 것일 수도 있다. 중요한 건, 그런 차이들이 강한 '문화적 상징성'을 갖는다는 것이

*박공경사지붕: 지붕 끝을 삼각형 모양으로 정리한 경사진 지붕.

4 돌출부 없이 평평한 차로 쪽 전경(동촌역).　5 역무실은 철로 쪽으로 약간 돌출(심천역).
6 크고 작은 박공지붕들(반곡역).　7 박공에 건 역의 간판(도경리역).
8 맞이방(대합실) 앞에 난 차양(가은역).　9 출입문과 창에 난 일자형 차양(임피역).

며, 이제 우리는 그런 내용을 알 때가 되었고 알아야 한다는 것이다.

가장 좋은 방법은 간이역의 탄생 과정을 추적해서 표준설계의 건축적 내용을 정리한 뒤, 그 속에 담긴 건축적·역사적 의미를 정의해내는 일이다. 이를 바탕으로 표준설계가 반복, 변형되어가는 과정을 시간의 흐름과 연계시켜 추적하는 것이다.

1914년 춘포, 수직 비례와 식민성의 시작

이런 관점에서 보면 1910년대 중후반 익산·군산 일대는 간이역의 탄생지라 할 수 있다. 결론적으로 말해 간이역의 표준설계는 익산의 춘포역과 군산의 임피역 두 곳에서 완성되었다. 기차역은 이보다 훨씬 전부터 지어지기 시작했지만, '간이역'이라고 부르는 종류는 1910년대가 출발점이다. 춘포역은 건립연대가 1914년으로 현존하는 가장 오래된 기차역이며, 임피역은 논란이 있으나 지리적 상황과 건축양식 등을 고려하면 춘포역과 시차가 많이 나지는 않아 보인다. 두 역은 독자적으로 표준설계의 완성점에 이르지 못하면서 공통점과 차이점을 동시에 갖는데, 이를 합하면 간이역의 표준설계가 완성된다.

먼저 춘포역의 건축적 구성부터 살펴보자. 춘포역의 전체 구성은 앞뒤 면이 다르다. 어디를 앞으로 봐야 할지 애매하기 때문에 앞뒤라는 말 대신 차로 쪽 면과 철로 쪽 면으로 나누는 것이 좋을 것 같다. 차로 쪽은 들고남 없이 평평하다. 큰 육면체의 본체에 박공지붕을 얹은 것이 전부로 매우 단순한 구성이다. 보통 맞이방동과 역무실동으로 나누고 맞이방동에는 정면을 향한 별도의 박공을 두는데, 여기에서는 아직 거기까지 못 가고 단순 육면체로 남았다.[10] 최초의 역이라 분화가 덜 된 것으로 볼 수 있다.

10 단순 육면체에 박공지붕을
얹은 춘포역 전경.
11 창, 출입구 등 차로 쪽에 보
이는 춘포역의 수직 비례.

이것으로 끝이 아니다. 한 가지 주목할 점이 있는데 수직 비례이다.
수직 비례, 혹은 그 짝과 함께 생각하는 수직·수평의 비례 문제는 해방
이후까지 계속된 40여 개의 간이역 전체를 관통하는 중요한 건축적 주제
인데, 이곳 춘포역에서 수직 비례가 먼저 나타난 것이다. 춘포역을 보면
육면체 본체는 단층이지만 수직 비례를 하고 있다. 단층 치고는 절대 높
이가 높으며 건물 깊이와 비교해도 그렇다. 이 때문에 넓은 폭에도 불구
하고 높이 솟아오르는 느낌이다. 창도 수직 비례이다. 출입구 옆에 나 있
는 창을 보면 오른쪽에 하나, 왼쪽에 네 개인데 모두 1:2를 넘는 수직 비
례이다.[11] 이것 역시 간이역에서 자주 쓰이는 창으로서, 건물 전체에 걸
쳐 수직성을 주려는 의도를 보여주는 증거이다.

　간이역에서 수직·수평 비례는 중요한 조형적 기준이다. 다분히 건축
적인 내용일 수 있으나 좀 더 일반적인 감성으로 치환할 수도 있다. 수직
비례는 일본답거나 서양다운 조형성인 반면 수평선은 한국답다. 물론
이런 이분법이 늘 맞는 것은 아니다. 미시적으로 들어가서 개별 건물들

을 보면 반대의 예들도 많다. 거시적 차원에서는 맞는 말이며, 이 책에 등장하는 16개의 간이역들에서도 맞는 말이다. 이를 간이역이 지어지던 당시 식민 상황에 대입시켜 보면, 수직 비례는 한반도를 제압하며 일본다움을 과시하려는 의도를 가진 조형성인 반면 수평 비례는 한국다운 정서가 스며든 결과로 대비시킬 수 있다.

춘포역을 보자. 지금은 창고가 양옆으로 더해졌고 주변에도 민가가 들어서서 수직 비례를 많이 약화시키고 있지만, 옛날에는 논 한가운데에 제법 위용 있게 버티고 서 있는 모습이었을 것이다. 이 정도의 수직 비례는 그 자체로는 큰 의미가 없을 수 있다. 옛날식 서양 건물에서는 이런 비례가 통상적이었다. 연세대, 고려대, 이화여대 등에 남아있는 20세기 전반부 서양 건물을 보면 알 수 있다. 어르신들이 흔히 하는 말로 "옛날 건물은 천장이 높아서 겨울에 추웠어"에 해당되는 사항이다. 수직 비례는 서양식 건물이 우리나라에 처음 지어지던 당시 보편적 현상이자 간이역을 구성하는 세 가지 건축 형식 중 서양식 기법을 대표하는 내용이라 할 수 있다.

지금의 조형 감성으로 보면 가장 먼저 수직 비례가 눈에 들어온다. 춘포역은 껑충한 비례로 주변 논을 굽어보고 있다. 순수 조형의 관점에서 보면 거슬리지는 않아서 나름대로 보기 좋다. 당당하고 위풍 있어 보인다. 그러나 당시의 시대 상황과 함께 생각하면 얘기는 좀 달라진다. 주변 농촌 지역을 제압하려는 정치적 목적이 있지 않았을까 추측해볼 수 있다. 이 역만 그런 것이 아니라 시골에 세워진 일제강점기 때 역들이 대부분 비슷한 수직 비례를 하고 있기 때문이다. 외관의 수직성에 비해 정작 실내 천장은 그리 높지 않은 점을 볼 때 다른 목적이 있었을 것이라는 추측에 힘을 실어준다. 천장을 막아서 실제 실내에서 사용하는 것보다 밖으로 더 높게 만들었다는 뜻이다.

실내는 맞이방, 매표소, 역무실로 나누어지며 역무실은 순수 역무실, 숙직실, 창고 등 2~3개의 방으로 한 번 더 나누어지기도 한다. 방을 비교적 잘게 나눈 셈이어서 외관 전체의 비례가 막상 실내의 방 하고는 맞지 않는다. 외관의 수직 비례는 인위적으로 강조한 측면이 있어 보이는데, 그 이유는 높이로 주변을 제압해서 식민 지배를 도우려는 정치적 목적을 생각해볼 수 있다. 임피역에서도 이런 수직성이 동일하게 관찰된다는 점에서 더욱 그렇다. 두 역 모두 한반도 남부의 대표적인 곡창지대 김제평야와 만경평야에서 추수한 곡식을 군산항까지 옮겨 일본으로 가져가기 위한 전진기지였다.

수직 비례는 그렇게 간단한 문제가 아니다. 더 중요한 것은 수직성 반대편에 있는 수평성이 한국다운 조형미의 하나라는 사실이다. 간이역에 나타나는 수직성은 단독으로 생각할 수만은 없는 조형 요소이다. 그 짝인 수평성과 함께 생각해야 하며, 이 과정에서 수평성이 상징하는 한국다움을 개입시킬 수 있다. 수직성을 추구한 것이 단순히 서양식 건물을 짓다 보니 자연스럽게 나타난 현상 이상의 목적을 가질 수 있으며, 그것은 한국다움을 누르거나 죽이려는 것으로 추측해볼 수 있다는 뜻이다. 앞서 말한 '농촌 지역을 제압하려는 목적'도 크게 보면 이것의 하나로 볼 수 있다.

수직성에는 일본다움도 들어있다. 전통 건축을 기준으로 했을 때 일본 건축은 분명 한국 건축보다 수직성이 더 강하다. 사찰이나 왕궁에도 중층 건물이 많으며, 주택에서도 2층이 많다. 둥근 지붕을 인 소박한 초가나 수평으로 분화하면서 확산하는 한옥과는 다른 비례감이다. 근대 주택에서도 마찬가지이다. 일제강점기 때 우리나라를 뒤덮었던 일본식

서울 원서동에 남아있는 일본식 주택.

주택을 보면 잘 알 수 있다.[12] 해방 이후 들어선 도심형 한옥, 혹은 근대 한옥이 여전히 수평 비례에 머문 것과 반대되는 현상이다. 간이역에 나타나는 수직성은 여러 측면에서 한국다운 조형미를 억압하고 갈아치우는 효과를 갖는다. 수직 비례는 근대화, 그것도 일본에 의한 식민지 근대화와 동의어가 되며 이것은 다시 한국의 전통적 조형미인 수평 비례와 대비를 이룬다.

일본 사람들이 조선을 병합하면서 한반도에 처음 들어왔을 때 강산을 따라 평화롭게 퍼져있는 수평 비례의 건축물들을 보고 수직 기운이 약한, 즉 근대화가 덜된 낙후성으로 인식했을 수 있다. 그리고 저 수평선들 사이에 수직 비례의 건물을 세움으로써 일본다움과 일본의 근대화 정도를 과시하고 싶었거나 과시할 수 있다고 믿었을지 모른다. 키 큰 사람이 키 작은 사람을 보면 일단 얕잡아보는 것과 같은 맥락이다. 유치하고 1차원적이지만 이를 통해 일본이 한국보다 우월하다, 따라서 식민화가 정당하다는 주장을 하고 싶었을 것이다.

춘포역에 나타난 것과 같은 수직 비례는 한국의 전통 건축에서는 흔하지 않은 낯섦이다. 당시 이런 시골구석에서는 분명 처음 보는 이질적인 느낌이었을 것이다. 이 건물은 비례적으로 서양식 분위기와 일본식 분위기가 섞여 있으며, 한일병합이 일어난 지 얼마 안 되는 이른 시점에 세워졌다. 이것은 결코 가벼운 역사성이 아니다. 향후 전개될 식민지 개발의 방향과 성격을 예견하는 역사성을 갖는다.

예를 들어, 요즘 구청 단위의 지자체마다 150층짜리 초고층 건물들을 짓겠다고 난리다. 마치 하늘을 향한 수직선만이 선진국을 장담해주는 생명줄인 것처럼 초고층 광풍이다. 도심 고밀도 지역이야 어느 정도 고층건물이 필요한 것은 근대 이후 도시에서 당연한 현상이지만, 지금 우리의 초고층 광풍은 도를 지나쳐 거의 병적이다. 아파트도 마찬가지이다. 아파트 자체는 꼭 필요한 주거 형식이지만 지금 우리나라에서 아파트 광풍은 극심한 병리현상의 하나이다.

원래 병리현상에는 원인이 있는 법이다. 그 뿌리로 여러 가지가 있는데, 다소 의외일 수 있으나 춘포역, 임피역, 심천역 등 일제강점기 때 간이역에 나타난 수직 비례도 중요한 출발점으로 제시하고 싶다. 잘해야 이깟 2~3층짜리 높이가 무슨 150층짜리 초고층 광풍의 출발점이냐 하겠지만 그렇지 않다. 당시 한반도 시골에 들어선 이 정도의 수직 비례는 그리 간단한 높이가 아니었으며, 향후 간이역을 통한 한반도 수탈의 상징성까지 생각하면 더욱이 쉽게 간과할 문제가 아니다. 일부 간이역에 나타난 한국다움은 이런 아픈 현실에 대한 가냘픈 저항으로까지 볼 수 있을 정도이다.

그렇다고 지금 150층 광풍을 주도하는 사람들이 일제의 수직선 인식을 이어받았다는 것은 결코 아니다. 오히려 그 반대이다. 수평선이 수직선에 당했다는 패배의식을 만회하기 위해 우리도 가일층 수직선을 지어야 한다는 강박관념의 산물이라고 할 수 있다. 의도는 '애국심'이다. 우리도 빨리 근대화를 이루어 선진국이 되어야 한다는 상식적 애국심이다. 수직선 자체가 나쁘다는 것도 절대 아니다. 인간의 조형 환경, 특히 근대사회에서는 수직선이 제일 중요한 요소이다. 문제는 방향과 정도이다.

이 문제는 과연 수직선이 선진국을 담보해주는 보증수표인지부터 시작해서 현대 한국 사회에서 수직선이 갖는 의미가 무엇인지, 우리에게 필요하고 허용 가능한 수직선의 정도와 한계는 어디까지인지 등 다각도로 고민해야 하는 복합적 주제이다. 그런데도 너무 단편적으로 수직선 광풍에 빠져들고 있는데, 나는 그 출발점을 수직선을 우리 손으로 직접 만들지 못하고 식민세력의 손을 빌려 들여온 '잘못된 시작'에서 찾고 싶다.

근대 간이역의 탄생, 맞이방 차양과 역무실 돌출부

다시 춘포역으로 돌아가서, 철로 쪽을 보자. 이쪽은 들고남이 좀 있다. 중앙에서 오른쪽으로 치우쳐 작은 육면체를 몸통에 직각 방향으로 끼워 넣었다.[13] 이 육면체는 역무실 공간인데 몸통 벽면에서 철로 쪽으로 몇 미터 정도 돌출하는 것이 보통이다. '역무실 돌출부'라고 부를 수 있는데 개수는 보통 하나이며 본 지붕과 직각 방향, 즉 철로를 마주보는 방향으로 별도의 박공을 갖는다. 춘포역의 철로 쪽 입면은 간이역의 전형적인 모습이며 돌출부는 여러 면에서 몸통의 단순 육면체에 변화를 주었다.

춘포역 철로 쪽 전경. 13

춘포역 맞이방 앞 차양(철로 쪽).

덩어리 변화는 물론이고 지붕도 따라서 끊긴다. 수평으로 안정되게 흐르던 지붕에서 삼각형 박공이 직각 방향으로 튀어나온다. 그러나 전형성, 즉 '표준설계' 라는 기준에서 볼 때, 아직 미완성인 점도 있다. 이 부분은 임피역에 가면 다 갖추게 되는데, 다음 장에서 비교하며 설명한다.

철로 쪽 입면에서 다음으로 중요한 부분은 차양이다. 차양은 맞이방 앞과 역무실 쪽 두 곳이다. 맞이방 앞 차양은 매우 커서 작은 영역을 형성한다. 이 영역은 맞이방에서 승강장으로 가는 통과공간인 동시에 노천 대기공간도 겸하는데 다목적이다.[14] 사람이 많아서 맞이방이 좁으면 이곳까지 나와서 기다릴 수 있고, 큰 짐 같은 것이 있을 경우 미리 내놓을 수도 있다. 궂은 날씨에는 맞이방과 기차 사이를 오갈 때 눈비를 피하게 해주며 우산을 펼 시간을 벌어준다. 역무원이 맞이방을 오갈 때 완전히 바깥 공기에 노출되지 않게 해주는 역할도 한다.

조형적으로 보면 본 지붕 아래 달라붙으면서 겹 지붕을 이루는 형국

겹 지붕처럼 보이는 춘포역의 맞이방 차양과 본 지붕.

이다.[15] 이 장면 자체가 간이역의 전형적인 모습 가운데 하나이다. 철로 쪽으로 조금 걸어 나가 멀리서 보면 역 전체에 편안한 느낌을 준다. 편안함의 비밀은 여러 가지 인데 우선 2차원적인 면을 특징으로 들 수 있다. 판재로 지은 탓이 아니다. 건축적으로 볼 때 면다움은 면적을 의미하기 때문에 안정감과 편안함을 준다.

선은 날카롭고 사람을 흥분시켜서 움직이게 만드는 데 반해, 면은 사람들에게 무엇인가를 생각하고 연상하게 만든다. 등을 대고 눕고 싶다는 생각이 들 수도 있고, 무엇인가를 그려 넣고 싶어질 수도 있다. 면다움에도 여러 종류가 있는데 역무실 돌출부나 건물 본체의 면은 3차원 위의 평활면(平滑面)으로 덩어리 느낌을 준다. 3차원에서 파생된 면, 혹은 3차원을 이루는 면이라는 뜻이다. 반면 맞이방 차양은 진짜 2차원 면이다.

두 종류의 면은 대립하기보다는 어울리는 장면으로 발전한다. 면의 방향도 마찬가지이다. 돌출부의 3차원 면은 땅 위에 굳게 발 디디며 하늘을 향한다. 반면 맞이방 차양의 2차원 면은 공중에 떠서 땅으로 흘러내린다. 둘은 대립하기도 하고 어울리기도 하면서 철로 쪽 외관에 다양성을 주는 요소로 작용한다. 느끼는 조형다움도 다양해진다. 돌출부의 3차원 면은 건물의 중심을 잡아주면서 경계 짓기를 통해 강한 구획을 이룬다. 맞이방 차양의 2차원 면은 영역을 덮으면서 사람을 감싸는데, 앞에서 말한 편안함을 주는 비밀이기도 하다. 철로 쪽 바깥 공기와 맞이방 실내를 이어주는 중간 지대로 경계를 연결해준다.

돌출부의 3차원 면은 그림자를 최소화하며 무엇인가를 끊어내는 명쾌한 인상을 준다. 돌출부 창 위에 일자 차양을 두는 경우가 많은데 춘포역에서는 이마저도 없어 그림자가 지지 않아 더욱 그렇다. 맞이방 차양의 2차원 면은 짙은 그림자를 드리우며 깊고 풍부한 인상을 만들어낸다. 같은 면이면서도 서로 상반되는 두 공간의 대비와 어울림은 간이역의 또 다른 전형적인 아름다움이다.

맞이방 차양의 이런 특징들은 한국다움과 일본다움이 섞인 것으로 볼 수 있다. 우선 중간 전이공간의 성격을 보면 기차역의 기능상 당연히 필요한 것일 수도 있지만, 한옥의 처마 밑 퇴*나 대청을 연상시키기도 한다. 이것을 홑겹 지붕이 아닌 겹 지붕으로 처리한 것은 일본식 주택의 특징에 더 가깝다. 한옥에서는 본 지붕을 퇴 위쪽까지 길게 빼서 홑겹으로 처리하는 것이 통례이다. 한옥에도 일부 겹 지붕이 관찰되기도 한다. 북한이나 충북, 강원도, 울릉도 같은 눈이 많이 오는 산간 지역에서는 통로 확보를 위해 지붕이 심하게 돌출되는 과정에서 구조 처리나 사후 수리 등을 위해 겹 지붕으로 처리하기도 한다.

이렇게 보면 겹 지붕 자체는 일본식 주택을 기본 유형으로 삼아 한옥의 선례도 일부 가져온 것으로 볼 수 있다. 전이공간으로서의 쓰임새까지 더해서 보면 한옥 쪽에 많이 가깝다. 일본식 주택은 겹 지붕을 쓰기는 하나 돌출 정도가 짧고 그 아래 퇴나 통과공간 같은 영역을 갖지 않기 때문이다. 겹 지붕이라는 모양만 보면 일본식에 가깝지만 돌출된 정도나 그 아래 영역의 쓰임새를 보면 한옥에 가까워진다. 어쨌든 한국다움과 일본다움이 섞여 나타나는 대표적인 부분인 것만은 틀림없어 보인다. 간이역이 한반도에 지어지면서 한국다움이 배어드는 것은 어찌할 수 없는 당연한 현상이었을 것이다.

다음 차양은 역무실 쪽이다. 돌출부를 기준으로 오른쪽에 출입문 두

*퇴 : 툇마루 혹은 툇간.

16 직각으로 마주본 춘포역의 역무실 출입문 두 개와
그 위에 얹은 차양.
17 춘포역 차로 쪽 맞이방 출입문의 일자형 차양.

개가 직각으로 마주보며 있는데, 각각 돌출부 옆면과 본체에 하나씩이다. 둘 모두 위에 차양을 갖는데 두 차양이 어울려 참으로 보기 좋은 장면을 만들어낸다. 문도 일정한 어울림을 만들어내지만, 차양까지 더하면 어울림의 미학은 확실해진다. 마치 두 문이 어깨동무를 하고 있는 것 같다.[16]

순수한 조형적 관점으로 사선이 중요한 포인트이다. 차양 판의 완만한 사선과 이것을 아래에서 받치는 구조부재의 45도 사선이 합해지면서 악센트를 준 느낌이다. 나무로 틀을 짠 골조 위에 슬레이트 판을 얹은 것도 색다른 멋을 준다. 원래 지을 때부터 슬레이트로 덮은 건지 나중에 수리를 한 건지는 기록이 없으나, 어쨌든 현재 상태를 기준으로 보면 슬레이트가 주는 묘한 미학을 느낄 수 있다. 값싼 재료로 친근감을 주며 주름을 접었기 때문에 시각적으로 자글자글한 자극도 준다. 내력(耐力) 기능이 전혀 없는 임시 재료라서 느껴지는 약간의 측은함까지 더하면 소박한 재료의 대표선수라

할 만하다.

차양이 예쁜 춘포역, 구조미학과 건축적 격식 갖추기

춘포역은 전체적으로 차양이 예쁜 역이다. 차로 쪽 맞이방 출입문 위에도 차양을 얹었다. 이번에는 사선이 아닌 일자 상판이다. 문이 크고 높기 때문에 차양도 덩달아 커졌으며 두껍도 제법 된다. 도톰한 두께가 시루떡 한판을 얹어놓은 것 같다.[17] 상판을 받치는 형국이 철로 쪽 역무실 차

양과는 좀 다르다. 아래쪽 지지부재 모습이 완전히 다 드러나

있다. 역무실 출입구에서 지지부재가 많이 가려진 것과 다른 점

이다. 역무실 출입구에서는 지지부재와 상판이 서로 얽혀서 한

몸으로 읽히는데 반해, 이곳에서는 지지부재가 먼저 만들어지

고 나중에 그 위에 상판을 얹은 것 같다. 그만큼 지지부재가 강

조되는데, 여기에서 차양을 감상하는 또 다른 중요한 관점이 탄

생한다. 구조미학을 보는 것이다.

차로 쪽 출입문 차양을 받치는 지지부재.

　구조미학이란 말 그대로 구조 역할을 하는 부재(部材)*들이

지지 역할을 하는 과정에서 만들어내는 조형미이다. 건물 전체

를 받치는 기둥체계 같은 큰 스케일에서 차양을 받치는 까치발

같은 작은 스케일에 이르기까지 다양하다. 차로 쪽 출입문 차양을 보면,

삼각형 모양의 지지부재가 양옆에서 받치고 있는데 까치발 형태를 속을

비워 변형 트러스(truss)*로 처리했다. 벽에서 직각 방향으로 70센티미터

정도 길이의 각목이 캔틸레버(cantilever)* 형식으로 돌출했다. 그 위에 상

판을 얹었으며 아래쪽에서 구조부재들이 받쳐준다. 제일 바깥쪽에서 굵

은 사선부재가 중심을 잡았고 벽 쪽으로 가느다란 수직부재 두 개를 보

강했다. 굵은 부재는 벽에 고정되는 아랫부분을 곡선으로 처리하고 장

식도 가하는 등 모양새에 신경을 썼다.[18] 전체적으로 삼각형 윤곽을 만

드는데 제법 예쁘다. 작은 디테일 부재이지만 나름대로 구조미학을 자

랑한다. 각 부재들이 각자의 구조 역할에 충실한 과정에서 나타나는 조

형성이다. 미술이나 조각에는 없는 건축만의 미학이다.

*부재(部材) : 구조물의 뼈대를 이루는 데 중요한 요소가 되는 여러 가지 재료.

*트러스(truss) : 선형 구조부재를 입체적으로 짜서 구조능력을 높인 형식. 삼각형과 사각형이 제일 많다.

*캔틸레버(cantilever) : 한쪽 끝만 고정된 외팔보.

　차로 쪽 정면 출입문 위에 차양을 얹은 이런 장면도 간이역의 전형적

인 모습이다. 거의 모든 간이역에서 나타난다. 비나 눈을 피하게 해주는

차양은 일종의 '건축 예절'이다. 출입문은 밖과 안을 연결해주는 특수한

기능을 갖기 때문에 그에 걸맞은 건축적 형식을 가한 것이다. 차양을 얹는 이런 습관은 일제강점기 때 큰 인기를 모았던 '모자 유행'에 대응시켜 볼 수 있다. 김두한을 다룬 예전의 영화나 드라마, 그 시대를 다룬 최근의 영화를 보면 알 수 있듯이 당시에는 중절모 등 여러 종류의 모자가 크게 유행했다. 패션과 건축에서 공통적으로 나타난 격식 갖추기인 셈이다.

건축적 격식 갖추기는 차로 쪽 출입구 앞 조경처리에서도 볼 수 있다. 출입구 앞에 무덤처럼 볼록 솟은 둔덕을 쌓고 그 위에 잘생긴 향나무를 한 그루 심어놓았는데, 둔덕과 나무 모두 제법 커서 역과 덩치 경쟁을 한다. 실은 '잘 어울린다'는 말이 더 맞을 것 같다. 면사무소에서 골목을 따라 들어오다 보면 멀리서 역이 보이기 시작하는데, 먼저 나무가 눈에 들어오고 그 뒤 숨어있던 역이 나타난다. 역을 상징하는 아이콘이라 할 만하다. 역사 위쪽 지붕 바로 아래 간판이 붙어있지만, 정작 진짜 간판은 이 나무 같다.

둔덕과 나무는 기능적으로도 유용해 보인다. 역 앞에 작은 로터리를 형성해서 역 안으로 들어온 자동차가 돌아 나가기 편리하게 해준다. 기능적 처리인데, 사람뿐 아니라 우마차나 자동차에까지 건축 예절을 갖춘 것으로 볼 수 있다. 건물에 바짝 붙여서 나무 몇 그루를 더 심어놓았다. 간이역에는 본래 조경처리가 따라붙는 법인데, 춘포역은 특히 신경을 많이 썼다. 전체적으로 나무가 사람을 맞이하는 듯한 느낌인데[19] 역무원 역할을 대신하는 것 같다. 이는 모두 건물로 오는 손님을 맞는 건축적 격식의 내용이다.

춘포역 출입구 앞의 향나무.

춘포역 철로 쪽 역무실 출입문의 경사진 차양.

　그러면 철로 쪽 차양은 어떨까? 비교해보고 싶어져서 다시 가보았다. 철로 쪽 역무실 출입문은 작고 아담하다. 차양도 비슷한 느낌인데 이번에는 두 곳 모두 사선으로 경사지게 얹었다. 두 문의 높이가 조금 달라서 동일성을 배격하면서 가벼운 리듬감을 만든 것이다. 차양을 받치는 지지부재는 차로 쪽보다 멋을 더 많이 부렸다.[20] 상판의 양 측면뿐 아니라 전면에까지 지지부재를 댔는데 처리방식이 측면과 다르다. 측면은 끄트머리를 망치머리 같은 기하학적 형태로 처리한 긴 막대기 판재로 막았다. 이 부재는 지지부재는 아니고 막음부재에 가깝다. 지지부재는 이것보다 안쪽으로 설치했다. 삼각형 까치발을 기본 모티브로 삼아 위쪽 팔을 길게 내밀어 캔틸레버 형식의 지지방식을 취했다. 내민 팔 중간쯤에는 차양 전면을 가로지르는 가느다란 막대기를 끼워 넣었다. 까치발과 상판 사이의 완충부재로 볼 수 있다. 철로 쪽 차양은 이런 여러 부재들이 어울리면서 목구조 특유의 접합방식에 가까운 분위기를 연출하고 있으며, 차로 쪽보다 기교가 더 가미된 목조 구조미학을 보여준다.

차양 지지부재의 구조미학은 차로 쪽 출입구와 역무실 돌출부 두 곳 모두 21개 등록문화재 간이역 중에서 춘포역이 가장 뛰어나다. 차양은 거의 모든 간이역이 갖추긴 했지만 처리방식이 대부분 아주 단순한 형식이다. 지지부재가 아예 없거나 차양 자체가 없는 경우도 있는데, 춘포역만큼 정성을 쏟은 곳은 없다.

일단 역무실에서 철로 쪽으로 바로 나오는 출입문을 두 개나 둔 것부터 특이하다. 대부분 맞이방 차양 쪽으로 하나를 내고 그 반대편도 하나만 내는 것이 보통이다. 춘포역처럼 맞이방 반대편으로 출입문을 두 개나 내는 경우는 드물다. 문의 개수가 문제가 아니다. 두 문이 어울리는 장면에서는 한국다운 건축미가 물씬 묻어난다. 한옥 문의 구성에서 관찰되는 관계의 미학 같은 것이다. 두 문은 서로 직각을 이루며 나란히 서 있는데, 크기를 똑같지 않게 했다. 오른쪽 것이 조금 더 크다. 부자지간까지는 아니더라도 형제지간이라 할 만하다. 한옥에서는 종종 창의 크기 차이를 이용해서 가족 사이의 관계를 의인화하곤 한다.

스케일의 미학도 있다. 크기 차이를 두드러지지 않고 은근하게 해 눈길을 붙드는 기법이다. 언뜻 보면 같은 크기인 것 같은데 차이가 조금 나기 때문에 호기심을 자극한다. 크기를 대보고 싶어서 자꾸 눈길이 머문다. 큰소리 지르지 않고도 관심을 끄는 은근함의 미학이다. 춘포역은 두 문을 급하게 붙이지 않고 거리를 조금 두었다. 너무 붙으면 문을 여닫을 때 부딪힐 수 있기 때문이다. 거리 역시 똑같지 않게 했다. 왼쪽 문은 안쪽으로 바짝 붙인 반면 오른쪽 문은 밖으로 밀었다.[21] 한국다운

위치, 크기, 방향, 어울림 등 한국다운 조형미를 보이는 춘포역 역무실 출입문(철로 쪽).

건축미를 대표하는 비대칭의 미학이다.

둘 사이가 너무 멀다고 생각했는지 그 사이에 작은 정사각형 창을 넣었다. 환기창으로 보이는데 통상적인 단조로운 환기창과 달리 나름의 조형미를 갖는다. 재치 있는 양념 같은 존재이다. 한옥에서는 이만큼 작지는 않지만 출입문 옆에 정사각형 창을 두곤 한다. 정사각형이 주는 안정감과 해학의 미학을 노린 것인데, 여기서처럼 크기를 작게 하면 대비의 미학으로 반전된다. 출입문과 크기와 비례 모두에서 대비를 이룬다. 신맛이나 매운맛처럼 톡 쏘는 양념 역할을 한다.

척도의 기능과 소품의 미학도 있다. 척도의 기능은 두 출입문 사이의 미세한 크기 차이를 드러나게 해주는 기능이다. 두 문과 각각 비교됨으로써 제3자에 대한 유추를 통해 두 문의 크기를 견주어보게 하는 것이다. 소품의 미학은 이 작은 창을 손아귀에 넣을 수 있는 물건처럼 느낀다는 뜻이다. 건축부재를 물건으로 대체하고 연상 작용을 통해 그 의미와 감성을 파악하는 것으로, 예컨대 작은 정사각형 물건처럼 느껴진다면 주사위를 연상할 수 있다. 정사각형을 덩어리로 느낀다면 댓돌이나 떡을 연상할 수 있다.

네 장의 얇은 목재 널을 네 벽면에 끼워 넣어 창틀을 짠 장면에서는 물건을 만드는 공정의 미학을 느낄 수도 있다. 물건의 미학을 공예의 관점에서 정의하는 것이다. 모든 물건이 다 공정의 미학을 드러내는 것은 아니며 드러낼 경우에는 그 자체가 하나의 미학 요소가 될 수 있다. 의자나 장난감, 자전거나 안경 같은 물건들은 생김새만 보고도 만들어진 공정을 머릿속으로 추정해볼 수 있는데, 이것 자체가 곧 미학 작용이다.

공정뿐 아니라 재료가 드러나는 것도 중요하다. 재료와 공정은 함께 생각되어야 한다. 예를 들어 이 작은 창의 창틀을 보면, 네 장의 넓적한

'공정의 미학'이 돋보이는 춘포역 역무실 출입문 옆의 작은 창(철로 쪽).

목재 널이라는 재료를 네 개의 안쪽 벽면에 맞게 자른 다음 일단 손으로 끼우고, 마지막으로 망치로 툭툭 쳐서 꼭 끼게 깊이 집어넣었을 것이다.[22] 의자, 장난감, 자전거, 안경 등에서도 무슨 재료를 써서 어떻게 휘고 이어 붙였는지를 추정할 수 있는데 이것 자체가 미학 작용이다. 물건이나 건물을 보면서 이런 도구, 행위에 대한 상상을 할 수 있으면 뇌 훈련과 감성 순화에 좋다.

공정의 미학은 앞서 설명한 구조미학과도 같은 개념이다. 재료와 공정에 대한 추정을 건축부재에 적용시키면 구조미학이 된다. 작은 창의 공정의 미학을 그 옆에 다정스럽게 다가와 있는 차양 지지부재와 함께 보면 더 그렇다. 형태와 역할이 서로 다른 이질적 요소지만 어딘가 어울리는데, 축조 과정을 드러낸 점에서는 같은 족보에 속하기 때문이다.

자세히 보면 창틀이 두 겹인 점도 안 어울릴 것 같은 둘을 어울리게 하는 숨은 비밀이다. 바깥 큰 창틀은 벽하고 같이 페인트를 칠해서 벽처럼 보이지만 자세히 보면 안쪽 작은 창틀과 마찬가지로 얇은 목재 널을 벽과 같은 면에 맞춰 짰음을 알 수 있다. 그 속에 안쪽 작은 창틀을 끼워넣은 것인데, 이런 두 겹 구조는 지지부재의 맞물림 구조와 동일한 원리이다.

어울림과 변화무쌍, 한국다운 건축미

이처럼 문 자체의 어울림이 뛰어난 춘포역. 하물며 그 위에 이렇게 예쁜 차양을 내고 구조미학을 뽐내며 어울림의 미학을 보여주는 장면이 다른 역에는 없다. 가히 춘포역만의 대표적 특징이라 할 만한데, 근대 간이역에 한국다운 건축미가 스며들어간 결과라 할 수 있다. 아래쪽 출입문이 어울리다 보니 그 위의 차양도 함께 어울리는 것은 당연하다. 구조미학 자체도 아름다울뿐더러 차양 두 장이 사이좋게 어울리는 모습은 한옥의 채 구성이나 창 배치 등에서 관찰되는 한국다운 어울림의 미학이라 할 수 있다. 춘포역의 하이라이트라 할 수 있는 이 지점의 매력은 결국 두 개의 문과 그 위 두 장의 차양, 즉 네 개의 요소가 서로 어울리는 모습이다.[23]

차양의 어울림은 아래쪽 출입문의 어울림을 보강해준다. 서로 직각으로 마주하다 보니 마치 동기 간 어깨동무를 하고 있는 것 같다. 차양은 출입문보다 더 밖으로 돌출하기 때문에 둘 사이의 거리는 많이 좁혀져 있다. 지지부재는 지지부재끼리, 상판은 또 상판끼리 좋은 짝을 이룬다. 망치머리 같은 지지부재의 끄트머리가 어울리는 장면이 특히 재미있다. 손을 뻗어 악수를 청하는 것 같기도 하고 주먹끼리 마주쳐 하이파이브를 하는 것 같기도 한데, 상판이 어울리는 장면은 모자챙을 들어 보이며 서로 웃는 것 같다. 의인화가 넘쳐나며 모두 어울림을 지향하는 관계이다.

그 출처는 '정(情)'이다. 정 문화는 한국다운 정서의 으뜸으로 부모, 형제, 친구, 사제, 상사와 부하 등 모든 인간관계에 대입할 수 있다. 건축, 미술, 요리 등 장르와 분야를 뛰어넘어 제일 밑바탕에 깔린 사람에 관한 기본 인식이라는 뜻이다. 원형미라는 뜻으로 장르와 분야로 퍼져나간다. 건축도 마찬가지이다. 정이 제일 잘 드러날 수 있는 건물 종류는 주택인데, 그 중에서도 한옥은 특히 그렇다. 곳곳에 의인화를 통해 사람 사이의 정을 건축으로 표현한다. 그 흔적이 시간을 뛰어넘어 이곳 춘포역의 철로 쪽 역무실 돌출부의 출입구와 차양에까지 남아있다. 이런 장면은 첫 번째 역인 춘포역에서 무르익을 대로 무르익은 모습으로 한 번 나

직각으로 마주본 2개의 문과 그 위의 차양이 빚어낸 어울림의 구조미학.

타난 뒤 후속 역들에서는 곧 사라졌다.

그 이유는 몇 가지로 추정해볼 수 있다. 일단 기능적으로 역무실에서 철로로 나오는 출입문은 맞이방 쪽을 경유하는 것이 더 좋다고 판단되면서 그 반대편으로 나오는 출입문을 없애는 경우가 많았다. 역무의 관점에서 볼 때 맞이방 쪽 동선이 더 빈번할 수밖에 없기 때문이다. 맞이방 쪽은 역무원이 매표나 개찰 업무를 하거나 별일 없는지 승객을 살피기도 하는 장소이다. 맞이방 쪽과 그 반대편 양쪽 모두에 출입구를 낼 수도 있으나 역무실이 크지 않은 경우라면 이 역시 좋은 처리가 아니다. 좁은 방에 문만 여럿 나면 실내 동선이 번잡해질뿐더러 면적 손실도 나기 때문이다. 다른 역에선 맞이방 반대편에 출입문을 내더라도 차양을 없앤 경우가 많았다. 간혹 차양까지는 없는 경우가 있으나 지지부재를 내서 구조미학으로 처리한 역은 더 이상 나타나지 않는다. 역무원들만을 위한 출입문인데 낭비요소라고 생각했거나, 이런 곳에까지 신경을 쓸 만한 섬세함이 사라졌기 때문일 것이다.

두 장의 차양은 어울림의 미학 이외에 변화무쌍함의 미학도 보여준다. 같은 것을 반복하길 싫어하는 한국의 상대주의적인 국민성에 대응시켜 볼 수 있다. 변화무쌍함은 사찰이나 한옥 같은 전통건축의 대표적인 특징인데, 이곳 역무실 차양도 그렇다. 거리, 지점, 시선 각도 등을 바꿔가면서 보면 잘 드러난다. 관찰자의 위치가 변함에 따라 두 장의 차양이 만들어내는 어울림의 장면이 너무 다양해서 다 설명할 수는 없으나 대표적인 경우 몇 가지만 보자.

두 출입문의 중간 지점에서 좀 떨어져서 보면 동기 간의 어울림을 가장 잘 느낄 수 있다. 오른쪽 큰 출입문 쪽으로 옮겨가면 작은 차양이 부속된 정도가 심해지면서 '종(宗)—부(副)'의 관계가 강조된다. 차양 쪽으로 가까이 가서 바닥에 앉아 위를 올려다보면 완전히 다른 장면이 펼쳐진다. 예를 들어, 작은 차양의 밑으로 기어들어가서 하늘을 처다보면 차양이 면으로 보이면서 지금까지와 다른 장면이 된다. 개수도 차양 두 장으로 끝나는 것이 아니라 그 위쪽에 돌출부와 역 본체의 지붕 처마까지 가세하면서 모두 네 장이 된다. 네 장은 크기와 위치, 그리고 돌출된 정도 즉 겹쳐보이는 정도가 각각 다르면서 절묘한 구성의 미학을 만들어낸다.[24,25,26] 네 장이 모두 다르면서 동시에 일정한 공통점을 갖는 어울림, 이는 한국다운 변화무쌍의 요체이다.

동일성을 싫어해 변화를 추구하면서도 결국 일정한 질서를 얻어낼 수 있는 비밀은 '어울림'에 있다. 다르되 어울릴 수 있는 '구성의 힘'이다. 조형적으로 보면 면의 미학에 선의 미학을 더했다고 하겠다. 끄트머리가 선으로 보이기 때문이다. 시선 각도에 따라서도 느끼는 분위기가 달라진다. 벽과 평행하게 서서 올려다보면 x—y 축의 +자 구도 내에서 네 장의 면이 어울린다. 그러나 각도를 벽에서 사선 방향으로 잡으면, 45도 각도 중심의 구도로 급변한다. 삼각형 조각들이 난무하면서 변화는 훨

24, 25, 26 보는 각도에 따라 느낌이 달라지는 춘포역의 절묘한 구성의 미학.

씬 급해진다. 그러나 여전히 최종 상태는 어울림에 의해
안정으로 끝난다. 역동적 안정이라 할 만하다.

위치에 따른 변화는 차양 한 장만 떼어놓고 봐도 동일
하게 관찰된다. 정면에서 보면 상판, 천장 안쪽 막음 판,
바깥 막음부재, 보강부재 등 여러 건축부재들이 튼실하
게 얽히면서 구조적으로 안정되어 보인다. 부재들 사이
의 접합방식을 노출시켜 구조미학을 얻어내고 있다. 조
형적으로는 여러 겹의 수평선이 중첩된 형국이다. 반면
측면에서 보면 삼각형의 세계로 바뀐다.[27] 차양 윤곽을

춘포역 역무실 출입구의 차양을 받치는 지지부재들의
접합.

만드는 굵은 선이 위쪽에서 큰 삼각형을 만들고 밑에서 이것을 받치는
지지부재가 작은 삼각형을 만든다. 선은 여러 개이나 서로 얽히거나 접
합하기보다는 독립적이다. 45도 각도에서 보면 둘의 중간 상태가 되는
데 그만큼 구성요소 종류는 많아진다. 수평선과 사선, 삼각형과 十자 축,
구조미학과 기하미학 등을 모두 읽어낼 수 있다. 정면과 측면에서 보는
두 경우보다 훨씬 완벽한 건축적 의미를 갖춘 셈이다. 같은 부재인데 이
처럼 보는 각도에 따라 완전히 다른 장면과 조형성이 얻어진다.

구조미학의 정수, 차양 기둥

구조미학의 정수는 아직 등장하지 않았다. 맞이방 차양을 받치는 기둥
이 그 주인공이다. 사실 간이역에서 구조미학을 제일 잘 볼 수 있는 곳은
맞이방 차양 쪽이다. 보통 세 개, 많으면 네 개의 기둥이 차양을 받치면
서 기둥에 구조미학이 집중된다. 수직 기둥만으로는 불안하다고 느끼기
때문에 차양의 끄트머리와 맞닿는 주두(柱頭) 부분에 사선 방향의 짧은
보강부재를 넣는다. 보통 '가새'라 부르는 부재이다. 사전을 찾아보면

만세를 부르는 듯한 춘포역 차양 기둥 주두(柱頭).

"사각형으로 짠 뼈대의 변형을 막기 위해 대각선 방향으로 빗댄 쇠나 나무 막대"라고 나와 있다. 원래 가새는 사각형 틀 전체를 대각선으로 가로질러 이쪽 꼭짓점에서 저쪽 꼭짓점을 잇는 부재인데, 간이역 기둥에 쓴 이 사선부재도 넓게 보면 가새라 할 수 있다.[28] 기둥이 넘어지지 않게 받칠 목적으로 사선 방향으로 짧은 버팀목을 보강한 것이다.

간이역에서 가새는 재밌는 연상을 일으킨다. 나뭇가지가 뻗은 모습으로 볼 수도 있고 짧은 팔을 45도 각도로 들어 체조를 하거나 만세를 부르는 모습으로 볼 수도 있다. 역에 따라서는 갈래 친 물건, 이를테면 삼지창이나 우산살처럼 보이기도 한다. 이런 모습들 자체가 구조미학의 구체적 내용들이다. 건축구조가 이렇게 다른 장면이나 모습을 연상시키는 작용도 구조미학이다. 구조적 안정을 위해 처리한 건축부재들이 단순한 구조체에 머물지 않고 다른 이미지로 나타난다는 뜻이다.

주초(柱礎)에서도 구조미학 처리를 했다. 기둥과 지면이 만나는 지점인 주초를 주신(柱身)보다 더 두껍게 처리했다. 두께 차이를 한 번만 주는 것이 보통인데 이곳에서는 두 번을 줬다. 지면과 접하는 부분은 정육면체를 위쪽으로 약간 기울게 한 입방체로 처리하면서 검은색을 칠했다. 재료도 콘크리트로 해서 목재인 주신과 구별했다. 이 부재와 주신 사이의 두께 차이를 크게 해서 그 중간에 완충부재를 하나 더 넣었다.[29] 수직 방향으로 긴 육면체 부재인데 색과 재료는 모두 주신과 같게 하고 폭만 주신과 주초 사이의 중간으로 했다. 모두 규칙적이지는 않아서 기둥 세 개가 다 다르다. 역무실 돌출부 옆 기둥은 제일 표준형이다. 가운데 기둥은 완충부재를 넣긴 했는데 중심이 안 맞아서 옆으로 비껴났다.[30] 불안해 보이지는 않고 오히려 나름대로 재밌어 보인다. 한국 전통건축에서 관찰할 수 있는 '하다만 것 같은 비대칭의 미학'이다. 바깥 쪽 세 번째 기둥은 아예 완충부재 없이 두 단만으로 이루어졌다. 세 기둥이 모두 다른 이런 장면은 동일성을 회피한 점에서 분명 한국다운 조형성이다.

29, 30 무규칙, 비대칭의 차양 기둥 주초(柱礎).

차양을 받치는 천장 보강부재.

기둥뿐 아니라 차양을 안쪽에서 받치는 구조 체계에서도 구조미학을 읽을 수 있다.[31] 목재 널판을 이어 붙여 차양 본체를 만들었다. 이 판들은 차양의 안쪽 면을 형성하는데 구조적으로 구체적인 이름을 붙이기에는 모호함이 좀 있다. 이 자체가 서까래일 수도 있고, 아니면 서까래는 속에 따로 있고 안쪽을 막은 '천장 안쪽 막음 판' 일 수도 있다. 둘 중 어느 쪽인지는 차양 속을 뜯어 보기 전에는 판단하기 어렵다. 목재 널판의 두께나 구조형식으로 봐서 서까래보다는 차양 안쪽 막음 판에 더 가까워 보인다.

이는 서양식 목구조와 한국식 목구조를 구별 짓는 중요한 차이이다. 한국식 목구조에서는 서까래를 연달아 이어 붙인 뒤 노출시켜 아래에서 올려다보면 다 드러난다. 구조재와 마감재를 동시에 겸하는 것이다. 모양도 원형기둥을 그대로 쓴다. 반면 서양식 목구조에서는 서까래를 각목 형태로 만들며 일정한 간격을 두고 배치한 뒤 안쪽 천장을 널판으로 한 번 더 막는다. 이렇게 보면 춘포역 차양의 안쪽 면 구조는 서양식 목구조에 해당된다. 어느 나라든지 전통 목구조 방식은 다 있는데, 간이역이 서양식 건물이다 보니 구조방식이 서양식인 것은 당연하다.

다음으로 차양을 안쪽에서 받치는 구조에 대해서 살펴보자. 차양이 깊어서 이것만으로는 부족하기 때문에 아래쪽에 지지부재를 추가했다. 가장 먼저 천장 안쪽 막음 판 밑에 직각 방향, 즉 종 방향으로 보강부재를 덧댔다. 이는 한국식 목구조에서는 도리*라고 부르는 부재인데 여기에서는 서양식 목구조이기 때문에 별도의 명칭은 없고 그냥 '천장 보강

*도리: 서까래를 받치기 위하여 기둥 위에 건너지르는 나무.

부재'라고 부르는 것이 무난하다. 그 아래로 다시 천장과 같은 방향, 즉 횡 방향으로 공중에 띄운 보*를 냈다. 한국식 목구조를 구성하는 대표적 방식이다. 보에서 짧은 기둥을 올려 지붕에 연결했는데 이것도 동자기둥*이라는 한국식 목구조 방식이다. 그러나 보통 실내에 보를 내는 한국식과 달리 문밖 차양 아래로 내었기 때문에 완전히 한국식이라고 보기 어렵다. 좀 모호하긴 하지만 구조체계 자체는 한국식이나 위치는 한국식이 아니라고 보는 것이 정확하다.

서양식 목구조를 기준으로 보더라도 여전히 모호하다. 서양에서도 한국식과 마찬가지로 보를 공중에 띄워 노출시키는 방식은 주로 실내에 사용한다. 서양은 한국처럼 차양 밑은 완전히 비워두는 경우가 많지 않기 때문에 이 방식을 서양식이라고 부르는 것도 무리가 있어 보인다. 그렇다면 이 보의 정체는 무엇으로 정의하면 좋을까. 변형 트러스로 보는 것이 제일 무난할 것 같다. 차양을 보강하기 위해 경사 방향을 따라 삼각 트러스를 댔는데, 위쪽 틀을 뺀 대신 천장 보강부재로 그 역할을 대신한 것이다. 동자기둥에 해당되는 짧은 수직 기둥은 트러스에서 위아래를 연결하는 기둥으로 볼 수 있다. 이런 공중에 띄운 보를 안쪽 끝은 벽에, 바깥쪽 끝은 주두 위의 천장 보강부재에 각각 연결해서 고정시켰다.

마지막으로 이런 여러 부재들이 접합하는 방식도 구조미학의 출처가 될 수 있다. 한국식 전통건축에서는 못을 쓰지 않으면서 접합이 일어나는 지점을 서로 엮이게 만드는 다양한 방식이 있다. 이런 접합 장면 자체가 전통 건축에서는 구조미학의 구체적 내용들이다. 이곳 춘포역에서는 볼트로 접합했는데 이는 서양식이다. 보강부재 하나당 두 개의 볼트를 썼는데, 그대로 노출시켜서 구조미학으로 활용했다. 볼트 머리의 방향이 재미있다. 하나는 땅을 향하고 또 하나는 옆을 향한다.[32] 가새의 옆면

*보: 들보. 칸과 칸 사이의 두 기둥을 건너질러 도리와는 ㄴ자 모양, 마룻대와는 ＋자 모양을 이루는 나무.

*동자기둥: 들보 위에 세우는 짧은 기둥.

32

부재들을 연결하는 볼트와 접합방식.

위아래 두 곳에 사용하면서 나타난 결과이다. 위쪽에서는 밑에서 가새를 뚫고 수직으로 치고 올라가 천장 보강부재와 연결하기 때문에 볼트 머리가 땅을 향한다. 아래쪽에서는 가새를 옆에서 수평 방향으로 뚫고 들어가 기둥과 연결하기 때문에 볼트 머리가 옆을 향한다. 볼트를 사용한 이런 처리는 근대식 접합으로 한국다움을 버리고 서양식이 득세한 경우에 해당된다.

이상을 종합해보면 춘포역에서는 맞이방 차양의 구조미학 전형이 완성된 것으로 정리할 수 있다. 가새를 이용한 주두 처리, 블록을 끼운 것 같은 주초 처리, 볼트를 이용해서 가새를 천장 보강부재와 기둥에 연결하는 처리, 천장 보강부재와 공중에 띄운 보를 추가해서 차양을 밑에서 받치는 처리 및 수직 기둥을 넣어 이 두 부재를 한 번 더 연결한 처리 등이 구체적 내용이다. 이런 구조방식은 표준설계를 구성하는 중요한 부분으로 향후 간이역들에서 교과서처럼 반복된다. 춘포역처럼 모든 부재를 다 갖춘 역은 드물며 역에 따라 부재들 가운데 일부가 생략되는 것이 보통이다. 반대로 춘포역의 구성보다 부재를 더 많이 넣는 경우도 있는데, 구조미학을 강조하고 싶은 것으로 볼 수 있다.

chapter 2

임피역

1910년대 양식과 1930년대 양식의 공존

춘포역은 한국 근대 간이역 표준설계의 주요 부분을 완성시켰지만 미완성인 부분도 있어 불완전하다. 미완성 부분은 임피역에 오면 거의 보완되어 온전한 표준설계에 이른다. 임피역은 춘포역에서 군산으로 가는 길 중간 얼마 떨어지지 않은 곳에 있다. 철로를 기준으로 18.6킬로미터밖에 떨어져 있지 않다. 차로 가도 15분이면 된다. 임피역의 건립 기록은 정확하지 않아서 1912년에서 1936년까지 여러 주장들이 있는데, 춘포역보다 빠른 1912년은 무리가 있어 보인다. 춘포역에 나타난 여러 미완성상태와 이것이 임피역을 오면 완성에 이른다는 사실 등으로 볼 때, 임피역을 춘포역보다 나중에 지은 것만은 확실해보인다. 문제는 정확한 연대이다. 현재 공식기록은 1936년으로 되어 있는데 1910년대 후반으로볼 수 있는 증거도 여럿 된다. 그러나 두 시기 모두 단정 짓기에는 무리가 있어 현재로서는 정확한 건립연대를 아는 것이 불가능하다.

원래 임피역의 영업개시는 1912년이며 1936년에 지금의 역으로 새로 지었다고 한다. 그런데도 1910년대 후반으로 봐야 하는 이유는 임피역에도 한두 가지 미완성 상태가 관찰되는 점, 춘포역과 크게 유사한 점, 특히 차로 쪽 정면 구성이 너무 닮은 점, 이보다 한 걸음 더 나아가 춘포역과 건축구성을 주거니 받거니 한 것으로 해석할 수 있는 점, 1930년대 다른 역들과 차이가 나는 점 등을 들 수 있다. 요약하면 춘포역과의 비교와 1930년대 다른 역들과의 비교라는 두 가지 관점이 관건이다.

　춘포역과의 비교는 아래에서 자세히 설명할 것이고, 먼저 1930년대 다른 역과 간단히 비교해보자. 임피역은 수직 비례를 처리한 기법, 건물 전체의 표면 인상, 맞이방 차양 기둥의 구조미학, 차로 쪽 출입구 좌우 창 구성 등에서 중요한 차이가 난다. 1930년대 오면 간이역은 전국 각지로 퍼져나가면서 몇 가지 방향으로 분화를 겪게 되는데 수직성을 추구하는 기법은 가장 대표적인 경향이었다. 일단 임피역과 1930년대에 수직성을 추구한 역은 유사한 비례 느낌을 갖는다. 그런데 수직성을 처리하는 구체적 기법에서 차이가 난다. 1930년대 역들은 차로 쪽 출입구 차양 위에 세 쪽 수직 창을 가졌는데 임피역에는 이것이 없다.[1,2] 그보다는 춘포역의 단순하고 껑충한 모습을 빼닮았다.

　철로 쪽 맞이방 차양도 1930년대 역들은 본 지붕에 이어 붙였다. 완전히 하나로 붙이지는 않고 겹 지붕으로 두는 것이 표준설계이기는 하지만, 둘이 떨어진 거리가 아주 적어서 두 장을 이어 붙인 모습으로 나타난다. 그래야 지붕 전체가 높아 보이면서 건물까지도 수직적으로 보이기 때문이다. 그런데 임피역에서는 본 지붕과 많이 떨어져 있다. 아래쪽으로 처져 완전히 별개로 처리했는데[3,4] 이런 장면들은 춘포역과 시차가 많이 나지 않은 1910년대의 특징들이다.

1 세 쪽 수직 창이 없는 임피역 전경(차로 쪽).   2 세 쪽 수직 창이 있는 심천역 전경(차로 쪽).
3 지붕－차양 간격이 좁은 도경리역(철로 쪽).   4 지붕－차양 간격이 큰 임피역(철로 쪽).

건물 전체의 표면 인상이란 벽면의 거친 정도, 덩어리 단위의 돌출 정도, 음영의 짙은 정도 등에 따라 형성되는 건물의 총체적 인상이다. 사람 얼굴과 같다고 보면 된다. 피부, 이목구비의 돌출 정도, 털의 많고 적음 등에 따라 사람의 인상이 결정되는 것과 같은 이치이다. 그런데 1930년대 역들은 대부분 임피역보다 인상이 거칠고 변화가 많은 편이다. 임피역은 평평하거나 반질반질한 편인데, 이는 춘포역의 인상과 닮아있다. 춘포역을 지을 당시 1910년대 양식을 기준으로, 점점 분화되어 이후 더욱 거칠어지거나 변화가 가미된 형국이다. 이렇게 볼 때 '인상' 면에서 임피역은 춘포역을 옮겨놓은 것으로 볼 수 있다.

5 임피역의 맞이방 앞 철로 쪽 차양을 받치는 기둥.
6 도경리역의 맞이방 앞 차양 기둥.

맞이방 차양 기둥의 구조미학도 마찬가지이다. 후대일수록 구조미학이 약해지는데 임피역의 구조미학은 간이역 전체를 통틀어서 최고이다.[5,6] 이런 현상은 간이역이 한참 지어지던 중반에 나타난 것이기보다는 초창기에 나타난 것으로 보는 것이 더 정확하다. 하나의 양식이 처음 만들어질 때는 이런저런 실험을 하게 되는데, 간이역에서는 구조미학이 대표적이다. 춘포역에서는 역무실 돌출부 차양에서 그런 인식이 나타나고 임피역 맞이방 차양에서 절정에 달한 것으로 볼 수 있다. 이후 이것이 낭비라고 느꼈거나 건축적 정성이 약해지는 등 여러 이유로 구조미학은 점점 단순

일산역 차로 쪽 출입구 좌우의 수직 창. 57쪽 사진 1, 2 참고.

화되어 가는 추세이며, 이는 1930년대 지어진 다른 역들도 마찬가지이다.

차로 쪽 출입구 좌우 창 구성을 보면, 1930년대 역들은 출입구 좌우에 창이 없거나, 있으면 대칭으로 수직 창을 갖는 것이 표준설계이다.[7] 없는 경우가 더 많다. 창을 넣을 경우에는 위쪽 박공 삼각형의 양쪽 끝 꼭짓점에서 아래로 내린 수직선의 안쪽으로 배치한다. 쉽게 얘기해서 박공이 한정하는 영역 내에 위치한다는 말이다. 박공이 한정하는 영역이란 다름 아닌 출입구가 들어가는 맞이방동이다. 임피역은 자세히 보면 왼쪽에는 수직창이 있는데 오른쪽에는 없는 비대칭이다. 오른쪽으로 좀 멀리, 그러니까 박공이 한정하는 영역을 벗어난 바깥쪽에 창을 하나 냈다. 비례는 통상적인 수직 창보다 넓적하며 위치도 수직 창보다 위쪽에 있다.

이런 비대칭 창 구성에 대한 해석은 여러 가지가 있을 수 있다. 우선 표준설계로 완전히 발전하지 못한 현상으로 볼 수 있다. 이럴 경우 임피역은 아직 1910년대의 특징을 보여주는 것이 되는데, 춘포역과 유사성이 그 증거가 될 수 있다. 춘포역은 출입구 좌우에 통상적인 수직 창을 안 갖는 대신 오른쪽으로 조금 높은 곳에 창을 하나만 갖는다. 임피역의 오른쪽 창과 비슷한 구성이다. 임피역의 맞이방동 창 구성은 춘포역의 미완성 상태가 아직 일부 남은 것으로 볼 수 있다. 춘포역의 것을 이어받아 발전시켰지만 완전히 표준설계까지는 이르지 못한 것이다.

또 다른 해석은 임피역의 비대칭 창 구성을 표준설계에 대한 한국다운 응용으로 보는 것이다. 비대칭은 분명 일본보다는 한국다운 건축미이기 때문이다. 이 해석이 맞다면 임피역은 1930년대 표준설계로 짓는

와중에 한국다움을 가미한 것이 된다. 하지만 이 해석은 좀 무리가 있다. 임피역의 전체적 분위기가 일본적이고 춘포역과 매우 닮아있다는 점이 그 근거이다. 종합해보면 임피역은 1930년대 건물로 보기는 힘들며 결과적으로 춘포역보다 조금 늦은 시기인 1910년대 후반쯤에 지은 것으로 볼 수 있다.

　반면 1936년에 지은 것으로 볼 수 있는 내용도 있다. 역무실 돌출부를 사각 모임지붕(hipped roof)*으로 처리한 것은 남평역에서도 나타나는 현상이다. 남평역은 1956년에 지어진 것이라서 이것만 가지고 1936년이 맞다고 보기는 어렵지만, 적어도 1910년대가 아니라는 증거는 될 수 있다. 춘포역과 비교해봐도 그렇다. 춘포역에서는 역무실 돌출부 지붕이 완전 박공인데(표준설계) 임피역은 오히려 이 점이 후퇴했다. 이는 1930년대 때 나타난 변형 현상 가운데 하나로 볼 수 있다.[8,9] 맞이방 차양이 있는 측면부에 차양 윤곽과 지붕 박공 윤곽이 어울리면서 만들어내는 선의 미학이 사라진 점도 중요한 단서이다. 춘포역에는 이 장면이 완벽하

*사각 모임지붕(hipped roof):
삿갓이나 넓적한 피라미드처
럼 지붕 네 면이 정상부 중앙
꼭짓점으로 모이는 형식.

지는 않지만 분명히 인식되고 있는데, 임피역에서는 완전히 사라진다. 이는 1930년대 이후 역들에 나타나는 대체적 경향이다.

단순화된 일본식 주택, 표준설계와 근대적 기능

임피역의 건립연대를 밝히는 것이 이 책의 목적은 아니며, 나는 두 연대가 모두 타당성을 갖는다고 생각한다. 정확한 건립연대와 상관없이 춘포역과 임피역 두 역을 합하면 근대 간이역의 표준설계가 완성된다. 마침 두 역이 가까이 위치하고 춘포역이 간이역의 시작점이었으므로, 두 역의 비교를 통해 간이역의 표준설계가 완성되어 가는 과정 및 그 의미에 대해서 살펴보자.

당시 춘포역과 임피역은 보완적 관계였을 것이다. 기능적 역할에서도 그렇고 건축양식에서도 그렇다. 두 역은 모두 곡창지대에 위치하고 있으며 군산항으로 곡물을 실어 나르던 곳이었다. 아마 두 역은 서로 긴밀히 협력하며 수송의 효율을 높이기 위해 애썼을 것이다. 지금은 서로 묘한 경쟁관계에 있다. 핵심은 어느 쪽이 한국 최초의 기차역이냐는 것이다.

기록으로는 춘포역이 최초지만, 정작 임피나 군산에서는 임피역이 가장 오래된 역이라고 알고 있는 사람들이 많다. 1912년이라는 기록이 남아있고 대중적으로 임피역이 더 잘 알려져 있기 때문이다. 실제로 일부 언론은 임피역을 가장 오래된 간이역으로 소개하기도 한다. 두 역을 대하는 현지의 입장을 봐도 임피역은 지역 주민들의 관심과 사랑을 많이 받는데, 춘포역은 상대적으로 그렇지 못하다. 이런 불만은 특히 춘포 지역에 사는 지역민들에게 크게 나타난다. 주민 전체 차원의 관심이 적다고 느끼는 것이다.

현지인들이 느끼는 경쟁관계와 달리 건축양식의 관점에서 보면 두 역은 절묘한 보완관계에 있다. 건축적으로 보면 두 역은 많이 닮았으면서 차이도 크다. 춘포역에 나타난 간이역의 요소들은 대부분 임피역에서 반복되었다. 닮은 점을 기준으로 하면 춘포역을 본떠 임피역을 지은 것으로 볼 수 있다. 춘포역을 표준설계로 삼아 반복 적용했다는 뜻이다. 그러나 춘포역 자체가 아직 완전한 표준설계에 이르지 못했기 때문에, 이런 관계로만 보는 것은 무리가 있다. 실제로 춘포역의 불완전한 점이 임피역에서는 상당 부분 완성되어 나타나고 있어, 임피역은 표준설계를 적용하면서 미완성 부분을 보완해 완성한 것으로 볼 수 있다. 이것이 임피역과 춘포역의 차이점이 중요한 의미를 갖는 이유이다.

표준설계는 크게 보면 간이역에 이름표처럼 따라다니는 "단층, 목조, 박공지붕, 근대양식" 등이 대표적 내용이다. 조금 더 자세하게 설명하자면 육면체를 본체로 삼아 기능에 따라 작은 매스(mass)*를 더한 뒤 필요 지점에 차양을 내며 마무리한 점이 공통점이다. 이는 거시적 관점에서 살펴본 특징이며 이외에 세부적으로 봐도 많이 있다. 본체의 정면을 차로 쪽과 철로 쪽을 다르게 한 점, 본체에 수직 비례 느낌을 강하게 준 점, 철로 쪽 역무실을 돌출시켜 구성에 변화를 준 점, 맞이방 앞에 긴 차양을 내어 대기공간을 둔 점, 그 차양에 구조미학 개념의 접합식 디테일을 사용한 점 등이다. 그러나 여기까지도 여전히 표준설계의 개론적 설명이다. 간이역 어느 것에나 적용될 수 있다는 뜻이다.

두 역은 형제처럼 닮아있다. 수직 비례와 차로 쪽 정면의 인상에서 그렇다. 이 두 사항은 같이 봐야 한다. 두 역 모두 껑충한 수직 비례를 하고 있으며, 차로 쪽 정면은 들고남이 거의 없는 평평한 면으로 처리했다. 이런 표면 처리는 건물 전체 윤곽의 길쭉한 육면체 느낌을 강조하면서 수직 비례를 보강하는 역할을 한다. 때문에 두 역 모두 첫 인상이 간결하고

*매스(mass): 건물을 3차원 윤곽의 덩어리로 보고 부르는 말.

건물 면이 평평한 임피역 전경
(차로 쪽).

단정하긴 하나 좀 딱딱해 보인다.[10]

　표준설계는 같은 기능을 갖는 건물을 여러 곳에 반복적으로 지을 때 기준이 되는 대표 내용을 한 가지로 정한 뒤 그것을 기본으로 삼아 각 상황에 맞게 조금씩 변형시켜 사용하도록 한 설계 지침이다. 일제강점기 때에만 있었던 것이 아니고 지금도 쓰이고 있다. 우체국, 소방서, 파출소 같은 소규모 관공서 건물에 많으나 주유소 같은 민간 건물에도 적용된다. 표준설계는 양면성이 있다. 동일한 건물이 반복되기 때문에 지루하고 심미성이 떨어지는 점이 가장 큰 문제점이다. 반면 기능이 한 가지로 고정된 건물들이기 때문에 기능적 처리에 효율성이 있으며 설계비와 공사비를 절감하는 등 주로 실용적 측면에서 장점이 있다. 또한 심미성보다 식별도가 더 중요한 공공건물들이기 때문에 멀리서도 쉽게 알아볼 수 있어서 좋다. 일종의 전형성이라는 것인데, 우체국이나 파출소는 판에 박은 모습 때문에 멀리서도 한눈에 알아볼 수 있다.

　근대 간이역도 마찬가지로 생각할 수 있다. 지금은 시간이 많이 흘러

간이역이라고 하면 서정성 강한 낭만적 건물로 받아들여지지만, 이런 역들은 굳이 분류하자면 은유적 심미성이 뛰어난 건물이라기보다 구성이 매우 단순하고 기능성이 뛰어난 건물이라고 할 수 있다. 서정성이나 낭만성은 시간의 흐름이 가져다준 세월의 힘이지 건물 자체의 심미성이 아니다. 주택 모양과 닮은 점을 고유한 심미성으로 볼 수 있으나 실은 이것도 많이 단순화시켜서 오히려 주택 특유의 아기자기한 멋이 약화된 면이 있다.

더욱이 근대 간이역에 차용한 주택 모습이 당시로서는 매우 낯선 서양식 교외 주택이거나 일본식 주택이었다. 한옥, 초가, 민가 같은 한국의 전통적 주거양식과는 한눈에 구별이 되는 외국 양식인 것이다. 따라서 간이역이 주는 서정적이고 낭만적인 느낌은 서양식 근대화를 거친 지금 시점에 성립되는 얘기일 뿐, 역사가 지어진 1910년대에는 오히려 반대 정서가 더 강했을 것이다. 낯선 외국의 주택 유형을 도입해서 기능에 맞춰 단순하게 처리한 서양식 사무소 같은 느낌이 더 컸을 거라는 말이다. 소박한 육면체 구성에 박공지붕을 얹은 모습이 낭만적으로 보이게 된 것은 수십 년간 거대한 콘크리트 아파트의 폭력에 시달려온 시대 상황의 산물일 수 있다.

실제로 가만히 뜯어보면 근대 기차역의 여러 구성과 처리들은 기능을 고려해서 나온 것임을 알 수 있다. 육면체 본체에 작은 덩어리를 더하는 기준은 조형성도 고려한 것이지만, 기능성을 더 중요하게 여긴 결과이다. 차로 쪽에는 가급적 덩어리를 더하지 않았는데 이것은 사람들이 많이 드나들고 우마, 가마, 자동차 등 교통수단도 드나들기 때문에 번잡함을 피하기 위해서였다.[11] 반면 철로 쪽에 덩어리를 더해 사무공간을 만든 처리는 역무원이 주로 철로 쪽에 볼일이 많기 때문에 동선을 절약하기

11 드나듦이 편리하도록 돌출부가 없는 임피역 차로 쪽.
12 돌출부(역무실)가 있는 임피역의 철로 쪽 전경.

맞이방 앞에 차양을 내 만든 임피역의 대기공간(철로 쪽).

위함이다.[12] 덩어리를 더하지 않은 차로 쪽 입면은 상대적으로 더 수직
적으로 보이는데 이것은 손님을 맞는 형식화 기능으로 설명할 수 있다.
공공건물인데다 당시로서는 첨단기술이자 대형기계인 기차를 담는 공
간이었기 때문에 그에 맞는 위엄과 형식을 갖출 필요가 있었을 것이다.

맞이방 앞 철로와의 사이에 대기공간을 둔 것도 쓰임새가 많은 기능
적 배려이다. 짐이 많을 때 기차가 오는 것을 보고 실내에서부터 옮기면
급박할 수 있기 때문에 미리 내놓을 수도 있고 단체손님 등 승객이 많을
때에는 맞이방 자체를 늘려주는 기능도 한다. 여기에서 개찰을 했을 수
도 있고 여러 안내 간판 등을 걸어둘 수도 있다. 쓰임새가 많은 공간이기
때문에 별도의 차양을 낸 것은 당연해 보인다.[13] 비와 햇빛을 가려주는
기능적 목적 이외에 건축적으로 보더라도 쓰임새가 많은 공간에 정성을
가하는 것은 조형처리의 기본이다. 이것 자체가 또 하나의 형식화일 수
있다. 맞이방에서 기차를 타러나가는, 즉 여정에 오르는 승객을 전송하

춘포면의 현존하는 일본식 주택.

거나 반대로 기차에서 내려서 들어오는 승객을 맞이하는 최소한의 건축적 예절일 수 있다.

맞이방 차양을 본체 지붕에서 분리시켜 별도로 처리해서 이중 지붕처럼 보이게 한 것도 중요한 공통점이다. 임피역보다는 춘포역에서 더 확실하게 나타나며 임피역에서는 다소 약해졌다가 1920~1930년대 지어진 기차역들에서 표준구성으로 자리 잡았다. 차양을 지붕과 분리시켜 이중으로 처리하는 방식은 일제강점기 때 지어진 일본식 주택에서 쓰던 기법인데 기차역에서 모방한 것이다. 대청이나 툇마루를 햇빛과 비에서 보호하기 위해 차양을 내는 것은 한국과 일본의 전통건축에서 공통적으로 쓰던 방식이지만, 차이도 있다. 한국에서는 지붕을 길게 늘어뜨려 홑겹으로 처리한 반면 일본에서는 지붕을 짧게 끊고 그 밑에 차양을 별도로 두어 두 겹으로 처리했다. 일제강점기때 조선에 지은 일본식 주택도 이 방식을 받아들여 사용했고 이것이 다시 근대 간이역에까지 흘러들어갔다. 춘포면 일대에 남아있는 일본식 주택에서 이런 장면을 확인할 수 있는데, 이것이 임피역보다 춘포역에서 이중 차양이 더 확실히 나타난 이유를 설명하는 근거가 될 수 있다.[14]

근대 간이역의 완성(1) - 정면 출입구와 박공

세세히 따져보면 차이점도 많다. 차로 쪽 입면, 역무실 돌출부, 철로 쪽 박공, 차양의 개수, 기둥의 구조 디테일 등이 차이점이 나타나는 지점들이다. 결론부터 요약하자면 차로 쪽 주 출입구와 철로 쪽 역무실 출입구 두 곳의 차양 처리에서 춘포역은 최고의 상태를 보여준다. 임피역부터는 벌써 쇠퇴 현상이 나타난다. 반면에 차로 쪽 입면 전체, 역무실 돌출부, 철로 쪽 박공, 맞이방 앞 차양의 구조 디테일 등에서는 임피역이 더 성숙한 모습이다. 춘포역의 미완성을 발전시켜 비로소 간이역 표준설계를 완성시켰다고 해도 과언이 아니다.

차로 쪽 입면을 먼저 보면, 춘포역은 완전 평평하다. 승객용 주 출입문 위에 아직 별도의 박공을 갖지 못하고 차양만 냈다. 지붕은 끊어지는 부분 없이 일직선으로 이어진다. 차양이 있긴 하지만 출입문은 긴 육면체에 구멍 하나 낸 정도로 읽힌다. 차양도 평평한 벽에서 갑자기 툭 튀어나오면서 다소 어색하게 느껴지기도 한다. 차양을 처리한 구조미학 자체는 간이역 전체를 통틀어 가장 뛰어나다 할 만하지만, 건물 전체로 보면 출입구에 필요한 형식화 처리로는 조금 부족하거나 미완성된 느낌이다. 차양만으로 건축이 이루어지는 것은 아니기 때문이다. 이는 시기적으로 일러서 아직 미숙한 것일 수도 있고, 이 역의 주요 업무대상이 일반 승객이 아니라 곡물수송이어서 특별히 출입구에 신경을 쓸 필요가 없었기 때문일 수도 있다. 쌀가마가 주로 드나드는 곳이라면 형식화할 필요가 적었을 거라는 의미이다.

그래서인지 출입문도 건물 길이나 높이에 비해 큰 편인데, 사람보다 화물의 출입이 더욱 빈번했기 때문으로 생각해본다. 심하게 말하면 기차역이기보다는 차라리 창고 같다고까지 할 수 있다. 출입구가 이렇게 되다 보니 '춘포역'이라는 간판 위치도 애매해졌다. 원래 역 간판은 출입문 위에 두는 것이 보통인데, 여기에서는 차양과 지붕 처마 사이 면적이 충분하지 않아서 출입문 옆 빈 벽면에 비껴 달았다. 이 자체는 판에 박은 형식을 깬 비대칭의 미학으로 나름 재미 요소라고 할 수 있다. 특히 차양과 함께 적절히 끊어서 보면 비대칭은 어울림으로 발전한다. 자세히 보면 어울림을 구성하는 주체들이 다양하다. 간판의 흰 바탕 면과 그

편리한 화물 운반을 위해 키운
춘포역의 출입문과 비껴 달린
간판(차로 쪽).

속의 글씨, 차양과 그림자, 출입문과 벽, 그 옆의 나무까지[15] 이질적 요소
들이지만 무척 잘 어울린다. 간이역의 형식성이라는 기준에서 보면 아
직 미완성에 머문 것으로 볼 수 있으나, 이는 건축양식의 완성도와 상관
없는 춘포역만의 감상 포인트이다.

차로 쪽 미완성이 임피역에서는 사라진다. 출입문에 별도의 박공지붕
을 더해서 완성된 형식을 갖추었다(57쪽 사진 1, 63쪽 사진 10, 65쪽 사진 11 참
고). 별도의 매스로 처리하지는 않았다. 몸통에서 돌출부 없이 같은 면
위에 출입구를 냈다. 박공지붕만 하나 더한 것인데 그 결과는 사뭇 다르
다. 먼저 영역 구분이 생겼다. 맞이방동과 역무실동을 확실하게 구별할
수 있다. 임피역에서도 두 동 사이의 구별은 여전히 불완전하다. 두 동을
나누는 중요한 건축 처리인 들고남이 없어서 입면 전체가 평활하게 남
았다. 그래서인지 두 동 사이의 구별이 약하다. 반면 창 처리는 구별을
염두에 두고 했다. 출입문 양옆의 작은 수직 창까지는 맞이방동이다. 수
직 창의 끝을 위로 이어보면 박공 삼각형의 아래 꼭짓점 약간 안쪽으로

들어온다.

작은 수직 창 왼쪽으로 큰 수직 창 세 개가 일렬로 늘어선 곳부터 역무실동이다. 길게 이어지면서 수직 창 셋 다음에 조금 쉬었다 다시 수직 창을 갖는다. 역무실동은 차로 쪽으로는 출입문이 없고 창만 나 있다. 이 창은 각 역의 건축적 성격을 결정짓는 중요한 요소이다. 수직·수평 비례, 모양, 개수, 분할 형식 등이 각 역마다 다 다르다. 춘포역과 임피역은 모두 긴 수직 창을 내서 수직 비례를 강조했다. 개수는 세 개 연달아 가진 다음, 조금 띄어서 하나를 추가해 총 네 개를 갖는다. 이런 구성은 나중에 산간 지역에 지어진 역들에서 반복되는데, 수직 비례를 강조하는 중요한 요소로 작용한다. 한국다움이 강하게 드러나는 역들에서는 이 부분의 창들이 수평 비례로 처리된다.

차로 쪽 입면 전체의 인상도 바뀌었다. 춘포역은 단순 육면체와 수평선이 전체 인상을 이루면서 단조로운 느낌이었다. 임피역은 육면체, 삼각형, 수평선 등이 혼합되면서 조형적인 다양성이 증가했다. 긴 수평 지붕을 박공지붕이 중간에서 끊는다. 박공의 삼각형은 매우 커서 입면의 주인공으로 등장한다. 전체 인상이 장방형인 건물과 삼각형인 건물은 완전히 다르다. 장방형이 정적이라면 삼각형은 역동적이다. 삼각형의 종류에 따라서도 역동성에 차이가 난다. 밑변의 각도가 60도인 정삼각형이 분기점이다. 이것을 넘어서면 매우 급해지고 안쪽으로 들어오면 안정적이 된다. 정삼각형에서는 둘 모두가 나타나면서 양면적이 된다. 임피역에서는 정삼각형을 썼다. 역동적인 와중에도 나름 안정감을 준다. 출입구 차양을 옆으로 길게 내서 안정감을 돕고 있다. 그 자체가 일정한 수평선을 긋는 동시에 삼각형의 밑변을 이룬다.

전체 인상만 바뀐 것이 아니라 주 출입구의 성격도 확실해졌다. 출입구의 형식을 온전히 갖춤으로써 춘포역의 창고 같은 모습을 벗어나 역다운 전형성에 이르렀다. 쌀가마만 드나드는 역이 아니라 일반 여객도 드나든다는 느낌이다. 출입구 차양 위에 역 간판을 달 면적이 충분해지면서 춘포역에서 옆으로 비껴나 있던 간판이 제자리를 찾았다. 출입구 동의 별도 박공은 차로에서 들어오는 손님들을 맞는 얼굴 역할을 한다. 박공 속에는 역명이 적힌 간판이 걸리고 출입구에는 일자 차양이 난다. 간이역의 중요한 전형적 구성인데, 정면 박공은 우리가 간이역에서 서정성을 느끼게 해주는 중요한 조형 요소이다. 멀리서 삼각 박공과 그 속에 걸린 역명 간판을 보면서 사람들은 간이역임을 알게 되고 이때부터 묘한 설렘이 인다.

주 출입구 차양의 구조 처리는 임피역보다 춘포역이 더 뛰어나다. 춘포역에서는 상판을 받치는 지지부재를 속을 비운 변형 트러스로 처리하면서 일정한 구조미학을 갖추었다. 벽에서 약 30도 방향으로 비스듬히 돌출한 사선부재가 차양을 받치고 있으며, 둘 사이에 완충부재를 수평 방향으로 끼워 덧댔고, 사선부재를 보강하기 위해 수직 기둥을 두 개 더 넣었다. 각 부재들의 구조적 역할이 명확하기 때문에 기본적으로 기능적 효율성을 높여주는 처리이다. 단순히 멋으로 부재들을 넣은 것이 아니고 각자의 역할이 있다는 뜻이다. 그런데도 최소한의 멋을 내고 있다. 오히려 확실한 구조적 역할을 갖는 부재들의 조합이기 때문에 조형성이 더 뛰어날 수 있다. 각 부재가 각자의 구조적 역할에 충실하고 있는 모습 자체가 건축에서는 심미성을 가질 수 있는데 이것이 구조미학이라는 것이다. 마치 여자들이 열심히 일하고 있는 성실한 남자의 모습에서 매력을 느끼는 것과 같은 이치이다.

반면 임피역은 차양 상판을 아무 지지부재 없이 단순 캔틸레버 형식으로 돌출시켰다. 벽에서 뜬금없이 판재 하나가 불쑥 튀어나온 형국이다. 이런 차이에 대해서는 춘포역이 더 앞서거나 우수한 것으로 볼 수도 있고, 아니면 단순히 상황에 맞춘 기능적 처리로 볼 수도 있다. 춘포역이 더 앞선 것으로 보는 근거는 두 역 모두 차양에서 구조미학에 대해 신경을 많이 쓰고 있다는 점과 이것이 이후 근대 간이역 전반에 걸쳐 하나의 대표적 경향으로 자리 잡은 점 등을 들 수 있다. 이 기준에서 보면 임피역은 차양에 구조미학 처리를 적용하는 것을 크게 의식하고 있었는데, 주 출입구에만 하지 않은 것이 된다.

　반대의 해석도 가능하다. 일부러 안 했을 수도 있다. 임피역의 맞이방 앞 차양을 받치는 지지부재에 뛰어난 구조미학 처리를 한 점으로 볼 때, 주 출입구에도 하려면 충분히 할 수 있었음을 알 수 있다. 큰 부재도 아니어서 돈이 많이 들거나 기술적으로 어렵지도 않다. 그런데 그렇게 하지 않은 것은 박공과의 조화 문제 때문이다. 건물 전체의 생김새에 분위기를 맞추기 위해 일부러 단순하게 처리했다는 뜻이다. 박공 윤곽은 깔끔한 직선 두 개로 이루어진다. 박공면 안에도 역 간판과 전등 이외에 다른 것을 두지 않아 전체적으로 미니멀리즘(minimalism) 분위기가 난다. 차양도 이것에 맞춰 강한 수평선을 한 줄 그은 것으로 끝냈다. 여기에 구조미학을 자랑하는 지지부재를 더하면 전체 분위기를 훼손시킨다고 생각했을 수 있다. 지지부재 자체는 일정한 장식성이나 심미성을 가질 수 있으나 이것이 오히려 박공 전체의 분위기와는 거꾸로 가는 것이라고 판단한 것이다.

근대 간이역의 완성(2) - 철로 쪽 역무실 돌출부와 쌍 박공

이런 해석은 철로 쪽 역무실 출입구를 보면 정확해진다. 이곳에도 주 출

임피역의 마주본 역무실 출입구(철로 쪽). 37쪽 사진 16 참고.

입구와 똑같은 단순 판재로 차양을 냈는데, 춘포역과 가장 차이가 두드러지는 부분이다. 역무실의 출입문은 춘포역과 마찬가지로 두 개가 90도 꺾어서 사이좋게 나란히 마주보고 있으며 여기까지는 춘포역의 구성을 반복 사용한 것이다. 차양에서는 차이가 많이 난다. 춘포역에서는 두 문에 각각 별도의 차양을 낸 뒤 지지부재까지 멋을 부려 처리했지만, 임피역에서는 둘을 하나로 묶어 무뚝뚝한 큰 상판 하나만 덜렁 얹었다.[16] 차로 쪽 주 출입구 차양처럼 이번에도 지지부재 없이 판재만 벽에서 돌출시켰다. 과감하긴 하지만 너무 단순해 보이고, 면적은 충분하지만 무성의해 보이기도 한다. 춘포역에서 철로 쪽 역무실에 냈던 아름다운 차양 두 개가 빠지면서 임피역에서는 철로 쪽 입면이 많이 평평해진 느낌이다. 임피역에서 맞이방 앞 차양의 지지부재에 신경을 많이 쓴 것에 비하면 섭섭하기까지 하다. 차로 쪽 주 출입구 차양과 함께 생각하면 맞이방 앞에는 힘을 집중해서 차양 처리에 신경을 최대한 쓰고 나머지 부분은 단순하게 놔둔 것이다.

이번에도 이유는 주 출입구 쪽과 같다. 건물 전체의 생김새와 조화를 이루기 위해서이다. 임피역의 철로 쪽 입면은 단순한 육면체를 몸통으로 삼고 주로 지붕 쪽 윤곽을 굵은 선으로 마감했다. 차양에 잔 처리를 가하지 않고 두껍고 큰 상판 하나만 둔 것은 이런 분위기에 맞춘 것이다. 특히 앞으로 툭 튀어나온 역무실 돌출부가 중요한 기준이 되었다. 별도로 박공을 얹지 않고 사각 모임지붕으로 처리했기 때문에 지붕 선이 굵은 수평선으로 나타난다.

따라서 이 부분에 난 출입구 차양도 이런 분위기에 맞춰 굵은 수평선으로 처리했다. 무성의해 보이는 차양은 단순무식한 것이 아니라 오히려 전체 분위기를 살펴 어울리게 만든 섬세한 처리라고 하겠다. 기하 육면체 분위기의 덩어리들이 어울리는 장면이 추상미를 드러낸다. 미니멀리즘 같기도 하다. 춘포역에는 없는 임피역만의 특징이다. 정성이 부족한 것이 아니다. 출입문 앞바닥에 시멘트로 발판을 만들어놓은 것을 보면 알 수 있다. 위쪽 차양과 비슷한 크기로 세트를 이룬다. 차양이 아래에서도 반복되고 있는 것 같다. 물론 역무실 안으로 빗물 넘치지 말라고 지면에서 조금 띄운 것일 수도 있다. 하지만 꼭 필요하지 않은 발판까지 둔 것을 보면 발걸음에까지 잔신경을 썼다는 것을 알 수 있다.

이런 해석은 춘포역의 신경을 많이 쓴 차양과 비교해보면 더욱 정확해진다. 춘포역에서는 앞으로 튀어나온 역무실 돌출부의 지붕을 박공으로 처리했다. 맞이방에 박공이 없기 때문에 그것까지 겸한 것이다. 철로 쪽 입면 전체를 주도하는 박공으로 임피역에서 맞이방에 박공을 얹은 것과 차이가 나는 대목이다. 이는 각각 중점을 둔 부분이 다르기 때문이다. 임피역은 맞이방에, 춘포역은 역무실 돌출부에 각각 중점을 두었다. 이에 따라 춘포역에서는 역무실 차양에 정성을 들인 반면 임피역에서는 맞이방이 중심공간이 되고, 역무실 돌출부는 부속공간이 되면서 상대적으로 차양도 단순하게 처리했다.

역무실 돌출부의 지붕도 출입구 차양 처리에 영향을 끼친다. 춘포역에서는 역무실 돌출부가 건물 몸통과 똑같은 높이를 가질 뿐 아니라 철로 쪽 입면에서는 유일하게 박공을 갖는 부분이다. 위치도 입면의 중앙부이다. 때문에 철로 쪽 조형성은 단연 이 박공의 삼각형이 압도한다(33쪽 사진 13, 35쪽 사진 15, 60쪽 사진 8 참고). 역무실 출입구 두 곳의 차양은 이

런 분위기에 맞춰 경사지게 냈고 이것을 받치는 지지부재가 필요했으며
여기에 일정한 구조미학 처리를 가하게 된 것이다. 반면 임피역에서는
역무실 돌출부 지붕이 박공이 아닌 사각 모임지붕이 되면서 삼각형의
분위기는 맞이방으로 쏠렸다(57쪽 사진 3, 60쪽 사진 9, 65쪽 사진 12 참고). 역무
실로 넘어오면서는 삼각형 기운이 약해졌고 이런 분위기에 맞추기 위해
역무실 출입구를 수평으로 처리했다.

임피역의 이런 처리를 춘포역의 차양이 후퇴한 것으로 볼지에는 의문
이 남는다. 앞과 같은 여러 정황을 볼 때 두 역이 처한 상황이 다른 데에
서 나온 자연스러운 차이일 수 있다. 이런 해석은 출입구 차양을 역무실
돌출부 처마 및 건물 본체 처마와 함께 보면 명확해진다. 임피역에서는
본체 처마, 역무실 돌출부 처마, 출입구 차양이 위에서부터 차례로 내려
오면서 세 개의 수평선을 만든다.[17] 역무실 돌출부가 높지 않아서 출입구
와 높이 차이가 많이 나지 않는다. 돌출부와 본 지붕 처마 사이의 높이

차이도 얼마 나지 않아 전체적으로 안정적인 수평선이 주도적 분위기이다. 출입구의 수평 차양도 이런 분위기에 맞춘 처리로 보인다. 세 장의 수평면이 머리를 맞대고 아기자기하게 어울리며 세 개의 수평선을 만들어낸다. 춘포역에서의 어울림에 해당되는 임피역만의 어울림이다.

반면 춘포역은 역무실 돌출부가 매우 높아서 출입구와 높이 차이가 많이 난다. 역무실 돌출부와 건물 본체 높이가 같기 때문에 출입구와 건물 본체 사이에도 같은 높이 차이가 난다. 결과적으로 역무실 돌출부와 건물 본체의 처마 두 장이 저 위에서 따로 놀고, 출입구 차양은 저 밑에 혼자 떨어져 있는 형국이다(45쪽 사진 23, 47쪽 사진 24, 25 참고). 수평선보다는 박공 삼각형의 수직선이 주도적 비례이며 출입구 차양도 이런 상황에 맞추다보니 경사로 처리하게 되었다. 이에 따라 지지부재도 삼각 트러스가 되면서 부재 수가 많아지는 등 손길이 많이 가게 되었다. 위쪽 처마들에서 한참 떨어져 혼자 있다 보니 심심하게 느껴졌을 것이고 이를 만회하기 위해 장식처리가 추가되었을 것이다.

이 대목은 자연스럽게 철로 쪽 입면 전체의 구성 문제로 이어진다. 앞에서 말한 것처럼 맞이방 위에 박공을 두지 않고 역무실 돌출부가 그 역할까지 떠안은 춘포역의 구성은 아직 미완성에 해당된다. 우선 역무실 돌출부가 너무 높다. 건물 본체와 같은 높이인데 이보다 낮은 것이 표준 설계이다. 따라서 철로를 마주보는 박공도 본 지붕보다 낮아야 한다. 여기에서는 아직 이런 전형성이 자리 잡지 못하고 있다.

철로 쪽 맞이방 위에는 큰 박공이 없기 때문에 돌출부가 그 역할을 떠맡았다. 따라서 박공은 하나뿐이며 높이는 본 지붕과 같아져버렸는데, 그 결과 작고 아담해야 할 역무실 돌출부가 껑충하게 돼버렸다. 아마 처음 짓는 역이라 그럴 것이다. 더 정확한 이유는 차로 쪽 정면과 연계시켜 생각하면 알 수 있다. 차로 쪽에서 아직 출입구동이 분화되지 않았고 박공도 따로 갖지 않았는데, 출입구동이 별도의 박공을 갖는 경우 보통 철로 쪽으로도 대칭이 되는 지점에 또 하나의 박공을 두는 것이 일반적이다. 이를테면 박공을 앞뒷면에 세트로 두는 것이다. 이는 간이역을 대표하는 전형적 모습 가운데 하나로, 춘포역에는 차로 쪽 박공이 없기 때문에 그것과 대칭이 되는 철로 쪽 박공도 나타나지 않는다.

이것이 임피역에서 맞이방 위에 박공을 가지면서 표준설계의 완성에 이르게 된다. 차로 쪽 출입구동이 별도의 박공을 가지며 철로 쪽 대칭지점에 해당되는 맞이방 차양 위에도 별도의 박공을 두었다. 이 박공의 높이는 본 지붕과 같으며 방향은 본 지붕에 직각으로 철로를 마주본다. 차로 쪽과 세트이기 때문에 이쪽 박공 속에도 역명을 알리는 간판이 들어간다. 이런 변화는 건축적으로 많은 차이를 낳는다. 맞이방 위에 큰 박공을 가지면서 철로 쪽 입면 전체의 중심이 왼쪽, 즉 맞이방 쪽으로 쏠리게된다.

중심이 역무실이 있는 오른쪽에 있던 춘포역과는 많이 다른 점이다. 이 역시 역의 주인이 쌀가마냐, 일반 승객이냐의 차이를 보여주는 현상이다. 또 다른 차이는 철로 쪽 입면에 분할이 일어나는 점이다. 춘포역에서 모호하게 남았던 맞이방동과 역무실동의 이등분이 임피역에서는 확실해졌다. 기능이 분할되면서 조형 분할도 함께 일어났다. 맞이방동은 '박공 · 본 지붕 · 차양 지붕 · 차양 · 기둥' 등의 조형 요소가 조합된 결과로 읽힌다. 거꾸로 보면 조형 분할이다.

비대칭 · 균형 · 어울림 - 한국다운 건축미
임피역의 이런 변화는 일단 표준설계의 완성으로 볼 수 있으나 세세히 보면 아직 어색함도 있다. 맞이방 위 박공이 너무 크다는 점이다(57쪽 사진 3, 65쪽 사진 12 참고). 가분수라 할 만큼 크다. 상대적으로 역무실 돌출부가 왜소하다. 덩어리 자체도 작고 지붕도 사각 모임지붕에 머물렀다. 역무실이 확연히 작은 이런 불균형은 앞에서 나온 단순한 차양에 대한 배경이 되기도 한다. 어쨌든, 균형이 맞이방 쪽으로 너무 쏠린다. 이 역시 또 다른 미숙함이다. 맞이방과 역무실 돌출부 사이에 적절한 균형과 어울림을 갖는 것이 표준설계의 진짜 완성점이다.

일단 역무실 돌출부도 별도의 박공을 가져야 한다. 맞이방과 역무실에 각 하나씩 총 두 개의 박공이 생긴다. 쌍 박공이다. 이런 구성의 출처는 여럿이다. 우선 서양식 교외 주택이 있을 수 있다. 개화기에서 일제강점기 사이에 한반도에 많이 지어졌다. 지금은 대부분 사라진 유형인데 육면체 덩어리 중심으로 전체 윤곽이 잡히고, 사이사이에 삼각 박공을 넣어 정면성과 조형미를 확보한 구성이다. 반드시 두 개일 필요는 없고 이렇게 균형을 잡을 필요도 없다. 셋 이상인 경우도 많으며 위치와 구성도 자유롭다. 그러나 박공이 주인공인 점만은 틀림없다. 간이역의 쌍 박공은 이것을 단순하게 만든 처리로 볼 수 있다.

또 다른 출처는 일본식 주택이다. 이 유형 역시 단순 육면체와 박공의 조합으로 전체 구성을 짠다. 그러나 박공은 대부분 건물 옆면에 위치하지, 이처럼 정면을 마주보며 나는 경우는 드물다. 전체 구성은 서양식 교외 주택보다는 훨씬 단순하고 간결하다. 둘을 합해보면 박공이 건물 정면의 주인인 구성은 서양식 교외 주택에서 온 것이고, 이것을 단순하고 간결하게 정리한 구성은 일본식 주택에서 온 것이라고 할 수 있다.[18,19]

이런 외래 선례의 출처만으로는 설명이 부족한데, 두 장의 박공이 비대칭이라는 사실이다. 서양식 교외 주택과 일본식 주택은 모두 대칭 구

18 원조라고 할 수 있는 서양식
교외 주택의 박공. 영국 건축가
보이시의 홀리뱅크, 1903년.
19 서울 용산구 백범로의 일본
식 주택.

도를 기본 특징으로 한다. 굳이 따지자면 서양식 교외 주택도 간이역에
서 보이는 것과 유사한 비대칭 박공 구도를 갖긴 하지만 비대칭의 정도
는 약한 편이다. 거꾸로 완전 대칭도 많지는 않으나 크게 보아 대칭으로
볼 수 있는 범위에 들어오는 예들이 다수이다. 비대칭일 때에는 크기와
형태 등에서 차이를 크게 둬서 대비와 갈등 구도를 만들어낸다.

　반면 두 박공의 차이를 많이 내지 않으면서 은근한 비대칭을 보이는
간이역의 쌍 박공은 한옥의 특징이다. 한옥은 행랑채·사랑채·안채 등
이 분화되면서 몸체와 지붕도 따라서 분화하는데 이 과정에서 비대칭의
미학이 드러난다. 그렇게 심하지는 않다. 갈등을 미학의 출처로 삼지 않
으려는 한국다운 정서 탓이다. 간이역의 쌍 박공은 이것을 많이 닮았다.
균형과 어울림이 나타난다. 역무실 돌출부는 맞이방 차양 옆에 좀 작은
덩어리로 부속되는 것처럼 달라붙는 것이 전형적 구성이며, 별도로 갖는
박공지붕도 본 지붕보다 낮아야 한다. 맞이방 박공이 더 크고 높지만 역

무실은 밖으로 돌출하면서 별도의 덩어리를 갖기 때문에 전체적 느낌은
균형과 어울림으로 귀결된다.[20]

이는 근대 간이역의 전형적 장면 가운데 하나이며 아마도 간이역에서
가장 아름다운 장면일 것이다. 역무실 돌출부의 작은 박공은 맞이방 차
양 위의 큰 박공과 절묘한 어울림의 장면을 만들어낸다. 두 박공이 차이
가 많지 않을 때에는 동기나 친구 사이의 어울림을 의인화한다.[21] 크기
와 높이 모두 차이가 많이 날 때에도 서양식 교외 주택과 달리 대비나 갈
등으로 몰고 가지 않고 마치 어미가 새끼를 데리고 있는 것 같은 정감어
린 장면을 만든다. 역무실 돌출부의 작고 아담한 정
육면체 덩어리가 중간에서 둘을 이어주면서 안정감
있는 어울림의 미학을 만들어낸다. 이런 아기자기
한 어울림은 한옥의 건축적 특징으로서 한국다운
정서를 대변한다. 일본 주택에는 확실히 이런 아기
자기한 구성이 부족하다. 대부분 일자 직육면체이
며 돌출이 있다고 해도 어울림에 대한 인식은 거의
찾아보기 힘들다.

'박공 두 장—맞이방 차양—아담한 역무실 돌출
부' 사이의 어울림은 표준설계의 구성요소가 가장
잘 갖추어진 장면이며, 특히 두 장의 박공이 사이좋
게 어울리는 장면은 간이역에서 가장 아름다운 조
형미이다. 실제로 춘포역—임피역 이후에 지어진
역들에서 이런 구성이 나타난다. 그러나 모든 역이
그렇지는 못하다. 이렇게 다 갖추는 구성은 일정 규
모 이상의 건물에 적합한데, 그 크기가 안 되는 경우

20 임피역 맞이방 박공과 역무실 돌출부(철로 쪽).
21 두 박공의 어울림이 절묘한 반곡역(철로 쪽).

역무실 돌출부를 압도하는 임피역의 맞이방 박공(철로 쪽).

는 오히려 철로 쪽 박공을 하나만 두는 것이 더 좋을 수도 있다. 공사비가 많이 드는 것이 부담스러웠는지 수평 비례가 주도하면서 박공을 아예 없앤 역들도 있다. 기타 여러 이유로 철로 쪽의 박공이 단순화된 구성이 숫자상으로는 더 많다.

임피역은 아직 최종 완성까지는 못 가고 중심이 맞이방 쪽으로 너무 쏠려있는 형국이다. 앞서 사진 20에서는 시선 각도를 조작해서 균형감 있는 어울림을 만들어냈지만, 원래 임피역의 이 부분은 왼쪽 맞이방이 크고 오른쪽 역무실 돌출부는 그 옆에 혹처럼 붙어있다.[22] 맞이방 박공은 철로 쪽 입면 전체의 절반 가량을 차지한다. 지붕을 봐도 그렇다. 사각 모임지붕은 삼각형 박공을 못 만들어내기 때문에 조형적으로 보면 박공지붕보다 등급이 낮다. 이런 불균형은 춘포역의 미완성에 너무 신경을 써서 그것을 해결하는 데에 과도한 집중이 일어난 결과일 것이다. 배가 한

쪽으로 기울었을 때 위기를 탈출하는 방법은 중심을 잡는 것인데 당황하게 되면 반대편으로 급격히 쏠리게 하는 것에 유추해볼 수 있다.

차양 기둥, 한반도의 근대성을 상징하다

맞이방 앞 차양에 오면 임피역이 단연 압권이다. 춘포역이 맞이방 앞 차양을 매우 단순하게 처리한 것과 대비되는 임피역만의 대표적 특징이다. 근대 간이역을 통틀어서 차양의 구조미학이 제일 뛰어난 곳이 이곳 임피역이다. 춘포역에서는 꼭 필요한 부재만 경제적으로 사용해서 단순하고 효율적 구조로 처리했다. 천장 안쪽 막음 판, 기둥, 천장 보강부재 모두 정사각형 단면의 목재를 추가 장식 없이 그대로 사용했다. 형태만 표준부재를 사용한 것이 아니라 접합도 제일 단순한 방식으로 처리했다. 서로 다른 부재가 만나는 지점에는 이런저런 완충부재를 넣는 것이 보통이며 많은 경우 완충부재에 별도의 장식처리를 가한다. 이런 것들이 모여서 구조미학의 멋 내기를 구성하게 되는데 춘포역에서는 완충부재 자체를 넣지 않아서 아예 구조미학의 가능성을 처음부터 최소화했다.

　모든 관심을 구조적 안정에 두었다. 역학적으로는 이미 충분히 안전하기 때문에 이것을 시각적으로 강조하는 방향으로 처리했다. 기둥과 차양이 만나는 주두 부분을 보면, 추가 부재라곤 기둥이 넘어지지 않게 보강한 가새가 전부이다. 땅과 접하는 기둥의 밑동도 단순하게 처리함으로써 구조 기능을 강조하는 방향을 택했다. 주초(柱礎)를 뭉툭한 육면체로 만들어서 아래쪽에서 받치는 구조 기능을 튼튼하게 보이게 했다. 마치 신발을 신고 있는 형국이다. 형태적으로도 지붕을 받치는 주두와 유사한 분위기를 내고, 색도 검게 칠해서 튼튼해 보이게 했다. 주신은 밝은 옥색을 칠해 가벼워 보이도록 하고 아래에서 안정적으로 받쳐주는 것처럼 보이게 했다.

주초와 주신이 만나는 지점, 즉 주신의 아래쪽에 조형 처리를 한 번 더 가하긴 했지만 이번에도 가능한 한 단순하게 끝냈다. 통상 이 부분은 볼 트너트를 이용해서 접합하는 것이 보통인데, 여기에서는 기둥 윤곽에만 한 번 더 변화를 줬을 뿐이다. 제일 아래쪽 검은색 육면체와 주신 사이의 중간 두께로 처리함으로써 위로 갈수록 점점 좁아지게 해서 시각적으로 안정감을 주었다. 그것도 기둥 세 개 가운데 두 개만 그렇게 했고, 나머지 하나는 이것조차 없이 주초와 주신만으로 끝냈다.

홈통도 조형적으로 활용하지 않았다. 홈통은 구조부재는 아니고 지붕에서 흘러내리는 빗물을 모아 땅으로 보내는 부재이지만, 생김새와 길이가 기둥과 비슷한 점이 많아서 통상적으로 기둥에 붙여 세운다. 원통형의 긴 선이 만들어져서 조형적 특징이 강하기 때문에 구조미학을 추구하는 경우에는 일정한 활용도를 갖는다. 춘포역에서는 홈통을 기둥에 붙이지 않고 처마 위에 뒀다. 홈통은 처마를 따라 수평으로만 달려오다가 끊기고서는 끝이다. 수직으로 더 뽑아서 지면까지 내리는 것이 보통인데 처마 끝에서 따라 끊기고 만 것이다. 따라서 빗물은 지면까지 내려오지 못하고 처마 높이에서 떨어지게 되어 있다. 홈통의 모습을 가려서 구조미학에 활용될 부재의 수를 원천적으로 줄인 것이다.

이상과 같은 춘포역의 맞이방 앞 차양 처리는 구조미학을 최소화하고 기능적으로만 남겠다는 건축적 의도를 갖는다. 옆에 역무실 출입구 두 곳의 차양에 한껏 멋을 낸 것과 대조되는 장면이다. 그 이유는 몇 가지로 생각해볼 수 있다. 아직 시기적으로 빨라서 양식사적으로 보았을 때, 충분히 무르익지 못한 초창기 단계의 현상일 수 있다. 건물의 모든 곳에 일일이 섬세한 처리를 가하기에는 건축적 인식이 부족했을 수도 있고, 공사비나 공사기간 등의 실용적 차원의 한계가 있었을 수도 있다. 또는 건물의 중심을 역무실 돌출부에 두었기 때문에 역무실 차양은 구조미학으로 처리하고, 맞이방 차양은 추가 처리를 안 하고 단순하게 놔뒀을 수도 있다.

반면 임피역의 맞이방 차양은 구조미학의 정수를 보여준다. 지붕을 받치는 천장 안쪽 막음 판을 두 단으로 했는데[23] 윗단은 정상적인 막음 판으로 널판을 이어 붙였다. 이 가운데 기둥과 만나는 지점에만 아래쪽에 한 단을 덧댔다. 이번에는 널판은 아니고 각목을 수직으로 세웠다. 기둥과 만나는 지점만 집중 보강을 한 것이다. 그런데 하나가 아니라 두 개를 덧댔고 그 사이에 기둥을 끼워 넣었다. 가랑이 사이에 몽둥이를 끼운 형국이다. 끄트머리도 둥근 곡면으로 처리해서 장식을 가했다.[24] 이는 한국의 전통 목구조에서 첨차(檐遮)*에 해당되는 부재를 응용한 것으로 볼 수 있다.

기둥만 끼운 것이 아니라 이매기*도 함께 끼웠으며 가새까지 가세한다. 모두 네 개의 부재가 몸을 서로 반쯤 섞고 얽혀서 튼튼한 구조를 만든다. 사선 방향의 가새도 춘포역에서는 두 개이던 것이 차양 안쪽에 하나

23 임피역 맞이방 차양(철로 쪽).
24 끄트머리가 둥근 임피역의 맞이방 차양(철로 쪽).
25 4개 부재를 덧대 구조가 튼튼한 임피역의 맞이방 차양(철로 쪽).

를 더해 세 개가 되었다(58쪽 사진 5 참고). 이 세 번째 가새는 기둥 안쪽 가랑이 사이를 파고들어 접합했다. 나머지 두 가새는 이매기 아랫면에 접합한다.[25] 양팔을 벌려 이매기를 밑에서 받쳐준다. 팔은 짧지만 믿음직스럽다. 주두를 중심으로 여러 부재가 물고 물리면서 복잡한 접합 디테일이 만들어졌다.

이런 구조방식은 기본적으로 서양식 목구조이나 부분적으로 한·중·일의 동북아시아 전통 목구조를 더했다. 동북아시아 목구조는 '기둥—서까래—이매기' 세 목조 부재 사이의 다양한 접합 처리를 기본 특징으로 삼는다. 주두와 서까래가 만나는 지점에 들어가는 완충부재를 횡 방향과 종 방향으로 이원화시킨 뒤 횡 방향 부재를 소로(小櫨)*로, 종 방향 부재를 첨차로 각각 장식화해서 사용하는 경향을 대표적 특징으로 갖는다. 이것들을 합해서 공포(栱包)* 구조라 부른다. 임피역의 차양에서는 가새가 소로를, 아래쪽 천장 보강부재가 첨차를 각각 응용한 부재로볼 수 있다. 또한 '기둥—서까래—이매기'가 서로 물고 물리는 접합방식도 서양식보다는 동북아시아 쪽에 가깝다. 여기에서는 완전히 이 방식만 사용한 것이 아니고 서양식 볼트접합과 섞어 썼다.

종합하면, 주두 주변은 단지 부재 숫자만 많을 뿐 아니라 구조체계와 접합방식에서도 서양식과 동북아시아의 두 목구조를 섞어 썼다. 일제강점기 때 한반도에서 벌어졌던 여러 세력의 충돌 현상을 상징적으로 보여주는 장면이다. 한반도를 중심으로 일본, 중국, 미국, 유럽 등 사방팔방에서 모여든 외세가 충돌했던 바로 그 경연장을 보는 듯하다. 한반도의 지정학적 위치가 19세기 말 20세기 초 세계사의 흐름과 맞물리면서 나타난 급박했던 상황인 동시에, 좋건 싫건 결과적으로 한국의 20세기 근대성을 결정 짓는 핵심 내용이다. 이것이 임피역의 기둥에까지 흘러

*첨차(檐遮): 세 겹 공포 이상의 집에 있는 꾸밈새. 초제공, 이제공 따위의 가운데에 어긋나게 맞추어 짠다.

*이매기: 기둥 위 처마 끄트머리에 서까래와 직각 방향, 즉 종 방향으로 대는 긴 보강부재로 막음 판을 겸한다.

*소로(小櫨): 접시받침.

*공포(栱包): 처마 끝의 무게를 받치기 위해 기둥머리에 짜맞추어 댄 나무쪽.

들어가 건축 장면으로 나타난 것이다. 임피역의 차양 기
둥은 근대 간이역 가운데 일제강점기의 근대적 역사성을
제일 상징적으로 압축해놓은 곳이다.

임피역의 주초 부분은 춘포역과 다르다. 주초 자체는
춘포역과 비슷한 피라미드형 육면체이다. 춘포역은 이것
과 주신 사이에 중간 두께의 부재를 넣은 데 반해 임피역
은 주초에서 긴 쇠 띠를 위로 올려 주신의 밑동에 덧댄 뒤
볼트 두 개로 조였다. 볼트는 그대로 노출시켜서 접합 장
면을 장식요소로 활용했다.[26] 이 장면은 주두와 대비시켜

임피역의 맞이방 앞 차양 기둥 주초(철로 쪽).

생각해야 된다. 주두에 상대적으로 전통 목구조 기법이 더 많이 남아있
는 것과 구별이 되는 대목이다. 볼트 접합은 건축적 디테일이 아니고 공
학적 디테일인데, 이것을 활용한 것은 이 역이 그만큼 현대화된 건물이
라는 점을 상징적으로 과시하는 것으로 볼 수 있다. 혹은 주두의 구조 디
테일에 섞여 나타난 전통 목구조 방식과 현대화된 볼트 접합방식 가운
데 후자를 더욱 부각시킨 것으로 볼 수 있다.

구조미학의 스승, 은행나무 가지

홈통도 구조미학 요소로 활용했다. 기둥 앞쪽 전면에 홈통을 내세워 형
태적 특징을 부각시켰다. 사각형 기둥에 원통형 홈통이 더해지면서 기
하학적 조형성이 다양해졌다. 부재 개수가 늘면서 구조미학에 대한 의
지를 확실하게 보여준다. 홈통은 처마 선을 따라 난 수평 방향의 것과 거
기에 직각으로 접합되어서 땅으로 물을 떨어트리는 수직 방향의 것 두
종류로 나눌 수 있다. 둘의 접합 부분은 손바닥으로 물건을 잡는 형상으
로 처리해서 장식효과를 높였다(84쪽 사진 23, 24 참고). 사선 방향으로 조금

내려오다 기둥에 붙어 일직선으로 쭉 내려온다. 땅에 다 와서 마지막으로 한 번 더 멋을 부린다. 끄트머리를 밖으로 15도 정도 살짝 휜 것이다.[27] 이것은 물론 물이 잘 떨어지게 하기 위한 기능적 처리지만 그 자체로도 한 발을 살짝 들고 서 있는 것처럼 멋을 부린 것으로 보인다.

홈통에도 철물 접합부재가 쓰였다. 홈통을 기둥에 붙들어 매는 띠 부재이다. 쇠 띠로 기둥과 홈통을 하나로 묶었고 벌어지지 말라고 다시 볼트로 조였는데 이런 장면을 그대로 노출시켜 역시 구조미학 요소로 활용했다. 손가락 폭의 철물 띠로 홈통을 한 번 감은 뒤 홈통 뒤로 돌려 기둥에 박았다. 이것이 벌어지지 않게 하기 위해 홈통 뒷면에서 볼트로 한 번 조였다. 이런 처리가 주두 바로 아래, 주신 한가운데, 주초 바로 위 세 군데에 가해졌다. 곁에서 보면 얇은 띠를 반지처럼 두르고 있는 모습으로 보인다.

임피역의 차양에 구조미학이 두드러진 이유를 주변 환경에서 조심스럽게 찾아본다. 임피역은 은행나무로 유명하다. 차로 변과 플랫폼 쪽에 각각 두 그루씩 두 쌍이 서 있다(65쪽 사진 11, 12 참고). 이들은 우선 기차역의 대문 역할을 한다. 마치 수문장처럼 버티고 서서 역을 호위한다. 큰 대문처럼 보이기도 한다. 다른 간이역들에는 없는 대문이다. 차로 쪽 대문은 밖에서 역으로 들어오는 손님을 맞고 기차에서 동네로 나가는 손님을 배웅한다. 플랫폼 쪽 대문은 반대이다. 기차에 타는 손님은 배웅하고, 기차에서 내리는 손님은 맞이

멋을 낸 임피역의 홈통과 차양 기둥(철로 쪽).

왼쪽에서 본 철로 쪽 임피역 전경.

한다.[28]

　기둥 구조와 연결시켜 보면 구조미학의 스승 역할을 한다. 기둥과 맞서 있는 플랫폼 쪽 차양 앞 두 그루가 주인공이다. 기둥에서 줄기와 가지가 갈라져 나오는 나무의 구조는 흔히 건축가들에게 구조미학의 스승쯤으로 받아들여진다. 임피역 차양 앞 은행나무는 제법 굵고 나이가 들어 보여서 역을 지을 때부터 있었을 것으로 추측할 수 있다. 그리고 이런 주변 상황과 잘 어울리기 위해 맞이방 차양에 유난히 구조미학을 강조한 것으로 볼 수 있다. 차양 안쪽에서 맞이방 벽에 바짝 붙어서 위치를 잘 잡으면 주두와 은행나무를 한 시야 안에 오버랩 시킬 수 있다. 여러 부재가 복잡하게 얽힌 주두의 구조와 은행나무에서 가지가 갈래 쳐 나가는 모습이 많이 닮았다. 사선으로 뻗은 기둥의 가새와 은행나무 가지가 세트를 이룬다.[29] 기둥의 구조미학이 나무 모습에서 왔음을 보여주는 교과서다운 장면으로, 구조미학의 의지를 확실히 읽을 수 있다. 간이역 가운데 구조미학이 제일 복잡한 역인데 스승까지 세트로 갖추었으니 가히 구조미학의 교과서라 할 만하다.

은행나무는 맞이방 차양에서 철로를 바라보는 장면에서 임피역만의 특징을 만들어낸다. 차양 안으로 들어오는 장면이 역마다 다르기 때문에 역의 특징이 결정되는 중요한 부분이다. 건너편 산이나 너른 평야가

나뭇가지를 닮은 임피역의 맞이방 차양 기둥 가새(철로 쪽).

들어오는 역, 반대로 아파트가 들어오는 역, 혹은 조경처리가 들어오는 역 등 다양하다. 임피역은 단연 두 그루의 은행나무이다.[30] 차양 기둥과 함께 보면 세 그루의 나무가 서 있는 형국이다. 그림자까지 치면 네 그루이다. 진짜 나무는 두 그루 뿐인데 건축이 더해지면서 네 그루로 늘어났다. 건축미학이란 것이다. 조경처리의 일환으로 역을 지은 다음에 소나무를 심은 역은 좀 있지만 원래부터 있던 나무, 그것도 은행나무를 활용한 예는 임피역이 유일하다. 차양이 액자를 만들고 그 속에 은행나무를 풍경으로 그렸다. 차양에서 밖으로 나오면 액자를 뛰쳐나와 은행나무를 직접 경험할 수 있다. 개찰을 하고 플랫폼으로 가기 전에 문을 하나 더 지나는 형국이다.

은행나무 두 그루를 본떠 맞이방 차양에 구조미학을 뽐낸 임피역(철로 쪽).

임피역의 맞이방 차양에서 관찰되는 구조미학은 일단 그 자체로 뛰어난 조형성을 갖는다. 춘포역과 비교하면 한 단계 발전한 것으로 볼 수 있다. 그러나 거꾸로 과도한 것으로 볼 수도 있다. 역학적으로 보면 이렇게 부재가 많을 필요가 없는데 과도하게 쓴 것 같다. 이후 어느 역에서도 이렇게 많은 부재를 갖는 차양은 없다. 이에 대한 판단은 단정 짓기 어렵다. 구조미학의 조형성을 어디에 두느냐에 상반된 해석이 가능하다. 구조적 솔직성과 효율성에 둔다면 이는 분명 낭비이며 구조미학의 효과를 약화시킨다. 반면 장식적 처리에 둔다면 그다지 과도해 보이지는 않으며 앞에 설명한 것과 같은 나름대로의 구조미학을 갖는다.

마지막으로 맞이방 차양과 본체 지붕이 형성하는 겹 지붕의 높이 차이가 남아있다. 차양이 지붕 아래 놓이면서 둘은 겹 지붕처럼 보이는데, 앞에서 설명한 일본식 주택의 특징이다. 1930년대 이후 지어진 간이역에는 겹 지붕이 많이 나타나는데, 높이 차이가 없는 한국식보다는 많이 나는 일본식이 더 많았다. 같은 겹 지붕이더라도 본 지붕과 차양 사이의 높이 차이에 따라 한 번 더 나눌 수 있다. 춘포역은 그 차이가 거의 없이 붙은 반면 임피역은 차이가 제법 난다(35쪽 사진 15, 57쪽 사진 3 참고).

　이것만 보면 임피역이 더 일본적이라고 할 수 있으나, 맞이방 차양 위쪽의 건축적 상황과 함께 생각할 필요가 있다. 춘포역에는 맞이방 차양 위에 박공이 없지만 임피역에는 있다. 이렇다 보니 맞이방 차양이 받치는 위쪽 부분이 서로 다르게 되고 이것이 겹 지붕 사이의 높이 차이를 만들어냈다. 춘포역은 맞이방 위에 박공이 없기 때문에 본체가 옆으로 길어졌고, 따라서 지붕 두 장을 떨어뜨리는 것이 부담스러웠을 것이다. 반면 임피역에서는 삼각형 박공을 가리지 않게 하려다 보니 차양을 아래쪽에 두면서 높이 차이가 난 것으로 볼 수 있다. 임피역의 건물 전체 높이가 더 높아진 것도 중요한 이유이다. 이 높이에 맞춰 차양도 높아지면 맞이방 앞이 너무 휑해지기 때문에 이를 피하기 위해 차양 높이를 적정선에서 멈추다 보니 본체 지붕과 떨어지게 된 것이다.

근대 간이역의
역사적 의미

서정성 대 식민 역사

이상 살펴본 내용을 합해 한국의 첫 번째 기차역 유형을 '춘포-임피 양식' 이라 이름 붙일 수 있다. 일제는 이를 출발점으로 한반도의 여러 지역에 유사한 기차역을 세웠다. 간이역의 또 다른 대표 유형인 붉은 벽돌 양식도 기본 구성은 이와 유사하고 재료만 다르기 때문에, 모두 '춘포-임피 양식' 에서 파생한 것으로 볼 수 있다. 서울역을 제외한 22채의 등록문화재 간이역들이 일차적 결과물이다. 문화재로 지정되기 전에 헐린 일제강점기 때 간이역들은 대부분 이 양식으로 지었다. 정확한 숫자를 파악하는 것은 무리지만, 적어도 수십 채 이상, 많게는 백 채 이상이다. 해방 이후에도 간이역은 1960년대까지 수십 채가 지어졌다. 표준설계를 잘 따른 역들도 많으나 지역에 따라 특징들을 형성하기도 했다. 이 책에서 다루고 있는 등록문화재 간이역을 기준으로 분류한 한국형, 산간형, 도심형, 바닷가형은 대표적 예이다.

'춘포—임피' 양식에 담긴 의미는 여러 가지이다. 서울역과 마찬가지로 건물 자체로는 예쁜 작품이다. 세월이 많이 흘러서 지금 보면 간이역의 대명사가 되었다. 아픈 역사를 많이 담고 있어서 역사성이 심각한 건물이지만, 이제는 서정성의 대상이 되었다. 처음부터 작은 규모로 시골에 세워졌기 때문에 해방 이후 현대건축에 미친 영향은 서울역보다는 확연히 적다. 그 영향으로 수십 채의 비슷한 역이 지어졌다지만 대부분 세월과 함께 소멸되어 가는 양상이다. 남아있더라도 대부분 폐쇄되거나 철거, 변형되었으며 적지 않은 수가 흉가처럼 방치되거나 잘해야 운송회사 창고로 쓰이고 있다. 간이역이 서정적인 대상이라는 것도 문학이 살아있던 1980년대까지 이야기이다. 요즘처럼 문학이 죽은 시대에는 그마저도 시들하다.

시골이라는 지역적 한계도 있다. 시골 인구가 급속히 줄면서 시골 역을 이용하는 지역주민도 줄고 간이역도 폐쇄되었다. 지금은 시골 역을 기억하는 어르신들이 하나둘 세상을 뜨기 시작하는 시점이다. 건축양식에 국한시켜 보면 정체가 모호한 점이 한계로 작용했을 수도 있다. 규모가 큰 것도 아니고 화려한 것도 아니며 국적까지 불분명해서 여러 양식이 혼재되어 있으니 좀처럼 종잡을 수가 없다. 간이역은 언뜻 보면 일본식 주택 같기도 하고 서양식 교외 주택 같기도 하며, 꼼꼼히 뜯어보면 한옥 같은 한국다움이 스며있다.

이렇게 여러 양식이 혼재되어 있다 보니 간이역이 온전히 지켜지기란 힘들었을 것이다. 무엇보다도 가장 두드러진 첫인상이 일본식 주택이기 때문에 국민정서와 크게 어긋난다. 해방 이후 한국에서는 친일파가 계속 집권하면서 식민시대의 연속이라고 해도 좋을 만큼 정치·사회적으로 부패한 상황이 이어졌다. 우리 국민들은 그것을 용인하면서 다른 한

편으로는 강한 반일 감정을 표출하는 묘한 양면성을 보였는데, 한일전 운동시합이나 독도 문제 등이 대표적인 예라고 할 수 있다. 또한, 우리가 아무리 서양건축을 맹종한다고 해도 서양식 교외 주택은 우리 정서와 상당히 거리가 있다. 우리가 맹종하는 서양건축은 어디까지나 박스형 고층건물 한 가지에 집중되어 있다. 교외 주택은 해방 이후 급격하게 진행된 서양식 근대화와 거리가 멀기 때문에 한계가 있을 수밖에 없다.

한국다움이라는 것도 마찬가지이다. 일본식 주택과 서양식 교외 주택과 같은 외국 양식과 섞여서 나타난 한국다움은 '순도'가 떨어지기 때문에 그대로 이어지기가 힘들었다. 한국적인 것만 추출해내자니 한옥 같은 원형 문화재가 있고, 그렇다고 혼혈 양식을 그대로 받아들이자니 민족적 감정이나 자부심과 맞지 않았다. 1960년대까지 일제의 표준설계에 따라 기차역을 세운 것은 미처 식민 잔재를 청산하지 못했기 때문이다. 이후 기차역은 '새마을양식'이라는 이름으로 지어졌다. 경제성에 모든 것이 맞추어진 단조로운 콘크리트 박스형 건물이었다. 이후 근대 간이역은 추억 속으로 사라지면서 자연스럽게 소멸되어 갔다.

현재 간이역에는 별로 바람직하지 않은 요소들이 덧씌워져있다. 무엇보다 사람들은 간이역에 담긴 아픈 역사에 대해 너무 모른다. 일제강점기 자체에 대해 무딘 우리의 국민성일 수도 있고, 건물 규모가 작고 파급효과가 작은 시골 역이라서 그럴 수도 있다. 혹은 아무도 나서서 정확하게 지적을 하지 않아서 생긴 무지의 소치이거나 서정성이 너무 강해 아픈 역사를 가린 것일 수도 있다. "예쁘면 모든 것이 용서된다"는 농담 아닌 진담이 통용되는 사회이기 때문이다.

그렇지 않은 사람들은 간이역을 무조건 미워한다. 일제 수탈의 전진기지였기 때문이다. 이들은 구 청와대, 즉 조선총독부 같은 대형 공공건물도 철거하는 마당에 이깟 시시한 시골 간이역 따위를 문화재로 지정해 국가예산으로 보호해야 하냐며 심하게 반대한다. 그렇다고 간이역 보존에 찬성하는 사람도 간이역을 정말 사랑하는 것 같지는 않다. 간이역이 지닌 서정성은 요즘 같이 자극적 사회에서는 이제 약발이 다 되었다. 심지어는 간이역에 축적된 시간의 가치도 인정하지 않는다. 대부분의 간이역들은 문화재청, 철도공사, 지자체, 지역주민, 국민 모두로부터 철저하게 외면당하면서 푸대접받고 있다.

  철도 현장에서 간이역은 애물단지 취급을 받는다. 많은 수가 폐쇄되면서 관리의 손길이 미치지 못하고 있으며, 인근 역의 역무원이 가끔 며칠에 한 번 들러보는 정도이다. 창은 대부분 판자로 막아버렸다. 흉해보이지만 이렇게라도 하지 않으면 유리창은 다 깨지고 맞이방 속은 쓰레기로 넘쳐나게 되기 때문이다. 미공군기지가 옆에 있는 대구 동촌역은 영어와 경상도 욕이 섞인 미국식 낙서가 써 있다.[1]

동촌역 철로 쪽 전경.　**1**

현재 이런 간이역들은 한국근대건축사 전공자와 철도사랑회원 등 극소수의 관심 있는 사람들이 생떼를 쓰다시피 해서 겨우 등록문화재 지정을 받아낸 상황이다. 그런데 답사를 다니면서 보니 간이역이 문화재로 지정되면서 헐지 못하게 되어 지역 철도발전에 걸림돌이 된다는 철도관계자들이 대부분이었다. 어쨌든 자연 소멸되어 고사 직전이던 것이 전문가 집단의 노력으로 겨우 생명을 건지게 된 상황이다. 그러나 국민적 관심이 없으면 산소호흡기 끼고 연명하는 것에 지나지 않는다. 엉뚱한 곳에 수천, 수백억의 천문학적 예산을 낭비하면서도 정작 간이역 하나 수리하고 보존하는 몇 억에는 인색한 것이 현재 당국의 입장인데, 이것은 국민적 무관심이 반영된 결과라 해도 틀리지 않다.

간이역을 옹호하려는 것은 아니다. 나 역시 간이역에 대한 태도는 양면적이다. 간이역에 서린 아픈 역사를 지우고 순수 조형적 관점에서 보면 서정성이 강한 건물이라는 사실은 인정한다. 그러나 한국 현대사에서 범상치 않은 역사성을 갖는 건물이기 때문에 이에 대한 고려 없이 순수 조형적 관점에서만 볼 수는 없다고 생각한다. 문화재 지정 및 수리, 보존에 대해서도 마찬가지이다. 우리의 부끄러운 과거를 무조건 감추고 지울 수만은 없으며 그것도 역사의 일부라는 명확한 인식, 더욱이 이것을 미래에 대한 역사적 교훈으로 삼아야 된다는 명확한 인식이 형성되어 있고 그런 부끄러운 역사에 부역했던 매국노 집단에 대해 정당한 책임을 물었다는 전제 아래에서는 문화재 지정에 찬성한다. 하지만 아무런 노력 없이 단순히 시간이 오래되었다고 해서 번호표 들고 기다렸다 은행 서비스 받듯 당연히 문화재로 지정되는 것에는 반대한다. 아무튼, 지금 내가 이 책을 쓰는 목적은 간이역에 담긴 서정성을 감상하자는 것도 아니고 문화재 지정에 대해 토론하자는 것도 아니다. 간이역의 역사성에 대해서 생각해보고, 이것을 건축적 관점에서 살펴보자는 것이다.

식민지 근대화론과 근대 간이역

간이역의 역사성은 한마디로 식민지 근대화론과 맞닿아있다. 식민지 근대화론이란 '조선은 독자적으로 서구식 근대화를 수행할 능력이 없었으며 일제가 들어와 이것을 해주었다' 는 것이 핵심이다. 한 발 더 나아가 그렇기 때문에 한국은 일본을 근대화의 은인으로 고마워해야 된다는 것이다. 일본이 아니었으면 한국의 근대화는 요원했으며, 해방 이후 한국이 보여준 압축근대화의 신화도 식민시대 때 일본이 닦아놓은 바탕이 있었기 때문에 가능했다는 주장도 여기에 속한다. 철도는 식민지 근대화의 핵심 산업이었고 기차역도 여기에 속한다. 따라서 간이역도 식민지 근대화 논의의 핵심 대상이다.

식민지 근대화론은 현상에 치중한 주장이다. 표면적으로 아주 틀린 얘기는 아닌 것으로 보일 수도 있지만, 사실은 여러 측면에서 허점투성이 이론이다. 우선 모든 행위에는 주체의 문제가 있다. 아무리 좋은 행동을 해도 그것이 스스로 주체의식에 의한 것이 아니면 큰 의미가 없다. 하물며 수십 년에 걸쳐 한 나라 안에서 일어난 역사에 대해서는 더 말할 필요가 없다. 주체가 일제였기 때문에 그 목적 또한 온전히 한반도를 근대화하려는 게 아니라 수탈이 주요 목적이었다. 일제강점기 동안 근대화, 좀 좁혀서 철도산업을 조사한 연구들을 보면 당시 일제가 얼마나 악랄하게 한반도를 착취했는지 여실히 드러난다. 소위 말하는 '공출(供出)' 이라는 것이다.

곡물이나 지하자원 정도는 온 국민이 다 아는 상식이다. 그 이외에 한반도에서 나는 거의 모든 산업 생산물도 수탈의 대상이었다. 이 문제야 이미 일제강점기 때부터 민족사학자들에 의해 심각하게 제기된 바 있지만, 특히 최근 들어 방대한 자료와 세밀한 분석을 곁들인 훌륭한 연구들이 많이 나오고 있다. 이 책은 간이역의 건축에 관한 책이어서 얘기를 못하는 점이 아쉬울 따름이다. 철로를 놓으면서 정당한 보상 없이 땅을 갈취해 일제에 귀속시킨 사건도 비일비재했다. 처음에는 자국민을 배불리기 위한 일차적 차원의 수탈이었는데 나중에는 우리와 아무 상관없는 대동아전쟁* 즉 사실상 미국과의 전쟁에 보급물자를 대기 위한 수탈로 변질되면서 놋그릇, 밥숟가락까지 싹 쓸어갔다.

역사란 그 당시의 단편만 봐서는 안 되고 시간의 끈을 늘려 현재 상황과의 연계 속에서 살펴봐야 한다. 일제강점기 때의 역사는 한국 현대사에 심각한 부정적 영향을 끼쳤다. 해방 후 친일파가 득세함에 따라 집권세력의 심각한 부정부패로 이어졌는데, 아직도 전혀 근절되지 않고 있는 이 고질병은 어떤 면에서 일제강점기가 남긴 최대 폐해일 수 있다. 집권세력뿐 아니라 사회 곳곳에 식민 잔재가 남아있다. 그것도 가장 질이 안좋은 군국주의 잔재가 남아 미래로의 발전을 가로막고 있다.

다시 돌아와서 간이역을 건축적 측면에서 살펴보기로 하자. 한국에서 제일 먼저 놓인 철도는 경인선과 경부선이다. 일본에서 배를 타고 인천이나 부산까지 온 다음 가장 빨리 서울에 닿을 수 있도록 하기 위해서이다. 두 노선, 특히 경부선은 일본 내에서 한반도 침략론이 대두되던 1880년대에 이미 기초 조사를 시작할 정도로 한반도에 철도를 건설하는 일은 일제의 큰 숙원이었다. 섬나라 콤플렉스에 사로잡힌 일본이 철도를 대륙으로 진출하기 위한 교두보로 인식했다는 뜻이다. 철도는 분명 일제의 한반도 경영에서 매우 중요한 위치를 차지하고 있었다. 경원선과 경의선은 러일전쟁과 청일전쟁을 준비하던 때부터 계획되었으니 병합이 되기

*대동아전쟁: 1941~1945년간 있었던 태평양전쟁을 당시 일본에서 이르던 말. 제2차 세계대전의 일부로 미일전쟁이라고도 하며, 일본의 진주만 기습으로 시작되었다.

전부터 한반도를 자기네 앞마당처럼 생각했음을 알 수 있다.

철도에 대한 집착은 섬나라 일본이 갖는 근원적 공포심에서 발원하는 현상이다. 지진과 태풍 등 자연재해가 극심한 섬나라 일본은 우리가 전혀 상상할 수 없는 근원적 공포에 시달리면서 산다. 좀 심하게 말하자면 언제 지구상에서 멸족될지 모르는 불안감이다. 공포는 대륙을 향한 열망과 짝사랑을 불러왔다. 특히, 대륙은 너무 멀다 보니 한반도에 대해 병적으로 집착하게 되었다. 한반도만 차지해도 유사시에 도망갈 수 있는 피난처를 확보한 것이니 한숨은 돌릴 수 있으며 잘만 하면 대륙 땅도 빼앗을 수 있기 때문이다. 집착은 두 나라를 물리적으로 연결해서 하나로 합치고 싶은 삐뚤어진 침략 욕구로 변질되었다. 그리고 철로는 이런 욕구를 현실로 가능하게 해주는 연결고리였다. 일단 한반도를 점령한 뒤 철로로 연결만 하면 중국과 러시아, 어느 쪽이든 대륙으로 뻗어나갈 수 있는 것이다.

이런 배경 아래 일제는 유독 철도와 기차역을 다른 근대화사업보다 더 빠른 속도로 건설했다. 대도시에 수많은 대형 역들이 지어졌으며 춘포역과 임피역은 곡창지대에 지어진 첫 번째 간이역 그룹에 속했다. 일제 수탈의 전진기지였다는 점에서 서울역보다 더 부끄럽고 안타까운 역사의 기록이기도 하다. '추억의 간이역'이라는 낭만성과 함께 반드시 잊지 말아야 할 대목이다. 어쨌든 춘포역과 임피역의 양식은 일제강점기 전체에 걸쳐 한반도의 여러 지역에 퍼져나갔다. 시골 구석구석, 그러니까 실핏줄에 해당되는 제일 깊숙한 몸속까지 이식되었다. 지금 가봐도 외진 곳이 대부분인데 당시에는 더 말할 필요도 없을 것이다.

간이역은 일제강점기 전 시기에 걸쳐 비교적 골고루 지어졌지만, 1930년대에는 특히 그 수가 더 많았다. 새로운 기차역 유형을 창출할 여력이 없어서인지, 일제식 간이역은 해방 후에도 꾸준히 지어졌다. 그리고 1960년대에 콘크리트 육면체 몸통에 평지붕을 얹은 새마을양식이 등장하면서 사라졌다. 간이역이 아담한 시골 역의 대명사로 통하는 건 지금이니까 가능한 일이다. 100여 년 전 기차라는 것 자체가 생소하고 신기하던 때 간이역은 곧 기차와 동의어로 인식되었고, 일본의 힘을 상징하는 아이콘의 하나였다. 일제강점기 때 근대 간이역의 첫 번째 유형인 춘포역과 임피역은 이런 인식의 장 첫머리에 있다.

농촌 낭만주의 + 일본식 주택 + 서양식 기능주의

앞서 살펴본 '춘포―임피' 양식의 건축구성과 그 속에 담긴 양식사의 의미를 일제강점기의 식민성과 결부시켜 생각해보자. 근대 간이역은 왜 이런 형태로 나타났을까? 그 해답은 서양식 교외 주택, 일본식 주택, 한옥의 구성이 섞여 있다는 사실에서 찾을 수 있다. 일제가 서구문명을 매개로 식민경영의 일환으로 시작한 것이기 때문에 서양 양식과 일본 양식이 섞인 것이며, 한반도에 지어졌기 때문에 알게 모르게 한국다운 형식까지 섞이게 된 것이다. 두 외래 양식이 외형적으로 확실히 드러난 반면 한국다움은 이보다는 좀 더 숨은 분위기로 표현되었다. 주로 한옥의 특징을 은유적 분위기로 표현했다.

그러면 왜 하필 간이역에 섞여 나타난 세 가지 양식이 모두 주택양식인 것일까? 기차역은 도시형과 농촌형으로 나눌 수 있다. 서양에서 도시의 기차역은 신고전주의, 르네상스, 낭만주의 등 건축사에 나오는 대표 문명 양식으로 짓고, 농촌의 기차역은 주택양식으로 지었다. 이는 19세기 서양 기차역에서 두드러진 이분법 현상이었는데, 일제는 이것을 그대로 받아들여 일본은 물론 한반도에도 똑같이 적용시켰다. 구 서울역은 르네상스

1850년경 영국의 시골 간이역
카샐튼 앤 월링튼 역.

양식으로 지어진 도시형 기차역의 대표적인 예이다. 지금은 모두 없어졌
지만 용산역, 부산역, 대구역, 신의주역, 대전역, 조치원역, 목포역 등 당시
한반도 주요 도시의 역들은 모두 이런 대형 양식으로 지어졌다.

농촌형 기차역은 19세기 유럽의 주택양식으로 시골의 분위기에 맞게
교외 주택을 본떠 지었다.[2] 시골에는 근엄한 고전주의보다 낭만주의가
더 좋다는 인식이 작용했기 때문이다. 유럽도 시골은 지역 공동체 성격
이 강해 주변 건물과 너무 다른 이질 양식이 들어오는 것이 정서적으로
쉽지 않았다. 시기적으로 볼 때 당시 유럽에서도 아직 철근콘크리트가
시골 구석구석까지 보급되지 않았다는 점도 중요한 이유 중 하나이다.

일제가 이것을 한반도에 들여왔지만 같은 주택양식이라도 일찍부터
서구 문명을 적극적으로 받아들였던 일본과 우리의 입장은 완전히 달랐
다. 당시 우리 입장에서는 한 종류의 낯선 서양식 건물을 들여온 것일 뿐
이었다. 유럽 주택양식은 일제강점기 때 간이역의 모델이 되었을 뿐 아

니라 그냥 주택으로도 많이 지어졌다. 지금은 당시의 주택이 모두 없어
졌지만 잘 찾아보면 아직도 남아있는 예들이 좀 된다. 연세대 총장공관
은 아직도 그 모습을 잘 유지하고 있는 대표적인 예이다. 이 건물은 육면
체 덩어리 수가 많고 각각에 삼각 박공이 붙어서 훨씬 복잡한 구성을 보
이나 첫눈에 근대 간이역과 닮았음을 알 수 있다.[3]

앞에서 잠깐 언급했듯이 간이역은 이런 서구식 교외 주택을 단순하게
정리한 것으로 볼 수 있다. 이 대목에서 '기능주의식 서양 건물', 더 줄
여서 그냥 '서양 건물'이라는 명칭이 따라붙는다. 출처를 생각하지 않고
자체로만 보았을 때 간이역은 매우 단순 간결하면서 기능적인 건물임에
틀림없는데, 이것이 서양건축의 가장 기본적이면서 보편적인 특징이기
때문에 그냥 '서양 건물'이라고 하는 것이다. 원 출처인 교외 주택과 비
교해보면 근대 간이역이 얼마나 많이 단순화되어 표현됐는지 알 수 있
다. 또, 기능주의식 서양 건물이라는 명칭의 의미도 더 확연해진다.[4]

어쨌든 간이역은 당시로서는 매우 낯선 서양 건물이었다. 앞으로 한

반도에 불어 닥칠 서구화와 근대화의 거센 물결을 예견하는 지표라고 할까. 아이러니컬하게 이런 이질성을 줄여준 것은 당시 한반도에서 기하급수적으로 늘어나던 일본식 주택이었다. 간이역은 일본식 주택과도 닮아있는데, 같은 외래 양식이라도 일본식 주택은 서양식과 달리 식민지가 된 한반도의 현실에서 그나마 더 익숙하고 친밀한 건물의 형태였다. 굳이 구별하자면, 기와 얹고 창을 낸 모습이 서양식 교외 주택보다 우리의 감성에 더 맞았다. 일본식 주택이 전국을 뒤덮으면서 좋건 싫건 눈에 익을 수밖에 없게 된 점도 있으니, 식민지의 비애이자 역사의 아이러니가 아닐 수 없다.

혹은 당시 일제가 내걸었던 '대동아 공영'의 허실이 드러난 대목으로 볼 수도 있다. '대동아 공영'이란 한마디로 아시아로 침투해 들어오는 서구세력에 맞서기 위해 아시아가 하나로 뭉쳐서 싸워야 하는데 그 중심이 일본이 되어야 한다는 것이다. 이를 건축, 좁혀서 간이역에 대응시켜 보면 같은 외래 양식이라도 서양 것보다는 일본 것이 같은 동양 것이고 이웃의 것이니 거부감이 덜하지 않겠느냐는 주장이 된다. 그러나 그 방법이 식민지라는 최악의 것이었기에 이 주장은 허무맹랑한 합리화에 지나지 않는다.

또 하나 재미있는 사실은 이런 간이역들의 구조 골격이다. 겉으로 보면 콘크리트나 돌 건물처럼 보이지만 실제는 목조건물이 대부분이다. 그러나 목조를 그대로 드러내지 않고 속으로 감추고 위에 이것저것을 덧씌워 콘크리트나 돌 건물처럼 보이게 했는데 이는 가능한 한 서양식 원본과 닮게 하기 위한 목적이었다. 유럽의 교외 주택은 돌 건물이 주종이며 기능주의식 서양 건물은 콘크리트가 주재료이기 때문이다. 간이역과 같은 구조로 지어진 어느 관사를 수리했던 촌로의 말을 인용해보자.

"벽 속에는 나무를 대고 철망을 치고 그 위에 기름종이를 바르고 흙을 발랐다. 다시 그 위에 도장을 했다. 집이 너무 단단해서 집수리하기도 힘들다. 수리하느라 벽을 깨는데 이틀 걸렸다. 기름종이와 철망이 붙어서 넘어트려도 되돌아온다." 한마디로 목조 골조를 콘크리트나 돌처럼 단단하게 만들었다는 말인데 이는 간이역 전체의 외관으로도 드러난다. 육면체 덩어리의 고형성이 느껴지면서 꽉 짜인 구성력을 보여주는 밑천이 되고 있다.

춘포역이 대표하는 이런 형식은 이제 한국 사람들에게 추억이 서린 오래된 풍경이 되었다. 간이역이라는 다소 낭만적이고 감성적인 단어를 대표하는 장면이기도 하다. 그러나 눈이 조금 매운 사람은 이것이 어딘가 모르게 일본 냄새가 난다는 것을 알 수 있다. 일제강점기 때 지어진 것이라 당연하다 하겠으나, 구체적으로 봐도 이것은 우리가 흔히 '일본식 주택'이라고 부르는 일본인들의 주택을 닮았다. 서울의 후암동, 청파동, 원효로나 군산과 목포 등 전국적으로 일본 사람들이 모여 살던 '일본인 동네' 일대에는 아직도 당시의 주택이 남아있다.[5] 일본과 가장 가까운 부산이나 뱃길로 일본과 교류가 빈번했던 목포, 군산 등 항구도시 등에는 1970년대까지도 일본식 주택이 넘쳐났는데, 시간이 오래되면서 지금은 거의 헐리고 없다. 일본식 주택이라 문화재로 지정되지 못하고 자연 소멸했다. 현재 남아있는 것도 같은 운명을 겪게 될 것이다. 그러나 춘포에는 보기 드물게 문화재로 지정된 일본식 주택이 있다.

간이역을 주체의 관점에서 보면 일본식 주택양식이 서양의 교외 주택보다 비중이 더 크다. 식민 주체가 식민지 침탈

서울 용산구 청파동의 일본식 주택.

을 위해 지은 것이니 당연하다 하겠다. 이렇게 보면 일본식 주택을 기본으로 삼아 기차역에 해당되는 근대적 기능주의 형식을 혼합한 것이 된다. 원래 일본식 주택은 몸통의 변화가 조금 더 심한 편인데 이것을 기차역에 맞게 단순화한 것이다. 간이역의 표준설계를 일본식 주택에 유추하는 것은 무리가 아니다. 확실한 증거가 있는데, 춘포에 남아있는 일본식 주택과 비교해보면 많이 닮았음을 알 수 있다. 앞에서 살펴보았듯이 육면체 중심의 수직 비례 구성과 두 겹 차양(이중 지붕)이 대표적 내용이다.

춘포, 대장뜰과 관광주의

간이역은 이처럼 주택양식이 주를 이룬다. 건축을 모르는 딸아이에게 간이역 사진을 보여줬더니 대뜸 집을 몇 개 이어 붙인 것 같다고 했다. 주택양식을 쓰는 것은 주변 분위기에 맞추기 위한 일종의 맥락주의이다. 갑자기 낯선 건물이 들어올 때 생기는 어색함을 피하려는 것인데 구체적 목적에서는 유럽과 한국이 조금 다르다. 19세기 유럽 기차역의 경우 일찍부터 관광의 목적이 컸기 때문에 그런 분위기를 돋우기 위해 애를 썼다. 관광지는 대부분 시골 농촌이었기 때문에 기차역도 그 지역의 대표 양식으로 지은 것이다. 춘포역 같은 우리나라의 일제강점기 때 역은 조금 다르다. 관광보다는 일본으로 곡물을 실어 나르기 위한 목적이 컸다. 일제는 곡창지대인 이곳 춘포역에서 곡물을 뺏어갈 때 우려되는 위화감이나 반감을 줄이기 위한 전략을 폈다. 간이역을 하필 일본식 주택 유형으로 지은 것은 식민통치의 본때를 보여주기 위함이다. 즉, 억압을 목적으로 한 것이다.

일본식 주택은 한국 현대건축사의 관점에서 보았을 때 관청 계열의 개화기 서구양식과 함께 해방 이후의 건축 전개에 부정적 영향을 끼친 대표적 선례이다. 관청 계열의 건물은 한국은행 본점, 조선총독부, 구 서울역으로 대표되는 서구 대형 양식이다. 이 건물들은 대부분 지금까지 남아서 주요 근대문화유산이 되어 있기 때문에 그 영향이 꽤 노골적이다. 해방 이후 한국 현대건축에 나타난 무분별한 서구 사대주의의 출발점이라는 뜻이다. 반면 일본식 주택은 지금 거의 남아있지 않아서 그 영향이 표면적으로 드러나지는 않지만, 한국 현대건축의 주거 양식에 중요한 영향을 끼쳤다. 그 내용은 부정적일 수밖에 없는데 우리의 전통 주거가 현대로 넘어오는 과정에서 큰 단절을 초래한 점이 핵심이다.

　일본식 주택은 그네들의 전통 주택을 자연스럽게 현대화한 산물이다. 우리도 우리의 전통 주택을 모태로 삼아 우리 손으로 자연스럽게 현대화를 이루었어야 하는데, 뜬금없이 일제의 식민지가 되어 일본식 주택이 우리의 현대화된 주택의 첫 단추로 꿰어졌다. 이것은 큰 단절이 될 수밖에 없다. 뿌리를 잃어버린 민족의 비애는 고스란히 현실에 투영되었다. 우리만의 현대화된 주택양식을 갖지 못하게 되면서 그 폐해가 아파트 범람으로 나타났다. 서구식 아파트를 아무 거리낌 없이 우리의 구세주로 받아들여 지금 이 지경까지 온 것이다. 춘포역은 이를테면 기차역에서 이런 선례에 해당된다.

　춘포역에 담긴 식민지 수탈의 역사를 주변 상황의 관점에서 보자. 한눈에 봐도 곡창지대 한가운데 자리 잡은 역이다. 앞뒤로 평야가 펼쳐져 있어[6] 일제가 곡물을 실어 나르기 위해 세운 역임을 알 수 있다. 수탈이라는 표현이 더 정확할 것이다. 이 일대에서 재배된 곡물을 일제는 군산항으로 실어 나른 뒤 다시 배로 일본이나 전쟁터로 옮겼다. 아프다면 아픈 역사의 기록이다. 지금 춘포역은 손님이 줄어 폐쇄되었다. 문은 굳게 잠겨있고 창은 판자로 막아버렸다. 최근에는 전철 복선화사업이 진행되

평야 한가운데 자리 잡은 춘포역.

면서 역 자체를 울타리로 막아버렸다.

　춘포역은 춘포면을 가로지르는 도로에서 40미터쯤 들어가 있다. 반대편으로 비슷한 거리만큼 들어가면 면사무소이다. 이 사거리가 춘포면의 중심지인 것이다. 동네는 매우 작아서 달리 중심지랄 것도 없다. 전형적인 농촌 지역이라서 대부분 농사를 짓기 때문이다. 파출소와 우체국, 큰 교회 정도가 그나마 읍내 중심지임을 알게 해준다. 면사무소 직원들의 주 업무는 각 농가에 전화를 걸어 소와 송아지 수를 확인하고 아픈 데는 없는지 확인하는 일이다. 전염병 징후 같은 것이 없는지 '소의 안부'를 묻는 것이다. 춘포면은 일제강점기 때부터 지금까지 한국의 전형적인 농촌으로 남아있는 동네이다.

　춘포라는 지역 자체가 일제강점기 때 일본 사람들이 곡물 관리를 위해 곡창지대에 만든 일종의 '신도시'이다. 일제강점기 때 춘포역의 명칭은 대장역이다. 당시에는 이 일대 평야를 '대장뜰'이라 불렀다. 현재 보석으로 유명해진 익산은 이를 위한 배후 도시였으며 원래 이름은 '이리'였다. 이리는 황등석이라는 석재 산지로 유명한 도시였으며, 이리역 화

약 폭발 사건으로 수많은 인명피해가 난 뒤 익산으로 이름을 바꿨다.

　면사무소 계장님의 전언에 의하면 춘포역에서 조금 떨어진 곳, 논 한복판에 지금은 사라지고 없는 '마로보시 창고'라는 큰 창고가 있었다고 한다. 면사무소 옆 마을 한가운데에는 당시 사용하던 도정공장과 창고가 아직도 남아있다. 마을 사람들 말로는 20여 년 전쯤 주인이 사망하면서 도정기계는 처분했다 한다. 지금은 건물만이 일제강점기 때의 유적으로 남아있다. 규모가 만만치 않아서 큰 덩치를 자랑하며 동네 한복판을 차지하고 있다.[7] 단순한 덩어리 구성에 지붕 얹고 출입문을 낸 모습이다. 부분적으로 창 구성 등에서 눈여겨볼 만한 조형성을 찾아볼 수 있으나 역사성을 생각하면 감상적으로만 접근할 수만도 없다.[8,9] 어쨌든, 이상을 종합하면 대장뜰에서 재배한 곡식을 도정공장에서 껍질을 벗긴 뒤 '마로보시 창고'로 옮겨 가득 저장했다가 춘포역에서 기차에 실어 군산항으로 나른 것이다.

　대장뜰은 호남평야의 일부로 이 일대에서는 왕지평야라 부른다. 예부터 쌀과 보리가 유명해 왕에게 진상했다는 데서 유래한 이름이다. 그 때

8 단순 육면체에 지붕을 얹은 도정공장.
9 특별할 것 없는 도정공장의 창 구성.

문인지 일제는 일찍부터 이곳의 곡물에 눈독을 들였다. 춘포를 건설하
면서 제방을 쌓고 영농조합의 일종인 영단을 만들었다. 영단과 도정공
장은 후소카와 전 일본 총리의 할아버지가 세웠다는 후문이다. 이 일대
농업지역은 당시 '새천 농장'으로 불렸는데, 이는 일제가 단순히 곡물만
실어 나른 것이 아니라 생산에서 재배에 이르기까지 전 과정을 통제·
관리하면서 철저히 수탈해갔음을 알려준다.

식민성과 근대 문화재

사진을 찍고 있는데 트럭을 몰고 지나가시던 아저씨 한 분이 말을 걸어왔다. 본인을 춘포에서 나고 자란 토박이로 소개하며 춘포역에 강한 애정을 드러냈다. 어린 시절 춘포역에서 군산까지 기차로 통학을 했다고 한다. 농사꾼이라는 그분은 자신이 수확했다는 5킬로그램짜리 보리를 한 봉지 선물로 주시고는 춘포역 지키기 운동에 대해 말해주었다. 다행히 문화재로 등록되어 헐릴 위험은 면했는데, 마냥 방치되어 있어서 춘포역 활용 방안을 다시 모색해볼까 한다고 했다. 사실 지금 상태의 춘포역은 살아도 산 것이 아니다. 거의 죽은 것에 가까운 모습이다.

아저씨는 자신이 한때 정치를 했기 때문에 그런 운동을 하면 사람들이 오해를 한다고 했다. 그런 오해가 부담스러워서 그만둔 것이라 지금도 섣불리 시작을 못하겠다고 하셨다. 그러면서도 못내 아쉬운지 말씀을 이어갔다. 춘포가 원래부터 일본 사람들이 개발한 동네고 지금도 일제강점기 때 유적이 많이 남아있으니까 이것들을 춘포역과 하나로 묶어서 관광코스로 개발하면 좋겠다는 얘기를 했다. 구 중앙청(조선총독부)도 헐렸지만, 부끄러워도 우리 역사인데 보존하는 것도 의미가 있지 않느냐는 것이다. 춘포는 확실히 작은 규모에도 불구하고 일제강점기 때 유적들이 종류별로 골고루 꽤 많이 남아있는 동네이다. 아저씨의 의견은 현재 일제강점기 때 유산을 놓고 벌어지는 논의 가운데 보존을 주장하는 쪽에서 제일 많이 제시하는 의견과 똑같다.

실제로 조선말 개항의 일번지였던 인천 중구청에서는 당시 일본인 거리를 국가예산으로 복원해 관광지로 활용하고 있고, 앞으로도 수백 억을 들여서 그 당시 건물을 여러 채 복원할 계획을 가지고 있다. 이런 계획은 모두 관광단지 개발이 목적이다. 역사 인식은 뒷전이다. 이런 상황에 비하면 춘포는 애써 복원하는 수고 없이 지금 있는 것만 잘 지키면 좋은 관광단지가 될 법하다. 물론, 일제강점기 때 역사를 관광자원으로 삼을 만한지에 대해서는 별도의 논의가 꼭 필요하다.

일제강점기 때 흔적이 곳곳에 남아있어 촌구석인 이곳 춘포에도 일본 사람들이 심심치 않게 방문한다고 한다. 아마 이곳에 연고가 있던 일본인의 후손일 것이다. 마을에는 일제강점기 때 지은 일본식 주택이 여러 채 남아있다. 큰 규모에 보존 상태도 양호하다. 이런 집들은 이제는 서울에서도 찾아보기 힘든데 신기하게도 이곳에는 여럿 남아있다. 그 중 한 채는 근대 문화재로 지정되어 한창 복원이 진행 중이다.

춘포역은 기록상으로는 현존하는 가장 오래된 역이지만 실상 많이 고쳤다. 춘포 면사무소에서 계장님과 마주 앉았다. 은퇴가 얼마 안 남은 마음씨 좋은 촌로의 모습으로, 춘포에서 나서 자라고 평생 이곳에서 사셨다고 했다. "외지에서는 제일 오래된 역이다 뭐다 해서 신기해들 하면서 많이 오지만, 이 동네 사람들은 관심도 없시유." 속으로 빙그레 웃음이 나게 하는 포근한 전라도 사투리다. "원래는 낮은 언덕배지에 마로보시 창고라는 큰 판자 창고도 있었고 역 말고 다른 건물들도 많았시유. 그러다 80년대에 죄다 고쳐씨유. 여기 사람들은 쳐다도 안 봐유."

의외였다. 단순히 고쳤다는 이유만으로 그러는 것 같지는 않았다. 계장님 개인 생각일 수도 있어 보였다. 명확한 이유는 얘기하지 않았지만 반일 감정이 있는 것 같았다. 식민지 시대 때의 기록이 뭐가 자랑스러워서 호들갑이냐는 것일 게다. 동네 사람들 의견은 좀 다른 것 같았다. 춘포역 앞에 사시는 할머니 두 분과 우연히 마주쳐 춘포역을 많이 고쳤는지 물어봤더니 머리를 갸우뚱거리다 거의 안 고쳤다고 하셨다. 역 건물을 가만히 보니 지붕만 아스팔트 싱글(Asphalt-Single)*로 바꾼 것 같았다.

*아스팔트 싱글(Asphalt-Single) : 지붕 마감재. 유리섬유인 화이버 글라스 위에 아스팔트를 뿌리고 그 위에 다시 돌가루를 뿌려 만드는 것으로 두께가 약 3밀리미터.

종합하건대 완전히 헐고 새로 짓거나 심하게 고치지는 않은 것으로 보인다. 지붕을 새로 잇기는 했어도 본래 모습은 그대로 간직하고 있다고 봐도 좋을 것 같다. 나에게 보리쌀을 주신 그 아저씨한테 역을 얼마나 고쳤는지 물어봤더니, 자기 기억으로는 고친 적이 없다고 했다. 면사무소 계장님 얘기를 하자 자신도 그 분을 잘 안다며 자기보다 4년 형님이라 했다. 왜 그분이 그렇게 말씀하셨는지 모르겠다며 내 소매를 끌고 역 앞 할아버지 댁으로 데려가 소개를 해주셨다. 할아버지도 지붕을 새로 이은 것 외에는 고친 것이 없다고 하셨다.

다시 이 아저씨의 소개로 일본식 주택에 살고 계시는 할아버지를 찾아갔다. 보존 상태가 그런대로 양호한 전형적인 일본식 주택이었다. 주인 할아버지는 일제강점기 때부터 이 집에서 살았던 것이 아니고, 해방 후 집터가 좋아 이 집을 산 후 60년 가까이 살고 있다고 하셨다. 그리고 지금 자기가 일본식 주택에 살고는 있지만, 일제강점기 때 유적을 문화재다 뭐다 해서 보존하고 국가예산으로 복원하는 일에는 반대한다며 열변을 토하셨다. 옆집이 근대 문화재로 지정된 일본식 주택인데 국가 예산으로 수리하는 걸 보고 혀를 끌끌 차신다. 옆집이라 대놓고 심한 소리는 못하시고 손가락질만 한 번 하고 말았지만, 불만이 많은 것 같았다. 소개해주신 아저씨와는 견해가 다른 듯했다.

춘포역은 역 하나만 봐서는 안 되고 춘포라는 동네 일대에서 벌어졌던 일제강점기 때의 역사와 아직도 남아있는 그 흔적을 함께 생각해야 한다. 이 문제는 확장하면 일제강점기 때 유산을 어떻게 대할 것인가의 문제가 된다. 이것들을 보존할 것인가 말 것인가. 특히 근대 문화재로 지정해서 국가적 차원에서 그 역사성을 공인할 것인가의 여부가 핵심이다. 치욕의 역사이므로 지워야한다는 주장과 미워도 싫어도 내 역사이므로 기록의 관점에서 남겨야 한다는 주장이 맞서는 가운데, 지금은 문화재 지정 쪽으로 흘러가는 추세이다.

시간이라는 요소도 중요하다. 일제강점기를 직접 경험하고 시달렸던 세대가 거의 돌아가시면서, 이제 일제강점기를 바라보는 시선이 크게 달라지고 있다. 물론 아직도 일본하고는 어쩔 수 없는 앙숙이지만 이것은 두 나라의 지리적 위치 탓도 있다. 일제강점기 자체에 대해서는 요즘 40~50대만 되어도 좀 더 객관적으로 보려하는 경향이 관찰된다. 일제강점기가 어느덧 직접 경험에서 역사 속 사건으로 인식되고 있는 까닭이다. 이런 역사적 해석과 별도로 건물 자체의 작품성도 함께 보아야 한다. 주체의 관점에서 보면 위험한 생각일 수 있지만 순수한 조형성도 건물 평가에서 생각해야 할 기준 가운데 하나이다.

이상을 종합해서 내 의견을 말하자면, 일제강점기 때 역사를 총체적으로 묶어 관광지로 개발하는 것에는 반대한다. 이것마저도 시간이 충분히 더 흐른 뒤에는 가능할 수 있으나 아직 관광주의는 시기상조이며, 아픈 역사를 심하게 왜곡시키는 행위라고 생각한다. 그러나 교훈의 측면을 강조하면서 시간성을 인정한다는 차원으로, 근대 문화재로 지정하는 것에는 찬성한다. 더해, 초중고 학생들의 견학 코스로 활용하는 것도 적극 권장할 만하다. 견학에는 간이역에 담긴 식민 역사와 서정성 을 모두 설명하는 일이 필수적이다. 이는 문화재의 종류, 즉 우리가 문화재를 받아들이는 입장을 세분한다는 것과 같은 뜻이다. 자랑스럽게 여기고 즐길 문화재가 있는 반면 교훈으로 삼아 반성할 문화재도 있어야 한다는 뜻이다. 간이역이 후자에서 벗어나지 않는다는 전제라면, 개별 건물 단위로 문화재로 지정해서 보존하는 것이 가장 현실적 해결책이라 생각한다.

2부

chapter 3

원창역, 율촌역

표준설계의 확산과 분화, 근대 간이역의 4가지 유형

일제는 한일병합 이전부터 '일본－한반도－중국과 러시아 대륙'을 하나로 이어주는 간선 노선들을 건설했다. 병합이 되자 일제는 '한반도 경영'이라는 명분 아래 각 지역까지 파고드는 여러 지선 노선들을 차례로 부설했다. 지금 들으면 이름마저 생소한 수많은 노선들을 거미줄처럼 연결했다. 21개 등록문화재 간이역을 기준으로 보면 경부선에 심천역, 경의선에 일산역과 신촌역, 중앙선에 팔당역, 구둔역, 반곡역, 동해남부선에 송정역과 남창역, 전라선에 춘포역과 율촌역, 곡성역, 경전선에 남평역과 원창역, 철암선(영동선)에 도경리역, 경춘선에 화랑대역, 대구선에 동촌역, 진해선에 진해역, 군산선에 임피역, 가은선에 가은역, 장항선에 청소역, 문경선에 불정역이 각각 위치한다.

참고삼아 몇 가지 노선의 경유지를 간단히 살펴보면, 호남선은 대전에서 시작해서 논산－강경－익산－김제－송정(광주)－나주 등을 거쳐 목포까지 가는 노선이었다. 전라선은 동익산에서 시작해서 춘포-전주-임실-남원-곡성-구례-순천 등을 거쳐 여수까지, 장항선은 아산에서 시작해서 온양-예산-홍성-서천-장항-군산-임피를 거쳐 오산리역까지 가는 노선이었다. 경전선은 밀양의 낙동강역에서 시작해서 마산-진주-하동-순천-보성-화순 등을 거쳐 광주까지 남해안을 횡단하는 노선이었다.

이외에도 수많은 다양한 이름의 노선들이 건설되었는데 주요 목적은 물자 수탈과 한반도 식민경영이었으며 여기에 관광주의가 가세했다. 물자 수탈은 당연히 곡물과 지하자원이 중심이었으며 대동아전쟁이 일어나자 여러 군수물자도 중요 품목이 되었다. 제일 먼저 일제는 호남의 곡창지대와 서해안의 항구도시를 연결하는 노선을 건설했고, 강원도와 충북 일대 지하자원을 수탈하기 위한 산간 철도를 건설했다. 한반도 전역을 연결하는 노선으로 확장했는데, 한반도 전역을 수탈 대상으로 삼으면서 각 지역을 효율적으로 연결하고 식민통치를 물리적으로 뒷받침하기 위해서였다. 북한으로 확장된 노선은 중국 대륙으로 진출하기 위한 전진기지의 목적도 함께 가졌다. 근대 간이역은 이런 일제 철도건설의 주요 거점들이었다.

이런 역들은 모두 1920년대에서 해방 이후 1960년대까지 지어졌다. 서울역, 춘포역, 임피역을 제외한 19개 등록문화재 간이역을 보면 1920년대에 2곳, 1930년대에 10곳, 1940년대에 4곳, 1960년대에 2곳, 1960년대에 2곳 등이 지어졌다. 간이역 건설은 1930년대가 가장 많고 1940년대까지 계속되는데, 이는 '한반도 경영'이 절정에 달함과 동시에 2차 세계대전을 준비하기 위해서였음을 알 수 있다. 이런 역들에서는 '춘포-임피' 양식에서 완성된 표준설계가 말 그대로 표준적으로 반복, 사용되었다. 따라서 건축적으로 볼 때 연대는 큰 의미가 없으며 지역에 따른 양식적 차이가 더 중요하다.

표준설계가 반복되는 과정에서 일정한 변형이 함께 일어났다. 변형 내용에 따라 몇 가지 경향으로 분류가 가능하다. 딱 떨어지는 엄밀한 분류는 아니지만 큰 방향에서는 타당성이 있다. 각 경향의 기본 특징들은 노선별로 나타나기보다는 지역별로 나타난다. 예를 들어 원창역은 경전선이고 율촌역은 전라선이라 노선이 다르지만, 두 역 모두 순천에 위치하기 때문에 매우 비슷한 모습으로 지어지고 같은 경향으로 분류된다. 여기에서 지역이란 특정 도시나 읍내만을 의미하는 것은 아니고 도심, 농촌, 바닷가, 산간 등 지리적 상황을 말한다. 이에 따라 1920년대 이후 한반도 전역으로 퍼져나간 간이역을 네 종류로 나눌 수 있다.

첫째, 한국형으로 원창역, 율촌역, 가은역, 일산역, 팔당역 등이 여기에 속한다. 한국형이라 함은 말 그대로 표준설계에 한국다운 특징을 크게 가미했다는 뜻이다.[1] 지역별로 보면 원창역과 율촌역이 농촌에, 가은

한국형 가은역 전경(철로 쪽).

역과 팔당역이 산간에, 일산역이 교외에 각각 지어
졌다. 이 가운데 원창역과 율촌역은 한국형을 대표
함과 동시에 강한 유사성을 보여서 하나로 묶을 수
있고, 나머지 세 역은 각기 다른 방향으로 한국다
움을 표현했다.

둘째, 산간형으로 도경리역, 심천역, 반곡역 등
이 여기에 속한다. 세 역은 강원도와 충청북도 산
간 지역에 위치한다. 건축적으로 보면 수직선이 두
드러진다.[2] 표준설계의 기본 내용이 제일 잘 지켜
진 점도 공통점이다. 다른 유형들이 각자 처한 상
황에 맞게 많이 변형된 반면, 산간형에 요구되는
수직선은 간이역의 표준설계에 처음부터 나타났
던 특징이라서 그대로 적용하기에 마땅했기 때문
이다. 더해서, 수직선 이외에 한국다움의 특징이
부분적으로 섞여 나타나기도 한다.

셋째, 도심형으로 신촌역, 화랑대역, 동촌역 등
이 여기에 속한다. 이 역들의 위치는 일제강점기
당시에는 지금과 달리 도심 외곽이었으나 건축적
으로 보면 큰 머리 하나를 갖는 공통점을 보인다.[3]
이런 의미에서 큰 머리형 혹은 일두형(一頭形)이라

2 산간형 심천역 오른쪽 전경(차로 쪽).
3 도심형 동촌역 전경(철로 쪽).

부를 수 있는데, 머리가 유난히 큰 이런 형태는 도심에서 눈길을 끌기에
적합하다. 당시 신촌은 지금만큼 번화하지는 않았지만, 초창기 서구 문
물이 들어오던 통로로 나름대로 사람들이 모여 살던 곳이었다. 신촌역
과 화랑대역은 각각 서울 도심을 기준으로 서쪽과 동쪽을 대표한다는

바닷가형 남창역.

지역성도 갖는다.

넷째, 바닷가형으로 진해역, 남창역, 송정역이 여기에 속한다. 남창역과 송정역은 모두 동해남부선이며 지어진 연대도 각각 1935년과 1941년으로 시차가 많이 나지 않아 동일한 흐름으로 분류할 수 있다. 진해역은 경전선에서 갈라져 나온 진해선의 중심역인데 앞의 두 역과 직접적 연관성은 없어 보이나 모두 경상남도 바닷가에 지어지면서 공통점을 보여 하나로 묶을 수 있다. 바닷가에 위치해서인지 흥겨운 분위기로 변형된 점이 공통적 특징이다.[4] 이 유형 역시 한국다움이나 도심형 등 다른 특징이 섞여 나타난다. 표준설계에 대한 의무감이 상대적으로 약한 탓으로 볼 수 있다.

수평적이고 유기적인 한국형 간이역

1920년대 중반을 넘기면서 남해안 일대에 기차역들이 여럿 들어섰다. 경전선과 전라선이 중심이었다. 경전선에서는 진해역(1926년)과 원창역(1930년)이, 전라선에서는 율촌역(1930년)이 현재 남아있는 대표적인 역이다. 이 중에서 진해역이 제일 빠르며 인근의 송정역, 남창역과 함께 경상도 남해안의 바닷가형을 이룬다. 원창역과 율촌역은 전라도 남해안 역을 대표한다. 원창역은 1930년 9월에 완공됐고, 같은 해 12월 20일에 보통 역으로 영업을 개시했다. 광주—여수 간 경전 서부선이 개통한 것이다. 율촌역은 1930년 12월 25일 남조선 철도주식회사의 영업개시와 동시에 건축되어 일반 운수영업을 개시하였다.

이렇게 보면 1930년은 일제가 전라남도 바닷가 일대의 개발에 열을 올리던 때였고 그 부산물로 두 역이 탄생한 것을 알 수 있다. 두 역 모두 전라도 일대의 곡물, 목재, 광물 등을 일본으로 수탈해가기 위한 목적으로 지어졌다. 두 역은 노선은 다르지만 모두 순천에 위치하며 시차도 각각 같은 해 3월과 12월로 9개월밖에 나지 않는다. 무엇보다도 서로 많이 닮았다. 설계자나 시공자가 동일인이거나 동일 집단인 것으로 추정해볼 수 있다. 한쪽이 다른 쪽을 모방한 것으로 볼 수도 있고 한 가지 양식을 반복한 것으로 볼 수도 있다. 현재 남아있는 역만 이 두 개 일뿐, 순천지방 철도청에 소속된 이 일대 역들은 노선과 상관없이 공통점을 보인다. 이 두 역 이외에도 지금은 사라지고 없는 전라선의 미평역과 경전선의 득량역도 여기에 속한다.

두 역은 모두 조선총독부가 전국 주요 도시에 내린 조선시가지계획령(1934년)에 따라 표준설계로 지어졌다. 이런 점에서 '춘포-임피' 양식에서 완성된 1910년대 양식을 이어받았다고 할 수 있지만, 실제 모습은 '춘포-임피' 양식과 차이가 많다. 표준설계를 변형시켰거나 아예 처음부터 다른 방향으로 진행시킨 걸로 볼 수 있을 정도이다. 물론 공통점도 있다. 육면체 몸통에 박공지붕을 기본 윤곽으로 삼아 차양을 내고 기능에 따라 매스 단위들을 더한 점, 차로 면과 철로 면을 다르게 처리한 점 등은 '춘포-임피' 양식을 반복하고 있는 내용이다. 이런 특징들은 건축적 분류 기준에 의하면 매우 거시적인 것이어서 특별한 의미를 갖지는 못한다. 근대 기차역의 표준설계가 계속되는 정도로 그 의미를 정의할 수 있다.

세부적인 면에서는 달라진 점이 훨씬 많다. 이런 차이점이 원창역과

5 원창역 모임지붕.
6 율촌역 모임지붕.

율촌역의 건축적 의미를 결정한다. 결론부터 요약해서 말하자면 두 역
에서는 한국적 특징이 많이 나타난다. 앞서 언급한 한국형의 원천이다.
일본다움이 약하다고 해도 표준설계를 기본으로 한 것이기 때문에 전혀
없는 것은 아니다. 주로 지붕에서 나타나고 있다. 원창역과 율촌역은 겹
지붕이 큰 특징인데, 이는 일본식 주택의 대표 특징이기도 하다. 문화재
기록을 보면 두 역에도 '일본식'이라는 설명이 예외 없이 등장한다. 지
붕은 모임지붕인데 한일 양국 모두에서 쓰던 형식이다. 겹 지붕이라는
특징 때문에 '일본식 모임지붕'이라고 써 있는 자료도 있다.[5,6] 그러나
'일본식'이라는 단어를 쉽게 써도 되는지에 대해서는 주의가 필요하다.

지붕 형식을 제외한 나머지는 한국답다. 실제로 이어 붙인 형상이나
아래쪽 몸통을 보면 지붕도 상당히 한국답다. 일본다움은 오히려 춘포
역과 임피역이 훨씬 심한데, 대부분의 보고서 자료에는 춘포역과 임피역
은 '서양식', 원창역과 율촌역은 '일본식'이라고 나와 있다. 세밀하게

따져보면 오해의 소지가 있는 판단이다. 전체적인 분위기와 건축적 처리, 유주 모델 등 여러 면에서 춘포역과 임피역이 일본답다면 원창역과 율촌역은 한국답다. 근대 기차역의 첫 번째 양식으로 탄생한 일본다운 분위기의 춘포역과 임피역은 이후 여러 지역으로 퍼져나가는 과정에서 주변 상황에 맞춰 한국답게 변형된 것이다.

원창역과 율촌역은 9개월의 시차를 두고 인접 지역에 지어졌다. 건설 활동이 많지 않고 공기(工期)도 느리던 시기에, 기차역이라는 공공성 강한 건물이 겨우 9개월 만에 지척의 거리에 이렇게 닮은꼴로 지어진 것이다. 건축적 특징 또한 '춘포−임피' 양식의 세트와 비교 설명하기 좋을 만큼, 또 다른 형식과 패턴의 세트를 이룬다. 이런 사실에서 원창역과 율촌역을 설계한 건축가는 춘포역과 임피역을 모델로 삼아 나름대로 고심한 끝에 일정한 공통적 특징을 새로 창출한 것으로 볼 수 있다. 그 결과는 '한국다운 분위기'로 나타났다. 하나하나 따져보자.

원창역과 율촌역에서는 일단 전체 구성이 매우 느슨해졌다. 춘포역과 임피역은 짜임새가 있고 본체의 중심이 확실하며 들고남이 적다. 육면체의 기하학적 윤곽을 정형적으로 확실하게 잡았다는 뜻이다. 작은 덩어리를 하나 더해도 본체 덩어리와의 비례를 비교적 엄밀하게 따져 종속관계를 확실히 지켰다. 건물을 구성하는 부재는 몸통과 지붕으로 확실하게 구별했다. 지붕도 몸통 쪽의 질서를 따라 잘 정리했다. 본체 위에 얹은 큰 박공이 단순하면서도 안정적인 중심을 확보한 연후에야 작은 박공이 종속관계를 조형적으로 표현했다. 전체적으로 수직 비례가 나타나면서 본체는 어깨를 쫙 펴고 등을 꼿꼿이 세운 느낌인데, 이 역시 짜임새와 질서가 드러난 형식 중 하나이다. 차로 면과 철로 면은 쓰임새에 맞춰 합리적이고 기능적으로 처리했다.

7 널브러져 누운 듯한 원창역 전경.
8 수평 비례가 강한 율촌역 전경.

원창역과 율촌역에 오면 이것이 거의 깨진다. 제일 먼저 비례가 수평적으로 바뀐다.[7,8] 춘포역과 임피역의 꼿꼿하던 자세 대신 옆으로 퍼져나가는 구성이다. 사람에 비유하자면 팔다리가 따로 놀거나 바닥에 철퍼덕 주저앉아 편하게 쉬고 있는 모습이다. 널브러져서 누워있는 형국이기도 하다. 한 쪽 다리는 펴고 다른 쪽 다리는 무릎을 접어 오므렸으며, 허리는 조금 뒤로 젖힌 채 한 쪽 팔로 바닥을 짚고 한가롭게 쉬거나 잡담하고 있는 형국이다. 혹은 유기적이라 할 수도 있다. 수정란이 분화하면서 머리가 생겨나고 팔다리가 뻗어나가 생명체를 이루어가는 과정과 모습이 닮아있다.

'유기적'이라는 말 속에는 두 역의 구성이 타이트하거나 가지런하지 않다는 뜻도 들어있지만, 동시에 이런 구성이 제멋대로 생겨서 엉성하고 미완성적인 것이 아니라 나름대로 이유와 목적 아래 생겨난 것이라는 뜻도 들어있다. 한마디로 자연스럽다는 뜻이다. 미물의 작은 돌기에서 사람의 복잡한 뇌에 이르기까지 생명체의 각 기관이 이유 없이 만들어

9, 10 원창역과 율촌역 전경. 목적이 있는 자연스러운 널브러짐 구성.

지지 않듯이 원창역과 율촌역의 널브러진 구성도 기능적 목적이 있다. 단, 춘포역과 임피역처럼 엄격하게 계산하고 절제하지는 않아 차이가 있다. 원창역과 율촌역의 널브러짐은 확실히 무질서보다는 자연스러움에 가깝다.[9,10] 이 기준에 의하면 춘포역과 임피역은 부자연스럽다. 어딘지 모르게 기합이 잔뜩 들어간 경직된 모습이다. 일제 군국주의의 전형적 모습이다.

한국 농가를 닮아서 상대적이고 편안한 '원창-율촌' 양식

이런 차이에 대해서는 세 가지 유추적 해석이 가능하다. 첫째, 기능 유형에 대한 유추인데 원창역과 율촌역은 한국의 농가를 닮았다. 춘포역과 임피역이 기차역다운 것과 대비되는 대목이다. 춘포역과 임피역도 박공 지붕과 차양은 주택에서 쓰이는 건축 어휘를 가져온 것이지만 한눈에 기차역임을 알 수 있다. 서구적 분위기가 강하게 풍기면서 기차와 철도 산업에 맞는 분위기를 낸다.

춘포역과 임피역의 짜임새 있고 정리된 모습은 불특정 다수를 상대해야 되는 공공건물에 요구되는 객관적 특징의 산물이다. 기차역을 처음부터 기차역으로 생각하고 시작했다는 뜻이다. 춘포역과 임피역에도 서양식 교외 주택이나 일본식 주택 같은 주택 모티브를 쓰고 있지만, 궁극적 목적은 기차역에 맞추었다. 주택 모델을 기차역의 기능에 맞춰 다듬고 정리해서 서양식 기능주의 건물로 만들었다.

원창역과 율촌역은 많이 다르다. 간판 떼고 차양 떼고 보면 영락없는 시골 농가이다. 앞서 말한 '옆으로 퍼져나가는 구성'과 '유기적 특징' 등이 이에 해당되는 내용이다. 너무 농가처럼 생겨서 처음에 두 역을 찾는데 애를 먹었다. 반쯤 덤불 속에 묻혀있는 원창역을 보고 그냥 농가려

11, 12 덤불 속에 묻혀 농가처럼 보이는 원창역.

니 하고 지나쳤을 정도였다.[11,12] 차마 이 건물이 기차역이라고는 생각지 못했다. 특히 춘포역이나 임피역을 간이역의 표준형이라고 미리 설정해 놓고 찾으면 더 그렇다. 간판을 보고서야 내가 찾던 역임을 알 수 있었다. 사실 두 역은 주변 농가와 비교해봐도 별 차이가 없다. 기차역에 꼭 필요한 맞이방 차양 정도가 중요한 차이일 뿐이다. 따로 기차역으로 지었다기보다는 농가 하나를 정해서 기차역에 필요한 부분만 증축해 쓴 것으로 보일 정도이다. 멀리서도 기차역임을 알아보았던 춘포역과 임피 역과 다른 첫인상이다.

농가와 닮다 보니 차로 면과 철로 면 사이의 차이가 사라졌다. 춘포역 과 임피역에서는 차로 면은 가급적 평활 면으로 단순 처리하고 기능은 철로 쪽으로 몰아 철로 면에 들고남을 주었다. 원창역과 율촌역은 차로 면에서도 들고남이 심하다. 심한 정도가 아니라 본체와 부속체가 따로 구별되지 않을 정도로 덩치도 비슷하고 건축적 장악력도 비슷하다. 굳이 구별을 하자면 역 간판이 붙은 정문이 있는 곳을 본체로 볼 수 있을 정도이다. 철로 면의 덩어리 구성도 비슷하다. 차양이 있고 없음을 가지고 맞이방과 역무실을 구별할 수 있을 뿐 덩어리만 보면 비슷해서 구별하기 힘들다.

둘째, 민족적 분위기로 볼 때 춘포역과 임피역이 일본답다면 원창역과 춘포역은 한국답다. 춘포역과 임피역은 들고남의 정도를 잘 조절했으며 부재들의 맞물림도 명확해서 기합이 잘 들어간 군인을 보는 것 같다. 사무라이 정신으로 통하는 일본인의 국민성과 한국을 강제 점령하는 등 군국주의의 절정기였던 당시 분위기가 반영되어 더욱 그랬을 것이다. 일제강점기 때 일본인들에게 교육을 받으며 자란 나이 많은 어르신들이 전하는 일본인들의 국민성은 딱 춘포역과 임피역의 모습과 일치한다.

좋게 얘기하면 가정교육 엄하게 받아 몸가짐이 곧고 예절바른 모범생을 보는 것 같은 느낌이다. 나쁘게 얘기하면 몽둥이 들고 공포 분위기 조성해서 일렬로 세워놓은 모습이다. 혹은 크고 단순한 기계를 잘 조여놓은 것 같은 모습이라고도 할 수 있다. 일본답다. 중앙 통제가 심한 일본다운 절대주의 혹은 객관주의이다. 조직의 질서와 명령 아래 일사분란하게 움직이는 것을 밑천으로 삼는 일본의 국민성이다. 잘 계산되고 정확하지만 차갑고 인정이 부족한 일본 국민성과 많이 닮았다. 지킬 것은 반드시 지키겠다는 의지를 읽을 수 있다. 철저하게 표준적이라 할 수 있는데 사람들은 이런 것을 객관성의 미덕으로 정의하기도 한다. 그만큼 정은 안 간다.

일부 사람들은 임피역을 서정적인 간이역의 대명사로 치는데, 혹시 이분들이 원창역과 율촌역을 안 봤기 때문이 아닐까 생각해본다. 임피역의 건축적 특징보다는 옆의 은행나무에 더 끌린 것일 수도 있다. 비교 대상 없이 춘포역이나 임피역 하나만 놓고 보면 흔히 '추억의 간이역'이라고 부르는 간이역의 서정성이 느껴질 수도 있으나, 건축양식사를 전공하는 내 눈썰미로 보면 춘포역과 임피역은 사실 많이 차갑고 딱딱한 건물이다.

시간의 끈을 100여 년 전으로 돌려서 유추하면 더 그렇다. 지금이야 아파트만 해도 수십 층인 고층건물 숲에서 살다 보니 임피역을 아담하고 서정적으로 느낄지 모르겠으나, 수평선이 넘실대던 조선의 시골마을에 춘포역과 임피역이 처음 들어섰을 때를 상상해보면 매우 위압적이고 무섭기까지 했을 수 있다. 한반도를 집어삼키고 착취하던 그 주체, 학교 선생님까지 정복을 입고 칼을 차고 수업을 했다는 군국주의 일본의 모습이기 때문이다. 원창역과 율촌역과 비교해보면 춘포역과 임피역에서 느끼던 긴장감과 형식성은 다소 과도해 보인다.

반면 원창역과 율촌역은 한국답다. 격식에 얽매이지 않고 편한 게 제일 좋다는 한국다운 철학이 묻어난다. 소박하고 재래적이지만 정이 간다. 일면 무질서해 보이고 사전계획 없이 현장에서 끌리는 대로 지은 것 같아 보이지만, 각자 원하는 바를 존중하고 그에 따라 취하고 싶은 자세를 취하도록 놔둔다. 한국다운 주관주의 혹은 상대주의이다. 이를테면 최근 한국 사회를 찍은 매그넘의 작가들이 한국다운 국민성으로 파악한 내용들이다. 이들의 작품에는 한강 고수부지나 기차역의 벤치 등에서 여러 명이 각자 편한 자세로 널브러져 한가롭게 대화를 즐기는 장면이 자주 등장하는데, 외국 사진작가들의 눈에도 이런 태도가 가장 한국다운 것으로 비쳤음을 알 수 있다.

신발을 벗는 좌식문화도 중요한 배경이다. 신발을 신고 입식생활을 하면 아무래도 몸가짐이 흐트러지는 데 한계가 있다. 반면 신발을 벗고 방바닥에 철퍼덕 주저앉으면 훨씬 다양한 종류의 몸가짐을 취할 수 있다. 일면 정숙하지 못한 것으로 보일 수도 있으나 그만큼 편안해 보인다. 자신이 편하면 주변도 편하게 만들어주는 법, 두 역에 오면 타지 생활하다 명절날 고향에 온 느낌이다. 두 팔 벌리고 자식을 맞는 어머니의 품 같기도 하다. 차에서 내려 역 앞에 서는 순간, "아, 한국역이구나" 하는 반가움이 든다. 너무 진부해서 한국을 대표할 수밖에 없는 시골의 모습을 건물로 옮겨 놓은 것 같다.

한국다움 대 일본다움, 가깝지만 너무 다른 두 나라

셋째, 춘포역과 임피역은 일본식 근대 간이역의 표준 유형인 반면, 원창역과 율촌역은 한국식 농가를 모티브로 차용한 유형으로 분류할 수 있다. 이로써 1910년대 '춘포―임피 양식'은 기능주의적 서구 기차역 유형, 1930년대 '원창―율촌 양식'은 한국다운 농가 유형으로 대비 구도를 만들 수 있다. 두 세트의 역이 처한 시대 상황을 비교해보면 이해하기 쉽다. 춘포역과 임피역은 한반도에 처음 세워진 근대 기차역이었기 때문에 이에 필요한 표준설계를 완성해야 할 위치에 있었다. 서구식 근대화에 나라의 운명을 걸었던 당시 일제 군국주의가 서구 문명을 그대로 받아들여 서구를 닮고자 했던 다급한 입장이 그대로 반영된 것으로 볼 수도 있다. 한반도의 곡창지대 한복판에 세워놓은 이들 기차역은 올망졸망한 초가집 사이를 뚫고 발기한 것으로 나타났다. 일제는 이를 한반도 식민 경영에 몹시 마땅한 것으로 여겼다.

1910년대와 1930년대의 시대적인 차이도 중요한 요소이다. 1910년대는 한일병합 초기로 한반도에 대한 압박이 심해지던 때였다. 특히 3·1운동을 전후로 한 1910년대는 억압과 통제가 심했던 반면 1920~1930년대는 3·1운동의 여파로 조금 느슨해졌다. 그것도 잠시, 일제는 내선일체(內鮮一體)를 내걸고 조선의 정신과 문화를 말살하기 위해 수단을 가리지 않았다. 이런 과정에서 '춘포—임피' 양식의 표준설계가 많이 변형되면서 전국으로 퍼져나갔다. 원창역과 율촌역은 순천 일대라고 하는 전라도 시골 지역에 지어지면서 주변과 닮는 맥락주의로 나타났다. 이는 내선일체가 뒤집어져 나타난 현상으로 볼 수도 있다. 원래 내선일체란 창씨개명과 조선어 말살 등을 통해서 한반도를 일본에 동화시키려던 것이었지만, 문화의 흐름이란 항시 양면적인 것이어서 이 과정에서 크진 않지만 일본이 한반도에 동화되는 현상도 일어났다. 원창역과 율촌역에 나타난 한국다움은 일본식 표준설계인 춘포역과 임피역이 한반도의 시골 분위기에 동화된 것으로 볼 수 있다.

이상의 배경들이 합해지면서 춘포역과 임피역은 기차역에 필요한 기능과 모습을 중립적이고 객관적으로 표현하고자 했으며 동시에 일본다운 분위기를 강조하면서 주변을 제압하고자 했다. 농촌 한가운데에서 도드라져 보이면서 주변을 제압하고 중심공간의 권위를 표현하고자 했다. 일본다운 분위기로 한국 농촌을 위압하려 했을 것이라는 추측이 가능하다. 한일병합이 되긴 했지만 당시는 아직 일본 문화가 외래 문물처럼 받아들여지던 때였다. 한국에 완전히 뿌리 내리기 전이라 그만큼 확실한 우위를 과시해야 했을 것이다.

반면 원창역과 율촌역이 지어지던 1930년대에 오면 한국 문화와 일본 문화가 많이 섞인다. 창씨개명 등 한국도 많이 일본화되었지만 반대 현상도 많이 나타났다. 일본 본토까지야 어땠는지 모르겠으나 적어도 한국에 들어왔던 일본 문화에는 한국다운 요소가 일정 부분 섞이게 되었다. 시간이 흐르면서 엄격한 감시가 느슨해진 것일 수도 있고, 원론적으로 얘기해 문화 전파 현상의 상식일 수도 있다. 건축양식에 한정시켜 보더라도 유사한 해석이 가능하다. 원창역과 율촌역은 한 번 완성된 표준설계가 일정한 시간이 지나 다른 지역으로 퍼져나가면서 변형되어 나타난 결과이다. 전라도의 농촌 지역이라는 상황에 따라 주변과 어울리다 보니 한국 농가의 모습으로 나타나게 된 것이다.

이런 변형 상태에 대해서는 양면적 해석이 가능하다. 원형 양식의 순도라는 관점에서 보면 완성도가 훼손당하는 변질 단계에 해당된다. 표준설계가 처음 완성될 때에는 규범과 형식이 잘 지켜지는데 이것이 다음 단계에서 응용될 때에는 자유로운 재해석과 변형이 가해지는 것이 양식사에서 일반적으로 관찰되는 현상이다. 반면 표준설계가 다양성을 포괄하는 긍정적 역할을 한 것으로 해석할 수도 있다. 표준설계는 표준설계일 뿐이다. 반드시 지켜야 할 절대 규범이기보다는 참고 지침서에 가깝다는 뜻이다. 이것이 지역을 달리하고 시간이 지나서 사용될 때에는 상황에 따른 최소한의 변형이 필수적인데 원창역과 율촌역은 이것의 좋은 예를 보여준다.

두 세트의 기차역을 통해 살펴본 두 나라 민족성 사이의 이런 차이는 일상생활에서 쉽게 유추해볼 수 있다. 국기를 보자. 일본 국기는 단순함의 극치이다. 아마 세계 200여 나라 국기 가운데 제일 단순할 것이다. 확실하게 단순화시켰다. 그리기도 쉽다. 도구도 컴퍼스 하나면 된다. 자도 필요 없다. 반면 태극기는 복잡하다. 설명서 없이 태극기를 그릴 수 있는 대한민국 국민은 많지 않을 것이다. 설명서를 줘도 제대로 그려내는 게 쉬운 일이 아니다. 전체를 외워서 그리는 건 둘째 치고 건곤이감(乾坤離坎)의 이름과 위치를 제대로 기억하는 것도 만만치 않다. 사실 한국인 대다수는 건곤이감의 생김새도 잘 구별해내지 못한다.

이것이 바로 국민성의 차이다. 일본 사람들은 단순하다. 복잡한 것도 단순화시킨다. 전통 건축을 봐도 일본은 매우 미니멀리즘하고 추상성이 강하다. 무사도 정신이 바탕을 이루기 때문이다. 상대방을 베야 살아남는 무사는 주변 만물에 복잡하게 대응하면 반응속도가 늦어서 안 된다. 즉각 반응하고 판단해서 순간에 끝내야 된다. 좋은 점도 있다. 앞뒤 안 보고 흔들림 없이 한 우물만 팔 수 있다. 머리가 단순해서 다른 가능성에 미련을 두지 않으며 의혹을 품지 않기 때문이다. 서양 문물을 받아들인 뒤에 서양의 도움 없이 기계 부품산업에서 세계적인 중소기업을 많이 만들어낸 것이 좋은 예이다. 한국 사람의 눈에는 기인열전으로 보일 만큼 일본에는 각 분야에서 한 우물만 파는 사람들이 즐비하다. 이런 절대주의 문화의 사람들은 줄도 잘 서고 두목―부하의 계급적 순종이 몸에 배어있다. 춘포역과 임피역에 나타난 분위기가 그렇다.

반면 한국 사람들은 중앙통제를 싫어한다. 상대주의를 신봉하며 생활도 그렇다. 태극기의 건곤이감은 무한대로 다양한 세상만물을 단순하게 만든 뒤 다시 법칙으로 바꾼 것이다. 단순하게 한다고 한 게 그 정도이니 변화무쌍의 국민성을 짐작할 수 있다. 단순화한 법칙만으로 끝내질 못하고 그것들 사이에서 관계의 법칙을 추가로 만들어낸다. 일본식 단순화와 좋은 비교가 된다. 한국 사람들은 확실히 단순화한다고 했지만 어느 선 이상 단순화하지는 못한다. 다양성에 대한 미련이 너무 크게 남기 때문이다. 머리가 좋아서 주변 사물에 대해 여러 방향으로 대응하고 반응한다.

이런 국민성을 사람들 사이의 관계에 대입시키면 한국다운 인(仁), 혹은 인정의 문화가 된다. 정(情)이라는 게 별 게 아니다. 사람들 사이의 관계를 복잡하고 다양하게 만들다 보면 생기는 게 정이다. 어느 선 이상으로 단순화시키면 개체의 피해가 너무 크기 때문에 그게 가슴 아파서 못하는 것이다. 가급적 각 개체가 하고 싶은 대로 놔두자는 것이 한국다운 상대주의의 핵심 개념이다. 도저히 못 참을 상황이 아니라면 개체의 편안함이 우선이다.

예를 하나 더 들어보자. 일본이나 서양의 외국인이 한국에 오면 길가다가 툭툭 부딪히고 가는 걸 보고 무례하다며 힘들어한다. 자기가 피해 입는 걸 부당하게 여겨 못 참기 때문이다. 우리는 반대다. 아주 심한 정도가 아니라면 상대방에게 화내는 걸 삼가는 편이다. '뭘 그런 걸 갖고 그래'로 대표되는 한국식 '허허실실' 문화이다. 도가 사상과 신바람 정신과 무속적 샤머니즘을 혼합한 세계관의 산물이다. 지형 변화와 기후 변화가 심한 한반도의 자연환경 탓도 크다. 그만큼 상대주의 농업 문명에 적합하다. 원창역과 율촌역에 나타난 분위기이다.

한국다움의 식민사적 의미 — 일본화의 강압 속에 숨은 저항

일본 사람들은 이런 한국다움을 싫어했다. 아니 경멸했다. 한반도에 처음 들어온 일본 사람들은 조선인을 무질서하고 규칙이 없는 민족으로 파악했다. 한국의 상대주의적인 국민성이 절대주의 국민성을 가진 일본인들에게 부정적으로 비춰진 것이다. 일본인은 한국인을 버릇없고 무례하다고 느꼈으며 근대화가 덜 된 재래 민족이라고 생각했다. 이런 부정적 인식이 합해져 '조센징'이란 욕 아닌 욕이 탄생했다. 조센징이란 단어는 사실 '조선인'이라는 한자어를 일본식으로 발음한 매우 객관적이고 사실적인 단어이다. 일본인을 '니혼징', 한국인을 '강코쿠징'이라고 부르는 것과 같다. 그런데 니혼징이나 강코쿠징은 욕이 아닌데 조센징은 욕이었다. 조선인의 국민성으로 파악한 내용들이 당시 일본인의 눈에는 너무 부정적인 것이어서 그것을 지칭하는 것만으로도 욕이 된 것이다.

이런 차이는 단순히 두 나라의 국민성 차이로 끝나지 않았다. 한반도를 효율적으로 경영해서 대륙으로 진출하는 발판으로 삼고 전쟁물자 수탈을 극대화하려던 군국주의 일본의 입장에서는 조선인의 국민성이 큰 걸림돌이었다. 한마디로 일사분란하게 움직여 생산을 최대화해야 하는데 상대주의인 국민성이 여기에 걸림돌이 된 것이다. 이 문제는 근대화 문제와 맞닿아 있다. 당시 일제의 식민지 경영은 물자수탈이 주요 목적이었기 때문에 생산증대를 위해 어쩔 수 없이 한반도 근대화에 총력을 기울일 수밖에 없었다. 조선인의 상대주의 국민성은 이런 근대화와도 안 맞았다. 근대화란 결국 산업화된 기계문명이고 여기에는 표준화가 필수인데, 상대주의 국민성은 이와는 정반대였다. 이런 과정을 거쳐 조선인의 국민성은 결국 미개한 것으로, 조선이라는 나라는 열등한 것으로 결론이 났다.

두 나라의 국민성 차이일 뿐인데 이것이 우등-열등, 심지어 선악의 판단 대상으로까지 비화된 것이다. 상대주의 국민성을 효과적으로 이용하는 방법은 따로 있는데, 군국주의에 함몰되어 있던 일제가 이것을 알 리 없었다. 더 근본적으로 일본이란 나라는 섬나라로 오랜 세월 갇혀 있으면서 사무라이 문명만 가져왔기 때문에, 이 세상에 상대주의 국민성이란 것이 있다는 사실조차 알지 못했다. 결국 무지의 산물인 셈인데, 당시 물리력의 엄청난 차이로 식민지가 된 우리 입장에서는 그저 강자가 들이대는 부정적 평가를 고스란히 받을 수밖에 없었다. 이런 이유로 일제의 식민지 경영은 조선인의 상대주의 국민성을 뜯어고쳐 자신들이 바라는 절대주의 국민성으로 바꾸는 쪽으로 큰 방향을 잡게 되었다. 당시 일제는 이것을 미개한 조센징을 개화하는 것으로, 즉 조선에 은혜를 베푸는 것으로 생각했다. 이렇게 보았을 때 두 세트, '춘포–임피' 대 '원창–율촌'의 비교는 일본의 국민성과 한국의 국민성 차이, 나아가 이 차이를 둘러싸고 벌어졌던 일제강점기 때 식민 상황을 상징하는 현상으로 읽을 수 있다.

두 나라의 전통 주택에 나타난 비례감이나 형상도 유사한 차이를 보여준다. 일본식 주택에는 2층이 많다. 특히 도시에 지어진 주택들이 그렇다. 비례와 형상 모두 수직 느낌이 주도한다. 춘포역과 임피역에서 느끼는 그런 수직 비례이다. 건물 구성도 단순하다. 간단한 육면체를 수평 방향으로 늘어놓고 수직 방향으로 쌓은 뒤 삼각형으로 지붕을 마무리한다. 이때 늘어놓거나 쌓은 육면체의 개수가 2~3개를 넘지 않는다. 블록 쌓기 느낌이다. 창도 같은 크기와 형상이 반복된다. 물론 비대칭 창도 많지만 한옥만큼 심하지 않다. 개인의 개성을 무시하고 일렬로 세워 부품으로 보는 일본다운 인간관과 같다.

근대화 과정에서도 이런 구성과 분위기가 사라지지 않고 재료와 공법만 근대식으로 바뀌어 그대로 반복되면서 이른바 일본식 주택이 나타났다. 일제강점기 때 우리나라에도 방방곡곡 세워졌다. 예를 들어 서울의 후암동–청파동–원효로 일대에 많이 지어졌다. 이런 일본식 주택을 보면 미니멀리즘답다. 일본 현대 주택에 미니멀리즘 분위기의 작품이 많은 이유이기도 하다. 이를테면 노출 콘크리트를 이용한 타다오 안도의 미니멀리즘 풍 작품들은 자기 나라의 전통적 분위기를 현대 재료로 흡

내 낸 것에 불과하다.

반면 한국식 주택은 수평 분위기가 주도한다. 비례감은 철저하게 땅에 친숙하다. 땅 위에서 수평 방향으로 이 방향 저 방향으로 퍼져나간다. 땅에서 발을 떼는 것을 불안해한다. 구성도 불규칙하며 채 분화가 심하다. '행랑채―사랑채―안채'의 구별이야 계급사회와 남녀유별의 문화에서 온 것이라고 할 수 있겠지만 이것들이 갈래 치며 뻗어나가는 것을 보면 단순성과 규범을 확실히 싫어하는 것을 알 수 있다. 보기에 따라서는 복잡하다고 할 수 있을 정도이다.

지붕은 단순 삼각 박공을 넘어서 다양한 곡선을 자랑한다. 이런 특징은 일제강점기 때 대도시의 근대화 과정에서 일본식 주택과 대비되는 도심형 한옥으로 나타났다. 서울에서는 후암동―청파동―원효로 일대의 일본인 동네에 맞서 돈암동―정릉―혜화동 일대가 대표적인 예다. 전주 한옥마을도 성 안의 일본인 동네가 싫어 성 밖으로 뛰쳐나와 한옥으로 새로 지은 동네이다. 해방 후 1950~1970년대에는 단층 중심의 도심 서민형 주택으로 발전했다. 흔히 말하는 '골목길'이다. 10~20평짜리 작은 주택이지만 구성은 제법 변화무쌍했다. 이상의 차이점들은 두 세트 기차역의 대비 구도에 대응될 수 있다.

박공의 없고 있음, 균형 우위 대 형식 우위

다시 원창역과 율촌역의 건축적 특징으로 돌아가서 '춘포―임피' 양식과 다른 내용에 대해서 더 살펴보자. 앞에 정리한 큰 분위기는 세부적 디테일에서도 확인할 수 있다. 원창역과 율촌역의 전체 구성은 중심 본체에 작은 덩어리를 더한 것이 아니라 처음부터 여러 덩어리를 병렬시키는 방식으로 이루어진다. 지붕도 산만하다. 지붕의 본래 역할은 전체 구

13, 14 원창역의 산만한 지붕,
율촌역의 산만한 몸통. 123쪽
사진 6, 128쪽 사진 11 참고.

성을 정리하거나 표현하는 것인데 이 역할을 하지 못하고 있다. 아니, 지붕이 산만하다는 사실 자체가 아래쪽 몸통이 산만하다는 사실을 보여주는 것이다. 지붕은 보기에 따라서는 몸통보다 더 자유롭고 편하게 자기 맘대로 생겨난 것처럼 보인다.**13,14** 몸통이나 지붕이나 모두 처음부터 전체를 계획한 것이 아니라 그때그때 상황에 따라 만들어 이어 붙인 느낌이다. 개별 부재들은 총체적으로 관리되지 않고 따로 논다. 개별 부재들이 총체적 질서에서 떨어져 나와 퍼져가는 모습이다.

몸통과 지붕 모두에서 중심도 사라졌다. 제일 두드러진 현상이 박공이 없는 것이다. 차로 쪽이나 철로 쪽 모두 없다. 박공은 건물 전체에 질서와 중심을 주는 데 중요한 역할을 한다. 삼각형은 꼭짓점을 보면 자극적인데 밑변을 보면 안정적이다. 덩어리와 면적의 느낌이 들면서 동시에 선과 이동의 역동성도 느낄 수 있다. 이런 양면적 특징을 갖는 큰 삼각형을 하나 떡하니 박아놓으면 건물은 중심이 잘 잡혀 웬만한 비바람에도 끄떡없을 것 같다. 춘포역과 임피역이 그렇다.

15, 16 박공이 없는 원창역과 율촌역. 전체 구성을 정리 · 표현하지 못하는 산만한 지붕.

원창역과 율촌역에서는 박공이 사라지고 산만한 지붕이 대신한다.[15,16] 지붕 구성은 몸통 구성과도 연관이 깊다. 차로 쪽부터 보자. 두역 모두 맞이방동과 역무실동으로 이등분되어 있다. 맞이방동에 매표소가 들어가면서 높이가 높고 덩치도 더 큰 점도 같다. 차이도 있다. 원창역은 맞이방동이 차로를 정면으로 면하고 역무실동이 여기에서 직각으로 꺾여서 위치한다. 율촌역은 역무실동이 살짝 꺾이긴 했지만 두 동이 거의 일직선으로 늘어섰다. 지붕 구성은 비슷하다. 맞이방동은 모임지붕으로 했고 역무실동은 형편 따라 3~4장을 이어 붙인 형식으로 처리했다. 면적, 형태, 방향 등이 다른 3~4장의 조각을 깁듯이 이어 붙여 전체 지붕을 만들었다. 두 동의 위치관계가 원창역은 직각이고 율촌역은 일직선으로 서로 다르지만 맞이방동에서 역무실동으로 넘어가는 중간에 완충지대처럼 작은 동을 넣은 다음 큰 동으로 마무리한 점은 같다.

어쨌든 지붕과 몸통의 이런 구성은 춘포역이나 임피역의 표준설계에서 많이 벗어난다. 춘포역과 임피역은 큰 직육면체 하나 속에 모든 기능을 다 집어넣었다. 그러다 보니 너무 단조롭고 맞이방과 역무실 사이의 구별이 쉽지 않았는지, 이를 만회하기 위해 박공을 넣었다. 단조로운 직육면체의 형태와 방향에 변화가 생기고, 이곳이 맞이방임을 알 수 있게 되었다. 간판이 들어갈 장소도 확보해서 형식다움도 갖췄다. 원창역과 율촌역에서는 박공이 사라졌다. 그러나 맞이방동과 역무실동을 별동으로 분리해 둘 사이의 구별에 문제가 없다. 역무실동보다 맞이방동이 더 높고 덩치가 더 크며 차로를 정면에서 마주하고 있어 굳이 박공의 필요를 못 느낀 듯하다. 한쪽으로 쏠려 균형이 깨질 수 있기 때문이다.

이 대목이 한국다움과 일본다움이 갈라지는 분기점일 수 있다. 형식을 중요하게 여기는 일본인들은 여전히 박공을 더했을 것이다. 박공의 존재를 양쪽의 균형 관점에서 보는 것이 아니라 형식을 다 갖추었느냐의 여부로 보기 때문이다. 기차역의 얼굴에 해당되는 맞이방동에 박공이 필요한 형식요소라면 역무실과의 균형 여부보다 여기에 우선권을 두는 것이다. 반면 한국다움은 한쪽으로 지나침을 경계한다. 극단적인 것을 싫어하는 상대주의 국민성의 하나이다. 형식다움이란 것도 처음부터 필요한 요소가 정해진 것은 아니라고 본다. 맞이방임을 알 수 있으면 그것으로 충분하다. "모로 가나 바로 가나 서울만 가면 된다"는 철학이다. 차로 정면에서 제일 먼저 눈에 띄면서 큰 출입문에 차양을 갖추고 그 위에 역명을 알리는 간판까지 걸었으면 맞이방임을 알리기에 충분하고 넘친다.

이런 요구를 만족시켰으면 다음은 균형에 신경을 쓴다. 역무실동이 너무 기울지는 않을지, 전체 모양새를 본다. 결론은 박공을 안 넣는 것이 좋다로 난다.[17,18,19] 조형적으로 봐도 그렇다. 맞이방동에서 중간 완충지대를 거쳐 역무실동으로 흘러내려가는 지붕의 흐름이 관건이다. 맞이방동의 높은 지붕에서 중간 전이지대의 낮은 지붕으로 떨어졌다 역무실동에서 다시 오른 뒤 완만하게 이어진다. 리듬감이 절묘한데 박공을 넣으면 이것이 깨진다. 방향과 형태 모두에서 지붕 전체의 흐름에 파격을 가하기 때문이다. 원창역과 율촌역 같은 유기구성에서는 이것은 피하는 것이 건축적으로 마땅하다. 지붕의 한결같음이 더 중요한데 이것을 잘 알고 그렇게 했다.

결과적으로 두 역 모두 차로 쪽 전경이 한국답게 되었다. 친절한 시골 아낙네를 보는 것 같다. 격식을 차리지 않아도 좋은 편한 느낌이다. 지붕 선의 흘러내리는 모양새도 한국답다. 리듬을 타고 부드럽게 이어지는데 이를테면 '구성진 가락'에 해당되는 건축 장면이다. 격하지 않으면서 가늘고 길게 이어지는 한국다운 인연의 개념도 같은 정서이다. 뒷동산 능선의 흐름이 물리적 배경이다. 굽이굽이 흐르는 실개천도 마찬가지이다. 원창역은 증거까지 보여준다. 지붕 너머 뒷동산이 보이는데 그 능선의 리듬이 지붕선과 장단을 잘 맞추고 있다.[20] 장단이란 무엇인가. 말 그대로 길고 짧음이다. 이것은 곧 호흡이고 가락이니 한국다운 정서를 대표한다. 뒷동산 능선과 지붕선이 장단이 잘 맞아 "짝짜꿍"을 이룬다.

철로 쪽도 같은 구성이다. 맞이방동이 오른쪽에

17 원창역 전경.
18 리듬 있는 원창역 지붕.
19 율촌역 전경.

뒷산의 능선과 원창역 지붕선의 조화. 128쪽 사진 11 참고.

치우친 편심(偏心) 구성이며 왼쪽으로 역무실동을 둘로 나누어 더했다(126쪽 사진 9, 10, 139쪽 사진 13 참고). 원창역은 역무실동이 차로 쪽에서 직각으로 꺾이던 구성을 철로 쪽에도 반영했다. 역무실동을 구성하는 두 개의 동 가운데 맞이방동과 맞닿아 있는 첫 번째는 크게 보이고, 그 옆의 왼쪽 끝동은 상대적으로 작아 보인다. 어쨌든 세 개의 덩어리가 모나지 않고 편안하게 잘 어울리면서 한국 농촌에 마땅한 분위기를 준다. 벽면에는 들고남의 변화를 주어 덩어리의 어울림에 흥겨움을 더했다. 기하학적 어울림에 한국다운 감성을 실었다.

율촌역도 오른쪽 끝에 맞이방동을 둔 편심 구도이며 그 옆으로 역무실동을 둘로 나눠 붙였다. 세 동 사이의 배열이 직각 꺾임 없는 일직선 구도이기 때문에 역무실동을 구성하는 두 동이 거의 같은 크기이다. 세 덩어리 사이의 어울림과 벽면 들고남의 변화 등 나머지는 원창역과 거의 비슷하다.

지붕 구성과 거기서 느끼는 감성도 차로 쪽과 비슷하다. 일단 맞이방동의 지붕이 제일 높고 크다. 두 역 모두 박공이 없다. 맞이방동은 온전한 모임지붕이며 역무실동의 두 동은 왼쪽만 모임지붕이고 오른쪽은 옆 덩어리에 막혀 직각으로 잘랐다. 차로 쪽에서는 역무실동의 지붕이 넝마를 이은 것 같은 모습인데 반해 철로 쪽에서는 모임지붕의 모습이 비교적 온전하게 드러났다. 그만큼 좀 더 정리가 된 것 같은 모습이다. 지붕선의 흘러내림도 더 명확하다. 맞이방동에서 역무실동으로 완만하게 흘러내린다. 이번에도 원창역은 지붕 너머 보이는 뒷동산 능선이 함께 어울린다. 차로 쪽에서 봤던 그 "짝짜꿍"이다.

지붕 윤곽과 선의 미학

원창역과 율촌역의 또 다른 철로 쪽 특징은 차양의 크기와 비중이 두드러지게 커졌다는 점이다. 춘포역과 임피역도 나름대로 아름다운 차양을 가졌고 그것만 보면 일정한 크기와 면적을 확보한 것으로 보인다. 그러나 원창역과 율촌역과 비교해보면 많이 작은 것을 알 수 있다. 춘포역과 임피역에서 맞이방 앞 공간에 냈던 차양은 잠시 비나 피하는 정도였다. 맞이방 앞 공간도 기본적으로 독립 영역의 면적까지 가지 못하고 잠시 거쳐 가는 통로에 머물렀다. 잘해야 짐이 많을 때 몇 분 정도 짐을 미리 내놓으며 기차를 기다리는 공간이었다.

이것이 원창역과 율촌역에 오면 독립 영역이라고 봐도 좋을 정도로 면적이 늘어났고 차양도 이에 따라 많이 튀어나왔다. 크기도 본체 지붕과 맞먹을 정도가 되었다. 지붕을 위아래로 여러 장 겹쳐 놓은 형국이다. 위쪽의 진짜 지붕이 아래로 늘어지면서 너무 길어져 둘로 자른 것처럼 보이기도 한다. 차양을 둔 곳도 여러 곳이 되면서 옆으로도 길게 늘렸다. 맞이방 앞은 물론이고 그 옆 역무실 앞까지 길게 이어진다.[21,22] 맞이방 앞 바로 옆 역무실동은 뒤로 많이 들어갔기 때문에 차양 영역이 작은 운동장만큼 넓어졌다. 어린애들이 공놀이를 할 수 있을 정도이다. 그 옆의 역무실동은 다시 앞으로 많이 튀어나왔기 때문에 차양은 영역을 형성하지 못하고 벽에 눈썹처럼 붙어있다.

차양이 커지면서 생겨난 독특한 조형적 특징인 지붕 윤곽선이 여러 개 겹치는 장면이다. 조형적으로 말하면 '선의 미학'이다. 윤곽선은 지

21, 22 맞이방 앞 공간이 확 넓
어진 원창역과 율촌역.

봉 한 장당 정면과 측면 두 개가 나온다. 정면은 처마 끄트머리가 윤곽선
을 이루는데 굵은 수평선으로 보인다. 측면은 박공 윤곽인데 굵은 사선
으로 나타난다. 일부러 굵게 할 필요는 없지만 구조적 안전성과 막음 등
의 기능에 맞추다 보면 굵어진다. 이런 굵은 선들이 여럿 겹치면서 역동
적 장면을 만들어낸다. 지붕이 여러 장이다 보니 겹치는 윤곽선도 여러
개이다. 제일 위에 본체 지붕의 윤곽선이 있고 그 밑으로 바로 붙어서 차
양의 윤곽선이 있다.

두 역 모두 지붕 구성과 윤곽선 개수는 같으나 여러 지붕들의 위치관
계로 볼 때 율촌역보다는 원창역에서 겹침이 더 심하게 나타난다. 감상
하기 제일 좋은 지점은 철로 쪽에서 왼쪽으로 조금 물러난 곳이다. 원창
역을 보자. 위에서부터 차례대로 '맞이방동 지붕─맞이방 차양 지붕─
역무실동 지붕─역무실 차양 지붕'의 윤곽선이 아래로 내려오며 겹친
다. 겹치는 양상이 지그재그 방향이라 엎치락뒤치락하는 것 같다.[23] 지
붕 하나당 처마 끄트머리의 수평선과 박공 윤곽의 사선, 총 두 개의 선을

갖기 때문에 모두 여덟 개의 선이 어울린다. 출입구 차양을 받치는 기둥과 그 위에 달라붙는 홈통이 없기 때문에 방해 요소가 없어져서 선의 미학이 온전히 드러난다. 제일 긴 선인 차양의 처마 끄트머리가 곧은 일직선으로 쭉 그어져서 그렇다.

지붕 윤곽선은 좀 가늘고 차양 윤곽선은 더 두껍다. 언뜻 뒤엉킨 것 같으나 일정한 질서를 유지하며 역동성을 만들어낸다. 아래에서 굵은 선이 받쳐주니 안정감이 있다. 그러나 선의 미학은 기본적으로 역동성을 생명으로 갖기 때문에 차분하게 남아있지만은 않는다. 어느새 야성(野性)이 꿈틀거린다. 거리와 각도를 바꿔 맞이방 차양 쪽으로 좀 다가서서 올려다보면 다른 장면

23, 24 지그재그 지붕 겹침이 심한 원창역. 142쪽 사진 18 참고.

이 펼쳐진다. 윤곽선의 개수는 줄어든 대신 서로 엇갈리는 각도가 커지면서 역동성이 더 커졌다.[24] 엇박자를 보는 것 같은 느낌인데 어색하거나 불협화음으로 보이지는 않는다. 경쾌함이 증폭된 느낌이다. 율촌역의 윤곽선 겹침은 이보다 좀 못하다. 너무 가지런해서 역동성이 약한 것이 아쉬움이다. 원창역과 달리 출입구 차양을 받치는 기둥과 홈통이 그대로 드러나 제일 중요한 선을 토막 낸 점도 중요한 이유이다. 그러나 크게 보면 원창역과 다르지 않다.

춘포역에서 처음 나타난 선의 미학.

25

선의 미학은 간이역의 전형적 장면 가운데 하나이다. 모든 역이 다 갖추지는 않으나 여러 역에서 관찰할 수 있다. 제일 처음 춘포역에 나타났다. 철로 앞 왼쪽에서 지붕과 차양 옆면을 올려다보면 나오는 장면이다. 모든 간이역에 나타나는 장면은 아니지만 분명 간이역이 주는 아름다운 건축 조형미 가운데 하나이다. 춘포역은 완성된 상태는 아니나 제법 갖추었다.[25] 이곳 원창역과 율촌역에서 무르익을 대로 익었다. 선의 미학은 면의 미학과 대비된다. 간이역의 전체 분위기는 면의 미학이다. 몸통은 육면체 덩어리 느낌이 강하고 지붕은 판재 느낌이 강한데 둘 다 면의 미학을 만들어내는 주요 출처들이다. 여기에 악센트로 선형 요소가 들어가는데, 바로 차양을 받치는 기둥과 지붕 윤곽선이다. 기둥은 선의 미학의 생명인 역동성을 내기에는 적합하지 않다. 중력에 충실하며 길 잘든 모습으로 가지런히 서 있기 때문이다. 선의 미학보다는 앞에서 봤듯이 구조미학이 제격이다.

지붕 윤곽선은 사선을 가로 그으며 선의 미학을 제대로 보여준다.[26]

톡 쏘는 양념 같은 강한 자극을 만들어
낸다. 선이란 이래야 된다. 본래 선이란
그 속성이 한 곳에 가만히 머물질 못한
다. 흔들고 뻗고 출렁인다. 이런 선의 미
학 자체는 한국다운 건축미 가운데 하나
이다. 한옥을 보면 흰 회벽 정도가 면의
미학을 줄 뿐 나머지는 선으로 이루어진
다. 지붕조차도 처마 선이 가장 뛰어난
아름다움이다. 기본적으로 면 요소인 지

선의 미학이 엿보이는 율촌역의 지붕 윤곽선.

붕에서 선의 미학을 대표로 뽑아내는 나라는 한국밖에 없다. 지붕 면조
차도 기와의 돌출 정도를 심하게 해서 고랑을 내고 선 요소로 바꾼다. 기
와를 널판에 가깝게 납작하게 만든 서양이나 일본과 다른 점이다.

　선의 미학은 분명히 한국다운 정서이다. 같은 박공과 지붕을 가져도
서양식 교외 주택이나 일본식 주택은 윤곽선이 약하다. 그나마 일본식
주택은 좀 되지만, 한옥에 비하면 더 약하고 서양식 교외 주택은 훨씬 약
하다. 선의 미학은 건축에 앞서는 보편적인 한국미이다. 거추장스러울
법도 한데 한복에 고름을 갖춘다. 바람에 날리는 고름은 봄바람에 설레
는 처녀 마음을 상징하며 한국다운 여성미를 대표한다. 국수를 봐도 그
렇다. 얇디얇은 소면과 냉면에서 굵은 칼국수에 이르기까지 굵기 차이
를 가지고 선의 미학을 즐겼다. 건축에서도 처마선과 문살에 이르기까
지 선으로 집을 지었다. 간이역의 윤곽선은 이런 한국다운 선의 미학과
는 거리가 좀 있긴 하다. 일단 너무 굵으며 직선 위주이고 은근하지 못하
다. 한국다움에 유추한다면 양면적으로 판단해야 한다. 선의 미학을 드
러낸 점은 한국답지만 구체적 내용에서는 거리가 있다.

주변 농가와 흡사한 원창역 전경.

차양과 문화 융합

이쯤에서 앞에서 얘기한 원창역과 율촌역의 한국식 농가 유형에 대해
잠시 주의를 요한다. 이 모습은 사실 새마을운동 이후 소위 말하는 '슬
레이트' 지붕으로 개조한 농가 유형이지 전통적인 초가 농가는 아니다.
두 역이 세워지던 1930년대 한국 농촌 주택은 아직 초가가 주류를 이루
고 있었다. 일제가 농가까지 근대화하지는 않았다. 이렇게 보았을 때 새
마을운동에서 모델로 내세웠던 근대화된 농촌 주택 유형이 거꾸로 일제
강점기 때 지어진 근대 기차역 가운데 한국식 농가 유형을 모방한 것이
아닌가 하는 역 추론이 가능해진다. 예를 들어, 철로 쪽에서 원창역을 보
면 오른쪽 너머에 농가가 겹쳐 보이는데 둘은 별 차이가 없어 보인다.[27]
역 간판을 떼고 보면 그냥 농가 몇 채가 어우러지는 한국 농촌의 전형적
인 모습이다. 실제로 건축학적으로 보았을 때 원창역과 율촌역은 '춘

포—임피' 양식, 한국 초가, 일본식 주택 셋을 합한 것으로 분석할 수 있다. '춘포—임피' 양식의 내용은 앞에서 언급한 대로 근대 기차역의 표준설계인 '육면체 몸통에 박공지붕을 기본 윤곽으로 삼아 차양을 내고 기능에 따라 덩어리 단위들을 더한 점'이다. 한국 초가의 내용은 널브러진 전체 구성과 제멋대로인 지붕 조합이다. 일본식 주택의 내용은 차양 처리에서 찾을 수 있다.

28

인천 중구청 일본인 거리. 67쪽 사진 14, 104쪽 사진 5 참고.

차양은 한옥이나 한국 초가의 툇마루 위에도 사용되었으며 일본식 주택의 차양과 중요한 차이가 있다. 돌출 정도가 크고 적음과 상관없이 본체 지붕에 포함시켜 한 장으로 처리했다. 본체 지붕을 길게 빼서 툇마루 위까지 덮는 구성이다. 반면 일본식 주택은 2층이 대부분이기 때문에 차양의 돌출 정도가 작음에도 불구하고 본체 지붕과 별도로 한 장의 지붕을 더 만들어 덧대는 구성이다.[28] 본체 지붕 밑에 끼워 넣듯 해서 이중 지붕으로 처리했다. 2층 건물에 맞춘 상식적 처리이다. 춘포역과 임피역에 이미 이런 처리가 나타나는데 돌출 정도가 적었다. 이것이 원창역과 율촌역에서 커져 하나의 독립 어휘로 자리 잡게 된 것이다.

원창역과 율촌역은 춘포역이나 임피역과 비교해봤을 때 서양식 기능주의 특징이 확실히 약하다. 거의 없어졌다고 볼 수도 있다. 일본식 주택과 한국 농가의 두 요소의 혼용이 주요 주제이다. 일제강점기와 해방 이후의 근대화기를 거치면서, 한국 문화와 일본 문화가 복잡하게 얽히고 혼용되는 과정을 잘 보여준다. 두 문화는 같은 동북아권에 속하면서 공통점도 많다. 무엇보다 고대 일본 문화의 형성은 한반도에 그 뿌리를 두

고 있기 때문에 서로 닮은 점이 많이 있다. 공통점은 두 문화의 융합을
도왔을 것이다. 그럼에도 두 민족 사이에는 영원히 같아질 수 없는 근본
적 차이가 존재한다. 이런 차이는 일제강점기 때에도 없어지지 않고 살
아남아 원창역과 율촌역에서 한국 농가다운 또 하나의 근대 간이역 양
식으로 나타났다.

　두 역의 나머지 자잘한 특징들을 살펴보자. 제일 두드러지는 곳은 차
로 쪽 출입구 차양이다. 거의 똑같다고 할 정도로 닮았다. 차양을 길게
내고 그 위에 간판을 걸었다. 원래 박공을 얹어야 되는 부분인데 이것이
없기 때문에 간판이 박공 역할을 대신한다.[29,30] 간판의 기세가 제법 드
높다. 출입구동 몸통 크기에 비해 과하게 보이기도 한다. 간판 위에 가로
등을 건 점도 특이하다. 당연히 불을 밝혀 역명을 알리려는 것일 텐데,
조형적으로 보면 소품의 미학이 돋보인다. 다소 뜬금없는 물건이 섞이
면서 의외성도 준다. 그러나 간판과 잘 어울린다.

　차양을 받치는 지지부재도 구조미학으로 처리했다. 수평 방향으로 캔틸레버를 뽑고 사선 방향으로 트러스를 덧대서 보강했다. 그냥 놔두지 않고 멋을 좀 부렸다. 수평부재 끝을 하늘로 꺾어 올려 차양 단부를 손으로 쥐듯 감쌌다. 구조적으로는 별 역할이 없는 장식부재이지만 시각적으로는 안정감을 준다. 정성스런 손길이라는 소품의 미학도 느껴진다. 트러스 속에도 멋을 부렸다. 수직 막대 두 개를 넣었는데 그 사이를 막아서 바탕 면을 확보한 다음 표면에 문양을 새겼다.

맞이방 차양의 구조미학도 특이하다. 간이역에서는 통상적으로 기둥의 주두에 구조미학을 집중시키는데 이곳 두 역에서는 주두는 단순하게 놔두고 차양을 안쪽에서 받치는 구조에 신경을 썼다.[31,32] 율촌역은 주두에 홈통도 덧붙여 최소한의 처리를 했지만 원창역은 모든 걸 생략해서 주두 자체를 아예 없앴다. 표준설계가 한국형으로 변화하는 과정에서

31, 32 차양을 받치는 기둥 구조. 원창역(좌), 율촌역(우).

33, 34 늘어난 차양을 받치기
위해 늘어난 부재와 구조 처리.
원창역(좌), 율촌역(우).

나타난 현상으로 볼 수 있다. 한옥을 한국형의 모델로 삼았으면 기둥에
도 구조미학을 가했을 텐데 농가를 닮다 보니 기둥에까지 구조미학 처
리를 하는 것은 소박한 이미지와 안 맞는다고 생각했을 것이다.

반면 차양을 안쪽에서 받치는 구조는 부재 수도 많고 노출시켜 미학
적 장면을 연출한다. 앞에서 말했듯이 차양이 길어지면서 안쪽에서 별
도로 받칠 필요가 있었기 때문이다. 특별히 멋을 냈다기보다는 구조 처
리를 안정적으로 하다 보니까 부재 수가 늘어나고, 이것을 감추지 않고
드러내다 보니 그 자체로 일정한 조형성을 갖게 된 것이다. 장식적 구조
미학이 아닌 간결하면서 자연스러운 구조미학인 셈이다. 이 역시 한국
농가를 모델로 삼은 결과로 볼 수 있다.

두 역 모두 동일한 구조체계를 사용했다. 천장 안쪽 막음 판을 천장 보
강부재가 받치고 이것을 밑에서 한 번 더 받쳤다.[33,34] 두 번째 받치는 부
재의 구조방식은 양면적이다. 부재를 하나씩 떼어서 보면 수직으로 세

운 각목이 천장 보강부재와 한 몸으로 붙어서 받친다. 방향은 서까래와 같은 종 방향이다. 이것을 다시 공중에 띄운 보가 받치는 형국이다. 각목과 보 사이의 거리 차이가 많이 나는 안쪽 끝에서 둘을 이어주는 사선 보강부재(가새라고 볼 수도 있다)를 넣었다. 이것을 묶어서 세트로 보면 다름 아닌 삼각 트러스가 된다. 이 경우는 천장 보강부재를 밑에서 삼각 트러스 전체가 받치는 셈이 된다. 여러 부재들이 서로 얽혀있는 장면인데, 모두 각각의 역할이 있기 때문에 장식용으로 넣은 것은 하나도 없어 보인다. 앞에서 얘기한 간결하고 자연스러운 구조미학에 해당된다.

기둥의 위치가 특이하다. 기둥은 처마 끄트머리 선, 즉 차양의 제일 바깥 선에 세우는 것이 보통인데 두 역 모두 안으로 70센티미터 정도 밀어 넣었다. 차양이 길어서 끝에 세우면 스팬(span)*이 길어져 불안하다고 느꼈기 때문일 것이다. 이 대목은 주두에 구조미학 처리를 가하지 않은 이유이기도 하다. 기둥이 처마 끄트머리에 서야 주두에 구조미학을 가하는 것이 의미가 있기 때문이다. 율촌역은 그나마 홈통을 처마 끄트머리에 덧대서 원래 주두의 존재를 최소한으로 암시했다. 원창역은 이마저도 없애 기둥의 존재를 지지 역할로 완전히 국한시켰다. 주초도 두 역이 같은데 춘포역의 3단 구성을 가져다 썼다. 지면에 닿는 부분은 끄트머리를 쳐낸 완만한 피라미드형 블록으로 안정감을 주었다. 이 부재와 주신 사이에 중간 두께의 완충부재를 넣었는데 춘포역보다 높다.

원창역은 1999년에 역원 간이배치 역으로, 다시 2005년 9월 1일부터 철도공사 직원이 근무하지 않는 무인화역으로 강등되어서 맞이방이 잠겨있다. 율촌역도 마찬가지이나 맞이방은 아직 잘 관리하면서 개방하고 있다.[35] 시골 간이역 맞이방의 전형적인 모습이다. 매표소 창구가 제일 잘 남아있다. 여행의 설렘을 자아내는 요금표 간판이 창구 옆에 나란히

*스팬(span): 기둥과 기둥 사이의 거리.

율촌역 맞이방.

붙어있다. 창구 위에는 나중에 걸었을 큰 시계가 걸려있다. 창구 밑에는
작은 책꽂이를 두어 책을 비치했다. 벽면은 흰 회벽을 바탕으로 연한 녹
색 목조가 가지런히 구획한다. 여름 날 저녁에 갔는데, 전라도 지방이라
그런지 서쪽으로 넘어가는 저녁 햇살이 높은 쪽 작은 창에서 포근하게
들어오고 있었다.

chapter 4

가은역

뒷산 능선을 닮은 지붕선, 한국형 가은역

은혜를 더한다는 뜻의 가은역. 이름만큼 예쁘장한 역이다. 언뜻 보면 특별날 것 없어 보이지만 자세히 뜯어보면 섬세함이 돋보인다. 가은이라는 한국의 전형적인 시골 읍내 한가운데 자리한다. 이곳은 원래 농촌이 아니라 탄광도시였다. 가은선은 출발역 가은에서 점촌까지 석탄을 실어 나르기 위해 1953년 착공, 1955년에 개통했다. 여기에 맞춰 가은역도 1955년에 완공했다. 처음에는 은성 보통역으로 영업을 개시했다가 1959년에 가은역으로 이름을 바꿨다. 가은역은 해방 이후에도 계속 짓던 일제식 근대 간이역의 대표적인 예이다. 문화재 자료에 의하면 "일본식을 응용한 1950년대 한국형 보통역사 건축양식"이라고 되어 있다.

　석탄을 많이 사용하던 1970~1980년대가 전성기였다. 1993년 채탄을 중단하면서 탄광이 문을 닫자 가은선도 끊기고 역도 같은 운명을 맞았다. 관광열차는 1999년까지 다녔으며 무정차역으로 남았다가

가은역 철로 쪽 전경.

2004년 완전 폐쇄했다. 지금은 철로도 많이 뜯어져 폐장 분위기가 역력하다.[1] 건물도 심하게 방치해서 유리창 곳곳이 깨졌고 폐가 분위기가 느껴진다. 이런 표면과 달리 자세히 뜯어보면 약간의 증축과 수리가 있었으나 원형을 비교적 잘 유지하고 있는 편이다. 대부분의 근대 간이역들이 등록문화재로 지정만 되었을 뿐 후속 조치가 없어서 방치되고 있는데 이곳도 예외는 아니었다.

　이 일대 석탄산업을 위한 철도였던 문경선과 가은선이 폐쇄되면서 레일바이크*를 대표상품으로 내건 관광지 개발이 한창인데 가은역은 아직 그 손길이 못 미치고 있다. 이웃한 문경선의 불정역은 마치 놀이공원 핫도그 가게처럼 관광용 건물로 탈바꿈했지만, 가은역은 수익성에 대한 확신이 없고 예산이 부족한 이유로 아직 방치되고 있다. 관광 역으로 개발하는 것은 오히려 역을 죽일 수도 있는 일이라 조심해야 하나 무작정 방치하는 것도 보기 안타깝다. 자세히 뜯어보면 참 예쁜 역인데 말이다.

*레일바이크: 철로 위를 달릴 수 있도록 만든 자전거.

철로 쪽 맞이방 차양에서 본 경치.

그래도 불정역처럼 울긋불긋 화장한 것보다는 오히려 원형을 유지하며 이렇게 남은 게 다행스러워 보인다. 건축적으로 보면 "한국형"이라는 명칭을 붙이기에 충분한 한국다움을 가지고 있다. 내 눈에 예쁘게 보인 이유도 아마 이 한국다움이 주는 친근함 때문이 아닐까 싶다.

주변이 소백산맥 끝자락으로 둘러싸여 경치가 좋다. 역 앞뒤로 나지막한 산들이 에워싸고 있다. 아주 낮은 동산은 아니다. 편안함을 깰 만큼 험하거나 높지도 않다. 일반인들에게는 많이 알려져 있지 않으나 기록에 의하면 "철도 동호인들의 성지처럼 여겨질 만큼 철도 문화적으로 가치 있는 곳"이라 한다. 철도 동호인 등 알만 한 사람들은 다 알고 있다는 말이다. 철로 쪽 맞이방 차양에서 바라보는 경치가 정말 좋다. 차양 끝을 액자 윤곽으로 삼으면 건너편 산이 경치로 들어온다.[2] 왼쪽에서 완만하게 오르다 정상을 치고 오른쪽으로는 조금 급하게 빠진다. 어머니 젖무덤처럼 포근한 곡선이다. 오른쪽 너머로 뒷산이 겹쳐 보여서 급한 내림

가은역 차로 쪽 전경.

을 완화시켜준다. 역과 산 사이에 겨울 나목이 듬성듬성 서 있다. 벗은
가지가 오히려 정겹다. 군데군데 눈이 쌓여 겨울 풍경을 완성시킨다.

　이 산은 차로 쪽으로 나와서 보면 역 전경의 뒤 배경이 된다. 능선의
흐름이 편하다 싶었는데 전경과 겹쳐 보니 지붕선과 같이 흐른다.[3] 왼쪽
능선의 완만한 곡선은 역무실동의 수평선과 어울린다. 맞이방동 박공지
붕의 사선은 산, 정상부 양옆의 급한 흐름을 옮겨놓은 것 같다. 지붕선의
흐름이 주변 산세를 닮게 짜는 기법은 한국다운 건축미의 대표적 특징
이다. 한옥이나 사찰에서 쉽게 관찰된다. 가은역도 우연히 이렇게 되지
는 않았을 것이다. 누군가 일부러 맞췄을 것이다. 철로 쪽에서 보면 반대

편 산은 좀 험하다. 기울기도 급하고 봉우리는 잘게 나뉘어 변화가 심하다. 지붕선의 흐름과 맞춰보기는 무리다. 그렇다고 무작정 포기할 일은 아니다. 이런 경우에도 대처법이 있다. 따르지도 맞서지도 말고 그냥 안기는 것이다. 산은 망토를 활짝 편 것 같은데 역은 그 품에 폭 안겨있다.[4]

산속 역이라 겨울에 경치가 제일 좋은데, 차양 끝에 매달린 고드름이 자연 소품 역할을 해준다. 슬레이트 지붕 처마 끝에 부지런히 매달렸다.[5,6] 혼자 내려온 놈, 둘이 합한 놈, 셋이 뭉친 놈, 다양하다. 저마다 '나 여기 있어요!' 하면서 외치는 것 같다. 슬레이트 주름 고랑을 타고 눈이 녹아내려 만들어진 놈들이다. 삐쭉삐쭉한 모습에 그림자가 비치면서 처마 아래 벽에 문양을 그린다. 날카롭지만 꼬챙이 같은 위협은 없다. 요즘 보기 힘든 자연의 선물이려니 싶다. 마침 맑은 날이어서 푸른 하늘과 함께 보니 더 그렇다. 요즘 고드름보기가 어디 쉬운가.

경치에 취해 놀고 있는데 고드름이 녹아 한 방울 두 방울 똑똑 떨어진다. 해가 높아지자 이내 무게를 못 견디고 툭툭 떨어진다. 바닥에 떨어져 깨지는 소리가 정겹다. 고드름 보기도 힘들려니와 고드름이 떨어져 깨지는 소리를 듣기는 더 어려운 세상이다. 소리만 모으고 다니는 사람이 있다던데 고드름이 땅에 떨어져 깨지는 소리는 모았나 모르겠다. 한적하다 못해 적막해야 겨우 들을 수 있는 소리이다. 풀쩍 뛰어 하나를 꺾어 쪽쪽 빨다 와드득 베어 먹었다. 현재 남한에서 공기가 제일 좋은 지역 가운데 한 곳이라 그런지 단내가 느껴진다.

가은역은 주변 경치가 아름다운 것과는

산으로 둘러싸인 가은역 철로 쪽 전경. 158쪽 사진 1 참고.

별도로 한국 현대사의 흐름을 압축적으로 담고 있는 역이기도 하다. 일제강점기 양식을 이은 건축이라는 점에서 식민 역사의 연속이라 할 수 있지만, 한국형으로 나타난 점은 해방 이후 한국 사회의 자립 노력을 어느 정도 반영하는 것으로 볼 수 있다. 산업철도역으로 개통한 점은 해방 이후 조국 근대화의 역사와 연관이 있다. 이후 관광사업과 연계된 점은 산업화시대 이후 새로운 사회현상을 반영한다. 그러나 폐허로 방치되어 있는 점은 우리 역사에 대해 무심한 우리의 인식을 보여준다. 석탄산업의 사양화로 폐허처럼 남은 모습이 철도역사 및 한국 근대사를 알려주는 좋은 관광지가 될 수 있다는 역설도 생각나게 해준다.

5, 6 슬레이트 지붕의 고드름.

단정하면서 포근한 시골 아낙 같은 모습

건물을 보자. 전체 구성은 근대 간이역 표준설계에서 많이 안 벗어난다. 차로 쪽 전경을 보면 맞이방동이 오른쪽 끝에 위치한 편심 구도이다. 왼쪽 역무실동이 특이하다. 세 동으로 나뉘면서 길게 늘어진다.[7] 밖으로 갈수록 높이가 낮아진다. 완만하게 줄어드는 구도인데 조형적으로 여러 생각을 일으킨다. 우선 지붕선이다. 앞에서 얘기한 뒷산 능선의 흐름과 닮은 그 대목이다. 점점 낮아지는 세 동이 줄줄이 이어 붙은 장면이 마치 자식 세 명이 어머니 허리를 잡고 일렬로 늘어선 모습을 연상시킨다. 창도 이런 종속구도에 맞췄다. 밖으로 낮아지는 동일수록 창의 크기가 눈에 띄게 줄어든다. 창 크기와 건물 높이를 비례적으로 맞춘 것이다. 큰 형이 어머니 허리를 붙들고, 중간 녀석이 형 허리를 붙들고, 마지막으로 막내가 따라 붙은 형국이다. 한국다운 가족의 정과 모습이 연상된다. 푸근하다. 입가에 잔잔한 미소가 인다.

건물 전체의 수평 비례도 이런 분위기를 돕는다. 지역으로 볼 때 가은역은 산간형, 수직 비례로 짓는 것이 더 맞았을 것이다. 일제강점기 때 지

7
길게 늘어진 가은역의 역무실동과 맞이방(차로 쪽).

었으면 그랬을 것이다. 그러나 해방되
고 10년이 지나다 보니 한국다움이 많이
나타나게 되었다. 세 동으로 나뉘어 길
게 늘어선 전체 비례는 말할 것도 없거
니와 맞이방동 하나만 보더라도 춘포역
이나 임피역에 비해 많이 낮다.[8] 일단
절대 높이가 낮다. 구성요소가 생략된
것은 아니고 전체적으로 조금씩 다 낮
다. 출입문도 낮고, 차양과 역 간판 사이
의 면적도 좁다. 박공 자체가 넓적한 느
낌이다. 임피역의 박공이 뾰쪽한 것과
확실히 다르다. 밑변의 각도를 따져보
면 임피역은 45도보다 크고 가은역은 이
보다 작다. 박공 면적이 좁다 보니 차양
과 역 간판 사이의 간격도 좁아진 것이

낮아진 건물 높이와 넓은 박공(차로 쪽).

며, 역 간판과 박공 꼭짓점 사이의 간격도 당연히 좁다. 땅을 향해 오밀조
밀 모여있는 느낌이다. 하늘을 향해 퍼져나가는 임피역과 대비된다.

　이런 수평 비례는 한옥에서 볼 수 있는 한국다움의 대표적 특징이다.
가은역은 이를테면 원창역과 율촌역에 나타난 한국 농가의 편안한 널브
러짐에 기합을 좀 집어넣어 정리한 것으로 볼 수 있다. 혹은 '춘포―임
피' 양식과 '원창―율촌' 양식을 혼합한 것으로 볼 수 있다. 이런 해석은
가은역을 지은 연대를 보면 타당성이 있어 보인다. 일제강점기 때 표준
설계를 따르긴 했는데 해방되고 10여 년이 지난 후에 지었기 때문에 한
국다움이 많이 배어들어간 것이다. 그 결과 산간형의 수직 비례가 맞을

9 박공이 없는 가은역 역무실
돌출부.
10 박공과 맞이방 차양 사이에
없어진 지붕.

지역에 농촌 지역에 나타났던 한국다움이 나타났다. 원창역과 율촌역이
너무 펑퍼짐하고 무질서하다고 느꼈다면 가은역은 그런 아쉬움을 많이
극복한 모습이다. 한국다우면서도 한국 특유의 단점인 대책 없는 널브
러짐을 다잡고 몸가짐을 단정하게 다듬었다. 품성이 곧고 바른 자그마
한 시골 아낙을 보는 것 같다. 한없이 정이 넘쳐나면서도 평생 몸가짐과
생활을 반듯하게 잘 지킨 '한국의 어머니상' 이다.

　철로 쪽 구성을 보면 몸통은 표준설계를 따랐다. 맞이방동이 왼쪽으
로 쏠리면서 큰 덩치를 자랑하고 오른쪽으로 역무실을 돌출시켰다. 역
무실 돌출부에 별도의 박공을 쓰지 않은 것은 표준설계에서 벗어난 구
성이다.[9] 한국다움을 드러내는 과정에서 생략한 것 같다. 맞이방동 박공
과 차양 사이에 지붕을 넣지 않고 흰 벽에 차양만 덧댄 것도 표준설계에
서 벗어난 구성이다.[10] 역무실동 지붕의 아래쪽이 맞이방동 박공 아래로
파고드는 것이 표준설계인데 이 부분을 생략했다. 역무실동 지붕은 박

공 아래에서 뚝 끊긴다. 박공은 온전히 흰 벽만으로 이루어지고 그 중간을 차양이 자르고 지나간다. 이 차양이 역무실 돌출부까지 이어지면서 아쉬운 대로 역무실 돌출부의 지붕까지 겸한다. 역무실 돌출부에서는 위쪽 본 지붕과 함께 겹 지붕을 이룬다. 본 지붕과 그냥 합해서 지붕을 홑겹으로 길게 내려도 되었을 텐데, 자세히 보면 본 지붕과 차양이 만나는 지점에서 본 지붕을 길게 오려내 굳이 겹 지붕으로 만들었다. 겹 지붕은 일본식 주택의 특징이다. 이런 처리는 일제강점기 때 표준설계가 남아있는 것으로 볼 수 있다.

굳이 한국식이니 일본식이니 따지지 않아도 이 자체는 조형적으로 특색이 있다. 본 지붕을 오려낸 지점에서 면 요소의 변화가 일어난다(165쪽 사진 9 참고). 도화지를 오린 것 같은 형태 변화이다. 왼쪽 끝의 박공 밑동까지 함께 보면 더 그렇다. 지붕 면 위에서 박공 윤곽의 사선이 발딱 서서 치고 올라가는 변화가 재미있다. 본 지붕과 차양이 기울기와 재료가 다른 데서 오는 변화도 재미있다. 본 지붕은 경사가 급하고 차양은 이보다 완만하다. 아래쪽을 완만하게 한 기울기 차이는 안정감을 준다. 빗물을 집어넣어 생각해보자. 하늘에서 빗물이 수직으로 떨어지면 본 지붕에서 40도 정도의 기울기로 경사지게 받아쳐낸다. 슬레이트 주름은 고랑이 되어 빗물을 모은다. 이는 다시 차양에서 거의 수평에 가깝게 한 번 더 경사지게 받아쳐내고 홈통을 통해 땅 위로 흘려보낸다. 원래 홈통이 있었지만 지금은 깨져서 없는데, 잘 보면 옆에 아직 찌그러진 홈통이 남아있다. 하늘에서 땅으로의 전이를 단계적으로 받아주는 처리이다.

재료를 보면, 본 지붕은 기와 대신 슬레이트를 길이 방향으로 잘라 이어 붙였다. 차양도 기와를 쓰지 않고 양철판으로 덮었는데 서까래에 고정시키기 위해 50~60센티미터 간격으로 볼록하게 접어 올린 다음 그 부

각목을 대서 고정한 슬레이트 지붕.

분을 각목으로 눌러댔다.[11] 이런 재료를 처음 지을 때부터 썼던 것인지 나중에 고치면서 바꾼 것인지는 확실하지 않다. 기록에 의하면 이 역은 그리 길지도 않은 시간 동안 "창건, 이전(이축), 증축, 수리, 부분 철거, 폐쇄(예정, 완료), 무인화, 폐선" 등의 우여곡절을 겪었기 때문에 중간에 고친 흔적일 확률이 높다.

슬레이트나 양철판은 정식 지붕 재료가 아니고 임시 재료이다. 때문에 아무리 한국전쟁 이후 어려운 시기에 지은 것이라고 해도 기차역에 이런 재료를 쓰지는 않았을 것이다. 어쨌든 조형적으로 보면 두 재료는 정식 기와와 색다른 재미를 준다. 슬레이트는 자글자글한 주름이 매력이다. 양철판은 반질반질하면서도 투박한 표면질감이 매력이다. 중간에 집게로 집듯 볼록 접어 올린 모양도 조형적 악센트로 재미있다. 무엇보다도 두 재료 모두 허드레 재료로 '넝마미학(junk ethos)'의 조형성을 갖는다. 넝마미학은 다다(dadaism)에서 사용하는 기법인데 가은역은 물론 다

12

가은역 역무실동의 창과 구성.

다는 아니다. 허드레 재료는 세월의 때를 잘 보여주는 역할을 한다.

　본 지붕을 오려냈기 때문에 속이 드러나 보이는 것도 재미있다. 각목 위에 슬레이트를 덮은 재료 변화가 적나라하게 드러난다. 이 지점은 기본적으로 부재 수가 많고 변화도 심한데 이는 공예미학으로 볼 수 있다. 본 지붕에서 각목의 선형 부재 위에 얇은 슬레이트 판을 얹은 장면이 나타나고 그 아래로 역시 각목 위에 얇은 양철판을 얹은 장면이 이어진다. 재료, 형상, 차원 등이 전혀 다른 두 재료가 어울리는 장면은 물건을 만들 때 이런저런 부재를 이어 붙이는 것과 같은 이치이며, 이것은 곧 공예미학이다. 차양을 받치기 위해 역무실 벽에 사선 방향으로 짧게 덧댄 보강재도 구조 역할 이외에 조형적으로 공예미학을 돕는다.

같으면서 다른 창, 비대칭의 한국미학

가은역의 매력은 창이다. 우선 창의 면적과 창을 분할하는 틀이 일제강점기 동안 지어진 표준설계와 다르다. 창 전체가 수평 방향으로 넓은 면적을 확보하며 넓적하게 났다. 일부 창 면적이 가은역과 맞먹는 역들이 있긴 하지만, 대체로 벽면과의 비율만 보면 가은역이 제일 높을 것이다. 역 차제가 작기 때문에 절대 크기에 한계가 있어서 제일 크지는 않지만, 분명 최상위 그룹에 속한다. 창틀과 분할도 특이하다. 수평 방향의 작은 창으로 잘게 나눈다. 무작정 동일하게 나누지는 않고 그 속에서도 변화를 준다.

차로 쪽을 보자. 첫 번째 역무실동은 큰 창 두 개를 갖는다.[12] 각 창은 맨 위에 수평으로 긴 띠 같은 창과 그 아래 넓적한 창으로 나눈다. 위쪽 수평 창은 정사각형의 작은 창으로 4등분했다. 아래쪽 넓적한 창은 수직으로 한 번 이등분한 뒤 각 수직 창을 2단×3열, 총 6등분했다. 6등분한 각 창들도 위쪽 수평 창을 나눈 것과 같은 정사각형이다. 결국 큰 창 하나를 10개의 작은 정사각형으로 나눈 것이며, 이것이 두 개이니 모두 20개의 작은 정사각형 창을 갖게 된 셈이다.[13]

철로 쪽도 비슷한 느낌인데 구체적 내용에서는 차이가 있다. 박공을 맞이방 한 쪽에만 가지면서 역무실 비율이 다른 역들에 비해서 상대적으로 커졌다. 대부분의 역들은 맞이방동이 선로 쪽 전경의 절반을 훌쩍 넘는데 가은역은 반대로 역무실동이 그렇다. 이렇게 커진 역무실동에 큰 수평 창 두 개를 냈다. 창을 많이 내기 위해서 역무실동을 크

13
일본식 주택에서 온 창의 비례와 구성.

좌우 모양이 다른 가은역의 창(철로 쪽).

게 한 것인지, 아니면 기능에 맞추다 보니 자연스럽게 커진 것에 창을 크게 낸 것인지는 확실하지 않다. 보통 역무실동은 돌출부와 안으로 들어간 부분으로 이등분되는데 가은역은 한 덩어리로 처리하면서 전면에 큰 창 두 개를 수평 방향으로 안정되게 냈다. 두 창은 간격을 두면서 별도로 처리했다.

두 창의 모양이 특이하다. 서로 다르다.[14] 왼쪽 것이 훨씬 넓적하다. 길이도 조금 더 길뿐 아니라 높이도 낮다. 4단×3열, 총 12개의 작은 창으로 나누었다. 오른쪽 것도 여전히 수평 비례이긴 하나 상대적으로 더 늘씬하다. 4단×4열, 총 16개의 작은 창으로 나누었다. 작은 창들은 모두 넓적한 직사각형이다. 차로 쪽과 다른 점이다. 오른쪽 넓적한 창을 나눈 놈이 조금 더 넓적하다. 어쨌든 수평 방향으로 죽죽 나눈 창들이 여럿 어울린다.

가은역의 이런 창 구성은 기본적으로 일본식 주택의 특징이다. 창 면적이 벽면 전체에 육박할 정도로 넓으며 동일한 작은 창으로 나눈다. 혹은 학교 건물의 창하고도 닮았다. 초중고 건물을 보면 이런 식으로 창을 낸다. 특히 해방 이후 1980년대까지 지은 학교 건물에서 두드러진다. 가은역의 창을 클로즈업시켜 그것만 보면 기차역 창이라기보다는 오래된 학교 건물의 창으로 보인다. 실제로 중고생들에게 보여줬더니 대뜸 학교 창고나 화장실 같다고 했다. 그런데 이런 학교 건물의 창 구성 자체가 일제강점기 때 영향이 안 없어지고 그대로 남아있는 것이다. 일본식 주택에서 나온 그런 창 구성은 면적이 넓어서 실내 환경에 유리할뿐더러 동일하게 나누기 때문에 짓기에도 편해 서양식 기능주의와 잘 맞아떨어진다. 일제강점기 때 지어진 공공건물은 대부분 이런 창을 갖는데 이것이 해방 이후에 학교 건물에 특히 두드러지게 남게 되었다. 가은역의 창은 이런 영향이 기차역에까지 스며든 것으로 볼 수 있다.

완전히 일본식이지만은 않아서 부분적으로 한국다움도 섞여 있다. 철로 쪽 두 창이 전체와 속을 나눈 작은 창 모두가 닮았으면서도 다른 점이 대표적인 예다. 한옥의 창 구성을 가져온 것으로 볼 수 있다. '주제-변주' 의 미학과 비대칭의 미학이다. 한옥도 행랑채나 바깥사랑채 등은 동일한 창이 반복되지만 사랑채 본채나 안채 등의 창에는 비대칭의 미학이 넘쳐난다. 비대칭 요소들은 서로 배척하지 않는다. 안 닮으려고 애쓰지도 않고 무관심하지도 않다. 서로를 조금씩 닮으면서 배려하고 존중하는 가운데 스스로의 정체성을 지켜 비대칭을 유지한다. 닮은 듯 다르고 다른 듯 닮은 절묘한 비대칭이다. 갈라섬이 아닌 어울림을 지향하는 비대칭이다. 이렇다 보니 동일한 뿌리에서 나와(주제), 자기 개성을 최소한으로 챙긴(변주) '주제-변주' 의 미학도 함께 나타난다. 개체를 존중하면서 전체도 함께 지키려는 한국다운 질서의 대표적 특징이다. 중앙에서 통제하는 전체 질서를 최우선으로 여기는 일본식 주택의 창 구성과 다른 한국다운 감성이다.

창틀의 작은 파격.

차로 쪽은 철로 쪽보다는 비대칭이 약하다. 거의 대칭과 동일 반복에 가깝다. 자세히 보니 한 군데 완전 대칭을 깨뜨린 곳이 있다. 왼쪽 끝 맨 아래 창틀이다. 이곳만 정사각형 두 개의 동일 분할 대신 넓적한 직사각형과 수직 직사각형의 비대칭 분할로 처리했다.[15] 나무젓가락보다 조금 굵고 긴 창틀 하나를 옆으로 7센티미터 정도 옮긴 것인데 파격의 효과는 적지 않다. 장조로 안정되게 잘 나가던 멜로디에 단조나 반올림의 작은 변화를 준 것에 빗댈만 하다. 잘만 쓰면 이런 작은 변화 하나가 곡 전체의 느낌을 바꾼다. 양념처럼 톡 쏘는 강조를 줄 수 있다. 한국 사람들이 좋아하는 단조이다. 한국 대중가요 히트곡들에 단조가 많은 것이 그 증거이다.

가은역 차로 쪽 창이 그렇다. 작은 변화이나 눈에 계속 들어와서 결코 지나칠 수 없다. 한참을 보고 있노라니 입가에 지긋이 미소가 번진다. 누가 그랬을까. 창틀의 낡은 정도로 봐서 나중에 수리한 것 같지는 않고 처음 지을 때부터 이랬던 것 같다. 왜 그랬을까. 알고 그런 건지 우연히 그런 건지, 아니면 불량인 건지는 잘 모르겠으나 한국다운 비대칭의 미학을 얘기하는 대목에서 그냥 지나칠 장면이 아닌 것만은 확실하다. 해방 이후이니 한국 사람이 지었을 것이고, 창 전체에 너무 일본식 냄새가 나는 것이 싫었을 수 있다. 그리고 '에라, 모르겠다' 제일 눈에 안 띈다고 생각하는 곳에 작은 심술 하나를 부렸을 것이다. 지금 보면 귀여운 애교 정도인데, 그 파격이 결코 작은 것이 아니다. 본인은 그냥 창틀하나 비딱하게 낸 것일 뿐이겠지만, 무의식 속에 숨어 있던 한국다운 정서가 자신도 모르는 사이 살아나 파고든 것이다.

공예미학과 물건의 미학, 창을 물건처럼

비대칭의 미학이 겉으로 확실히 드러난 한국다움이라면 숨은 한국다움
도 있다. 창틀의 접합 디테일로, 공예미학 혹은 소품의 미학을 느낄 수
있다. 앞에서 본대로 지붕에서도 같은 미학이 나타났는데 그것을 창틀
의 접합 디테일에서 반복한다. 핵심은 '창틀-문설주-창턱' 사이의 접
합 장면이다. 창틀은 한 겹이 아니라 여러 겹인데 각각 기능에 따라 창
틀, 문설주, 창턱으로 나눌 수 있다. 이들 각각이 서로 마주치는 지점을
처리한 장면을 보면 그 자체가 심미성을 갖는다. 조금씩 깎고 다듬어 끼
우고 겹쳐서 접합했다. 못을 아주 안 쓴 것은 아니나 개수를 가능한 한
줄인 대신 나무 부재 끝을 섬세하게 다듬어 자기들끼리 물고 얽혀 단단
하게 접합되게 했다.

  자세히 보면 선의 겹침이 다양하고 굵기는 섬세하게 변한다. 두꺼운
창틀과 가는 창틀, 문설주와 창턱 등으로 선형 요소 자체가 여럿이다. 문
에 필요한 기능에 맞춰 만든 부재들이나 눈에는 굵기 차이로 보인다.[16,17]
굵기 차이에는 겹침도 중요한 요소이다. 창은 단독으로 존재하지 않고
분할과 접합이 필수적이기 때문에 겹침이 반드시 일어난다. 두꺼운 창
틀과 가는 창틀, 창틀과 창틀, 창틀과 창턱, 창틀과 문설주 등이 겹침이
일어나는 구체적 내용들이다. 원래 굵기가 서로 다른 부재들인데 짝짓
기가 다양하게 일어나면서 굵기 종류도 대폭 다양해졌다.

  단순 굵기만 다양해진 것이 아니다. 똑같은 두 선이 가지런히 겹치는
경우, 가운데 두꺼운 선을 두고 위아래, 혹은 좌우로 가는 선이 달라붙는
경우, 서로 다른 두꺼운 선 두 개가 겹치는 경우 등등 다양하다. 물리적

16 창의 선형 요소.
17 굵기 변화와 겹침 효과.

으로는 섬세한 차이이나 조형미로는 큰 차이이다. 도저히 단조로워서 참기 힘든 동일 분할을 리듬이 있는 장면으로 만들어서 흥겨운 볼거리로 바꿔놓았다. 이런 장면은 한옥의 창틀이나 문틀에서도 종종 볼 수 있다. 창과 문을 짜는 여러 선형 부재들이 굵기를 달리하며 겹치며 어울리는 장면이다. 섬세한 차이는 그림자도 섬세하게 만든다. 섬세한 그림자도 흥겨운 볼거리에 한몫한다. 이를테면 세필로 섬세하게 그린 초정밀화를 보는 것 같다. 한국의 어머니상에 비유하자면 곱게 늙은 잔주름을 보는 것 같다. 주름이 추한 것만은 아니다. 주름도 고울 수 있다. 한국 어머니들이 그렇다. 이 장면을 감상하려면 초정밀화를 감상할 수 있는 눈과 마음을 갖춰야 한다.

이런 공예미학은 큰 창에만 있는 것이 아니다. 출입문 양옆에 난 수직 창에서도 똑같이 볼 수 있다. 다만 창이 작고 길다 보니 나오는 장면이 다를 뿐이다.[18] 자세히 따져보자. 문설주를 얇은 판재 두 개를 겹쳐서 만들었다. 정면에서 보면 가는 선 두 개로 보인다. 굵은 창틀 선 하나에 가느다란 문설주 선 두 개가 어울린다. 창턱 쪽도 여러 선이 겹친다. 문설주가 창턱 위에도 앉으면서 창턱을 이중으로 짠 셈이 되었다. 창턱은 창폭보다 훨씬 길게 양옆으로 벽을 파고든다.[19] 이 장면 하나에서 즐길 수 있는 감상거리는 많다.

우선, 짧고 굵은 창틀과 가늘고 긴 창턱 사이에 장단이 어울린다. 장단은 선형 요소의 독특한 미학이다. 선 아니면 무엇으로 길고 짧은 것을 대볼 수 있을까. 창틀이 벽을 파고든 장면 자체가 접합의 한 형식으로 공예미학에 해당된다. 이 역시 요즘 보기 힘든 디테일이다. 시공이 귀찮아서 돈이 많이 들고 창턱이 파고든 틈새로 비가 샐 위험도 있을 수 있다. 건축이 산업화될수록 이런 내용들은 점점 사라진다. 잔손이 많이 가서 산업화에 안 맞기 때문이다. 우리도 그랬다. 공사비 절약과 '빨리 빨리'가 온통 미덕이었다. 집은 단순해졌고 집에서 손맛은 사라졌다. 이제 손맛의 흔적을 이곳 가은역에서 실컷 보고 간다.

이런 솜씨나 그 결과 나타난 접합 장면을 공예미학이라 부른다. 그 자

18, 19 가은역 출입문 양옆의 수직창(좌)과 확대 모습(우).

체가 미학요소라는 뜻이다. 공예기술은 건축부재를 만드는 데에만 사용되는 건축기술일 뿐 아니라 물건을 만드는 솜씨이기도 하다. 옷, 가재도구, 일상용품, 잡동사니 등 생활 전반에 사용되는 물건을 만드는 데 사용되는 다양한 접합방식이란 것이 있다. 매듭이 좋은 예인데, 가은역 창의 접합 디테일은 이를테면 매듭을 건축적으로 풀어낸 경우에 해당된다. 물건의 미학, 혹은 사물의 미학이다. 가느다란 선이 겹쳐 보이는 섬세함은 여기에서 나오는 구체적 장면이다.

공예미학과 물건의 미학은 기본적으로 전통문화의 산물이다. 건축술과 일상 생활용품이 산업화, 기계화될수록 이런 접합 디테일은 없어진다. 산업화된 생산방식에서는 접합 디테일이 많을수록 비용이 올라가 불리하고 공정도 복잡해져서 불량률도 높아진다. 많이 사라져가고 있지만, 공예미학과 물건의 미학은 매우 중요하다. 인간의 뇌는 이런 자잘한 자극을 받아야 건강한 정신을 유지하도록 만들어져 있다. 일상 생활용품을 보면서 자잘한 자극을 만족시킬 수 있으면 다른 곳으로 한눈을 팔지 않는다. 사람의 생활환경이 중요한 이유이다. 이부자리 하나, 숟가락 하나에도 정성을 쏟아야 하는 이유이며 우리 조상들이 실제로 그렇게 했던 이유이다.

그렇지 못할 경우 이런 자극을 다른 곳에서 찾게 되고, 게임중독, 인터넷 중독, 핸드폰 중독 등 각종 중독에 시달리게 된다. 더 심해지면 도박, 알코올, 성매매 등 다음 단계의 더 심각한 중독에 빠져든다. 산업화 사회의 삭막함을 공예의 관점에서 본 판정이다. 이런 삭막한 시대에 가은역 같은 섬세한 공예 디테일을 볼 수 있다는 것은 분명 축복이다. 오래된 건물만이 줄 수 있는 선물이다. 오래된 건물이 소중하고 잘 지켜야 하는 이유가 여기에 있다.

새 것만이 미덕으로 난무하는 세상, 세월에 갈라진 페인트칠과 비바람에 씻겨 뭉툭해진 모서리를 좋아하는 것이 죄라도 짓는 것처럼 내몰리는 세상, 그런 세상에서 나 혼자 조용히 이런 손때 묻은 것들을 온전히 즐길 수 있는 곳이 이곳 가은역이다. 낡은 것들을 맘 편하게 좋아하기 힘든 세상이다. 시대에 뒤지거나 정서에 문제가 있는 것은 아닌지, 싸구려 낭만에 걸린 신파는 아닌지, 따지고 고민하고, 백 번은 다짐하고 용기백배해야 겨우 한 번쯤 세월의 흔적을 즐길 수 있는 세상이다. 이런 세상에서 가은역은 남의 눈치 안 보고, 주변에서 손가락질 안 당하고 온전히 혼자서 맘 편하게 쉬어가듯 옛 것을 즐길 수 있는 곳이다. 괜히 수리한다고 다 망쳐놓지 말고 이 상태로 계속 지켰으면 하는 바람이다.

투박하면서 섬세한 조화, 디테일과 어울림

공예미학과 물건의 미학은 창틀에만 있는 것은 아니다. 눈을 조금 맵게 뜨고 잘 찾아보자. 차로 쪽 출입구 부분을 클로즈업시킨 다음 왼쪽을 주시해보자. 위에서부터 밑으로 내려오자면, 사선 방향의 박공 윤곽과 그 위를 덮은 슬레이트 지붕이 있다. 박공 윤곽도 두꺼운 막음부재와 서까래 단부인 가느다란 부재 두 종류이다. 그 아래로 비슷한 부재가 조각난 지붕 형태로 수평 방향으로 계속된다. 박공 아랫부분을 받치는 부재이다. 오른쪽 위쪽은 간판 영역이다. 넓적한 흰 바탕 면이 두드러진다. 왼쪽 옆의 선 요소와 대비를 이룬다.[20]

글씨 요소도 기차역에서는 빠질 수 없다. 글씨를 조형요소로 활용하는 경향은 현대미술에서 특히 두드러진다. 건축에서도 그 영향을 받아 일부러도 글씨 요소를 사용하는데, 기차역 간판에 들어가는 글씨는 일부러 넣은 것이 아니라 꼭 필요한 요소이다. 존재 이유도 더 확실해지고 조

선과 면의 대비가 돋보이는 차로 쪽 출입구.

형효과도 좋아진다. 한글, 한자, 영어의 세 종류라 더 그렇다. 간판을 잡아주는 수직 각목을 짧게 댔고 그 아래는 차양이다. 두툼한 상판이 믿음을 준다. 선으로 늘어트린 덩어리의 미학이다. 그 위에 기와 대신 얹은 슬레이트의 자글자글한 주름이 톡 쏘는 양념 역할을 한다. 상판이 조금 두껍다 싶었는데 아니나 다를까 짧으나마 사선 보강부재가 밑에서 지지한다. 그 밑으로 다시 맞이방을 알리는 간판이 있고 출입문이 아래쪽을 차지한다.

출입문도 다시 창틀과 유리, 그리고 이것을 붙들어 매는 정첩*등으로 세분된다. 왼쪽 넓은 벽면을 그냥 비워두기 심심했는지 비례가 독특한 수직 창을 넣었다.[21] 극단적으로 긴 수직 비례인데 속을 나눈 창조차도 수직 비례이다. 마지막으로 그림자가 전체 그림을 휘젓고 다닌다. 박공과 그 밑의 조각지붕, 간판과 차양, 심지어 차양 위에 얹은 슬레이트까지 존재하는 것은 모두 그림자를 드리운다.[22] 존재한다는 증거라도 되는 것

*정첩: 경첩. 문짝이나 창문을 다는 데 쓰는 철물.

같다. 그림자야 단 한순간도 그대로 머물지 않으니 시간과 계절이 바뀌면 다르게 질 것이다. 어느 한순간도 본래 그림에 어색한 법이 없다. 짧으면 짧은 대로, 길면 긴 대로, 짙으면 짙은 대로, 반듯하면 반듯한 대로, 기울어지면 또 그런대로 항상 본래 그림을 돕는다. 그럴 법도 한 것이, 본래 그림에서 나온 놈들이기 때문이다. 머물지 않아서 덧없긴 하지만 도움을 줄망정 방해하지는 않는다. 그림자란 놈의 착한 속성이다.

이런 여러 요소들이 어울린다. 세분하면 10종류 이상의 건축부재 파편들이 어울리는 모습이다. 앞에서 철로 쪽에서 봤던 것과 같은 대목이다. 지붕, 박공, 간판, 글씨, 차양, 지지부재, 문 등이 각자 자신의 역할에 충실한 장면이 보기 좋다. 사심 없이 성실하게 자기 길을 가는 선남선녀를 볼 때 느끼는 안심과 믿음이다. 꼭 필요한 것만 갖추고 각자 있을 곳에 있는 상식의 힘이다. 화려할 것도, 무리할 것도 없다. 자극과 겉장식이 난무하는 요즘, 이런 풋풋한 상식은 오히려 심미적 힘이 더 크다.

물건의 미학이 줄 수 있는 또 다른 힘이다. 어울리는 모습이 집안의 여러 물건들이 어우러진 것 같다. 각각의 존재 이유가 건강한 상식 내에서 확실하게 담보되고, 차린 모습이 그런 상식을 흠내지 않게 풋풋하다. 물건의 미학은 일상성의 가치를 이루는 하부 요소이다. 가은역은 기본적으로 부재를 많

21 가은역 출입문 옆의 긴 수직 창.
22 창과 지붕, 간판과 차양 등의 어울림.

이 쓴 역이다. 마치 일상의 생활용품이 어울리는 것 같은 장면이 두드러지는데, 이런 점은 간이역 공통의 특징이기도 하다. 가은역은 잔손이 많이 간 건물이다. 요즘 보기 힘든 '손맛' 이 느껴진다.

가은역의 '출입문-차양' 과 '면-선' 의 대비.

출입문 양옆에 난 수직 창은 1930년대 산간형에서 많이 쓰던 창 형식이다. 수직 비례를 강조하기 위한 소품 역할을 한다. 가은역도 탄광촌에 위치하면서 산간형을 생각하고 이 창을 쓴 것 같다. 그러나 결과적으로는 산간형으로 안 가고 한국다운 수평 비례로 나타났다(164쪽 사진 8 참고). 그 대신 수직 창은 구성요소로 제 몫을 한다. 우선 출입문 양옆에 호위하듯 선 장면은 건축적 격식 갖추기를 대표한다. 격식에는 분명 수평보다는 수직이 어울린다. 마치 의장대의 곧추선 총을 보는 것 같기도 하고 깃발을 꽂은 것 같기도 하다. 어쨌든, 예를 갖춰 손님을 맞는 직업정신을 느낄 수 있다.

조형적으로 보면 출입문과 차양과 대비효과를 준다. 출입문은 넓은 면적을 갖는 면 요소이고 차양은 옆으로 누운 판재 요소인데, 그 사이에서 곧추선 선 요소로 작용한다.[23] 대비는 갈등이나 긴장을 만들지 않고 가은역 특유의 어울림을 만든다. 구성력이란 것이다. 가은역은 전체적으로 구성력이 매우 뛰어난 역이다. 언뜻 보면 평범한 간이역의 전형 같지만 섬세하게 뜯어보면 도처에 아름다운 구성 장면이 넘쳐난다. 예를 들어, 출입구를 보자. 출입구가 있고 그 위에 차양을 얹고 다시 그 위에 간판을 걸었다. 진부한 모습이지만 이상하게 여기에서는 구성의 미학이 두드러진다.[24] 높이가 낮아서 그렇다. 부재들 사이에 공백이 없어서 부

'출입구—차양—간판' 이 만든 구성의 미학.

재들끼리 관계 맺기가 잘 이루어지고 있는 것이다. 수평 비례의 편안함도 구성의 미학을 돋보이게 한다. 각 부분들이 안 고치고 옛날 모습 그대로 남아 있어서 그렇다. 공예미학과 물건의 미학도 구성력을 돕는 역할을 한다. 몬드리안의 구성 시리즈처럼 파르르하고 추상 같은 분할에 의한 구성이 아니라 푸근하고 후덕한 물건끼리의 구성이다.

진짜 구성의 미학을 감상하려면 끊어보기를 잘해야 된다. 간이역은 대체적으로 끊어보기에 적합한 스케일을 가지고 있다. 전체 규모와 부재들 숫자, 부재들 사이의 거리와 조형적 어울림 등 모든 면에서 그렇다. 가은역은 특히 더 그렇다. 오밀조밀하고 부재 수가 많으며 각 부재마다 잔손이 많이 가서 다양한 구성의 미학을 만날 수 있다. 바로 '어울림' 이다. 서양식 구성과 한국식 구성의 차이라고 볼 수 있다. 몬드리안의 구성이 분할이라면 간이역의 구성은 어울림이다.

분할은 개체를 지운 중성화된 구성이다. 기하학적 조형을 지향한다.

가은역의 철로 앞 낮은 석축.

어울림은 개체를 존중해서 개체들 사이의 관계가 만들어내는 구성이다. 모자와 재킷이 어울리고, 국그릇과 숟가락이 어울리고 책상과 공책이 어울리는 식이다. 서로 말을 걸고 답을 하고 웃기도 하고 토라지기도 하는 그런 어울림이다. 의사소통이 잘 되고 얘기가 쌓이는 그런 어울림이다. 어젯밤 비바람에 망가진 부재가 "힘들었다"고 하소연을 하기도 하고, 아래 부재가 위 부재에게 "그림자 좀 걷어달라"고 부탁하기도 한다. 어떤 때는 "그림자로 포근히 덮어달"라고 부탁하기도 한다. 그러고 보니 이 녀석들이 어울리는 모습이 사람살이를 닮았다.

마지막으로 가은역에는 독특한 장면이 있다. 역을 이고 있는 낮은 석축이다.[25] 철로보다 역을 조금 높게 두면서 높이 차이를 석축으로 받은 것이다. 여기까지는 별 것 아닌데 문제는 석축을 쌓은 장면이다. 두 부분으로 나뉘는데 둘 다 독특하다. 왼쪽 부분은 돌과 콘크리트 덩어리를 사선 방향으로 어지럽게 쌓았다. 사찰에서 볼 수 있는 벽 쌓기 장면이다. 오른쪽은 낮은 담을 쌓고 위쪽 마무리를 시멘트 블록으로 했다. 시멘트 블록의 구멍 세 개를 전면으로 보이게 해서 장식효과를 노렸는데, 골목길 속 서민 주택의 담에서 쉽게 볼 수 있는 장면이다. 철로 쪽으로 나가서 석축이 역을 받치고 있는 전체 장면을 보면 더 이상 역이 아니라 골목길 속 서민 주택을 보는 것 같다. 해방 후 10년, 간이역은 일제강점기 때 표준설계라는 말이 무색할 정도로 참 많이 한국답게 변했다. 이 역시 사람살이를 닮았다.

chapter 5

일산역, 팔당역

편한 시골 할머니 품, 한국형 일산역

일산역은 지금 비교적 번화한 동네 속에 갇힌 형편이지만 지어진 당시에는 시골이었다. 그래서인지 첫인상이 시골 할머니 느낌이다. 일산역이 갖는 한국다움의 의미이기도 하다. 세월의 흐름이 느껴지는데 그 내용이 가은역과는 다르다. 가은역은 전체적 인상이 몸가짐이 반듯하면서 마음속에 한없는 정과 사랑을 갖고 있는 시골 아낙으로서의 한국 어머니상이었다. 세월의 흐름은 공예미학과 물건의 미학을 통해 주로 표현했다. 일산역은 이보다 좀 더 오래된 느낌이다. 1933년에 지어졌으니 시간이 더 오래된 탓도 있으나 이것만이 이유는 아닌 것 같다. 비슷한 시기에 지어진 역들보다 더 오래된 느낌이며 심지어 춘포역과 비교해도 그렇다. 춘포역과 임피역은 등을 꼿꼿하게 편 군인 같은데 반해 일산역은 이제 허리가 좀 휘기 시작한 시골 할머니 같다.

앞뒤 면의 인상이 좀 다른데 철로 쪽에서 보면 이런 특징이 특히 두드

러진다. 건물의 각 부분들이 제 위치에서 조금씩 벗
어나면서 살짝 찌그러진 느낌이다. 대부분 간이역
이 반듯한 수평−수직 구도 안에 들어가는 것과 다
른 모습이다. 원창역과 율촌역 정도가 이것을 깼지
만 그 모양새가 일산역과는 또 다르다. 원창역과 율
촌역은 처음부터 비정형 모습을 섞어 지었다. 반면
일산역은 처음에는 수평−수직 구도로 지었는데 세
월이 흐르면서 이쪽으로 조금 기우뚱, 저쪽으로 또
조금 기우뚱하면서 전체적으로 찌그러진 모습이 되
었다.[1,2] 마치 시골 할머니가 그렇듯이.

1, 2 일산역 철로 쪽 전경.

불안하거나 불쾌해 보이지 않는다. 오히려 친근
하고 편안하다. 군인 모습을 닮은 춘포역과 임피역
과 비교해보면 알 수 있다. 이 두 역은 처음 보면 '추
억의 간이역'이라는 말이 어울리는 것 같지만, 한국
형 역들을 보고 나서 보면 많이 다르게 느껴진다. 아
직 젊은이의 골격과 기개를 유지하고 있는 것 같다.
그래서 말 붙이기도 좀 어색하고 파고 들어가려면 용기가 필요하다. 반
면 일산역은 부담 없고 넉넉한 시골 할머니의 '품'이 느껴진다.

가은역이나 원창역, 율촌역은 '품'이 느껴지지 않는다. 가은역은 자
세 하나 흐트러짐 없이 반듯하게 앉아 바느질을 하며 엄하게 자식을 교
육하는 한국의 어머니상이다. 정이 느껴지나 속에 잘 담아 겉으로는 절
제하는 느낌이다. 부재를 많이 사용해서 선이 많이 나타난 모습은 세월
따라 하나둘 늘어난 어머니의 잔주름을 보는 것 같은데, 품에 안긴다는
느낌은 없다. 원창역이나 율촌역은 시골 농가 모습이나 품이라고 부를

일산역 철로 쪽 입구.

만한 의인화의 느낌은 나지 않는다. 건물 대 건물 사이의 대응으로 끝난
다. 그런데 일산역에서는 건물로 들어가는 느낌이 시골 할머니 품속을
드나드는 것 같다. 철로 쪽이 특히 그렇다.[3]

철로 쪽 모습을 보자. 전체 구성은 표준설계에서 많이 벗어나 보이지
않는다. 맞이방동과 역무실동 두 부분으로 구성되는데 박공은 맞이방동
위에만 됐다. 역무실동은 맞이방 차양 옆의 돌출부와 속으로 들어간 부
분으로 나누어진다. 역무실동 오른쪽 끝 부분에는 옆면에 작은 방을 하
나 덧댔다. 벽면은 역무실 전체가 길게 이어지지만 지붕은 원래 방향이
한 번 끝난 다음 짧은 사선이 방향을 바꿔 경사를 이룬다. 자세히 보면
맞이방 차양은 본 지붕과 이어져 한 몸이 되었는데, 겹 지붕을 쓰는 일본
식 주택에서 탈피한 형식이다.

할머니 품 같은 느낌은 세부 장면에서 느낄 수 있다. 차양은 부분적으
로 내려앉고 휘었다. 홈통도 수직선에서 조금 벗어나 있다. 창틀도 반듯

찌그러지고 기우뚱한 일산역 차양과 홈통.

해 보이지 않는다. 그러고 보니 벽 모서리 선도 약간 기우뚱한 것 같다. 차양도 지붕 선하고 나란하지 않고, 본 지붕과 박공지붕이 만나는 지점도 깔끔하게 맞물리지 않는다. 처마 선은 일직선을 달리지 못하고 기운다.[4] 전체적으로 자 없이 가위만 가지고 종이를 오려붙여 만든 느낌이다. 설계도면 없이 현장에서 눈대중으로 지은 것 같다. 그것도 정식 장인이 아니라 그냥 일반인이 별 수 없이 쉽게 지은 것 같다.

　전체적으로 부재가 많은 것이 중요한 요인이다. 가은역과 일산역 모두 부재가 많다는 점에서 비슷하나 구체적 분위기는 다르다. 일산역은 부재가 많지만 가은역 같은 깔끔한 구성력은 없다. 그 대신 생활의 흔적이 두드러진다. 가은역은 폐쇄되었고 일산역은 지금도 사용 중이라 그럴 수도 있다. 사용자가 그때그때 필요에 따라 가장 싼 재료로 부재들을 만들어 넣은 느낌이다. 소품을 보면 알 수 있다. 화분, 물뿌리개, 대야, 고무호스, 대걸레자루 등 거의 가정집 수준의 생활용품들이 벽 앞에 한가

살림집 분위기가 나는 일산역(철로 쪽).

롭게 너부러져 해바라기를 하고 있다.[5] 대걸레가 압권이다. 그냥 사람
사는 집이라고 말하고 있다. 특별히 멋을 낼 이유도 없고, 일본식 주택을
닮았는지 아닌지를 따질 이유도 없다. 표준설계에서 벗어났는지 지켰는
지 고민할 이유가 전혀 없다. 그냥 내 편한 대로 사는 모습 그대로이다.
시골 할머니 집에 가면 만나는 장면이다. 할머니 집이 아니라 할머니 자
신을 닮은 것 같다. '시골스럽다'는 말이 제일 잘 어울리는데, 같은 시골
이라도 살아 숨 쉬는 시골의 느낌이다. 요즘처럼 사그라지고 죽은 시골
이 아니다. 일산역에서는 늙고 낡았지만 일상을 거뜬히 꾸려나가는 시
골 할머니의 생명력이 느껴진다.

　일산역은 경의선에 속하는 역이다. 문화재 기록에 나온 경의선 부분
을 보면 이렇다. 1896년 7월 3일 프랑스의 피브릴사(社)의 그리유가 경의
철도 부설권을 얻으면서 사업이 시작되었다. 그러나 자금관계로 공사에
착수하지 못하자 한국 정부는 7월 8일 대한철도회사에 경의선의 부설권

을 특허했지만 자금·기술의 부족으로
성공하지 못했다. 그 후 1904년 러일전쟁
이 일어나자 같은 해 2월 21일 일본인에
의해 서울—의주 간 군용철도 부설을 위
한 임시 군용철도감부(臨時軍用鐵道監府)가
설치되었으며, 이를 한국 주재 일본군사
령관 예하에 전속시킴으로써 군사적인
목적을 그대로 드러냈다. 1906년 4월 3일
용산—신의주 간 철도가 완전 개통되었

일산역 맞이방 안 풍경.

고, 같은 해 9월 1일 관리권이 군용철도에서 통감부철도관리국으로 이관
되었다. 일산역은 1933년 현재의 역사가 준공되어 영업을 시작하여 현
재에 이르기까지 여객업무를 계속하고 있다.

펄럭이는 지붕과 세월의 무게, 그러나 튼실한 구조미학

일산은 원래 서울 외곽의 한적한 시골마을이었으나, 신도시가 들어서면
서 서울 도심에 버금가게 붐비게 되었다. 지금은 아파트가 앞뒤에서 포
위하고 있다. 누구 말처럼 "대형아파트 사이에 섬처럼 자리한 모습이 차
라리 아름답다"는 역설이 더 정확할 것이다. 그러나 섬은 아니어서 맞이
방은 동네 어르신이나 중고생들 놀이터를 겸하고 있다. 할머니 할아버
지들이 모여서 담소하는 곳인데 속은 겉에서 보는 것보다 더 넓은 편이
다.[6] 오후에 가서 옆에 앉아 있으면 시골 할머니들 잡담을 엿들을 수 있
다. 비닐봉지에 옷을 담아 오신 한 분이 파주 시내 시장에서 샀다며 자랑
을 하신다. "나한테는 빨간색이 안 어울리는데 그냥 샀어." 곁눈질을 해
보니 정말로 야비할 정도로 새빨간 색이다. 할머니 나이에는 주책이다

7, 8 고층 아파트와 새 역 사이에 낀 일산역.

싶은데, 잘 어울린다는 말을 듣고 싶어 미끼 밥을 던진 눈치다. 친구 할머니는 착하다. 미끼 밥을 덥석 문다. 알고도 착해서 그런 건지, 아니면 정말 그렇게 생각해선지 모르겠는데, "아유~, 아니야, 정말 잘 어울려!"라며 연신 칭찬이시다. 옷 산 할머니는 때를 안 놓치고 자랑 보따리를 풀어놓는다. "빨간색이 아무한테나 어울리는 건 아녀, 그냥 샀어." 등하교 때에는 중고생들도 들러서 놀다간다. 기차로 통학하는 수가 의외로 많은데, 학생들은 기차를 기다리면서 신나서 잡담이다.

아파트를 배경으로 한 정면 출입구 모습은 세월의 흐름과 어울려보려고 안간힘 쓰는 시골 할머니의 노력을 보여주는 것 같다.[7] 일산역은 현재도 여객 역사로 역무를 계속하면서 잘 사용하고 있으나, 오래되고 좁아서 새 역을 짓고 있는 중이다. 준공을 눈앞에 두고 있어서 이제 이 오래된 옛날 역은 곧 문을 닫을 것 같다. 아파트와 새 역 사이에 끼어 있는 모습이 조금 힘에 부치는 것 같기도 하다. 기차역뿐이 아니다. 이 일대는 오래된 읍내로 그 잔재가 많은데 주변부에서 점점 새 아파트가 밀고 들어오는 형국이다. 그래서 오래된 일산역과 읍내, 새로운 일산역과 아파트 단지가 대립구도를 이룬다.[8]

전체 계획 없이 오래된 것들과 새 것들이 뒤섞이다 보니 역 주변 풍경이 한국 현대사를 닮아있다. 급격하게 진행된 압축 근대화를 상징적으로 보여준다. 변해가는 세월의 흐름을 압축해서 모아놓은 '시간 박물관' 같다. 철로 쪽 육교에 올라가서 새 역과 옛날 역을 비교해봐도 그렇고,

차로 쪽 출입문 양옆을 봐도 그렇다. 오른쪽에서 보면 '역전 수퍼', '호수다방', '인력개발' 같은 오래된 읍내 가게들이 바로 코를 맞대고 남아있다.[9] 각도만 90도 틀어도 번듯하게 지은 아파트 모델하우스가 역시 코를 맞대고 들어섰다.[10] 일산역은 그 중간에 끼어 오랜 세월을 살아온 할머니처럼 묵묵히 서 있다.

9, 10 과거와 첨단이 공존하는 주변 환경.

그 가치를 판단할 수 있는 사람들에게야 신도시 아파트 숲 사이에 있어서 오히려 독특한 모습이 더 드러나 보이겠지만, 대부분 일산 시민들에게는 그저 낡은 옛날 건물 한 채가 자리나 차지하고 안 비키고 버티는 것으로 비치지는 않을까 걱정이다. 새 역이 준공되면 문은 굳게 잠기고 창은 판자로 막을 것이다. 새 역과 거리가 좀 있으니 한쪽 구석에 뒷방 노인처럼 처박혀 무관심 속에 애물단지 취급을 받게 될 것이다. 일산은 도시 전체에 도서관, 미술관, 대형 전시관 등 문화시설도 많고 여러 문화행사도 많이 열리는데 지자체 차원에서 일산역 활용 방안을 강구하길 기대해본다.

새 역 공사뿐 아니라 전철 복복선 사업도 진행 중이다. 경의선이 북한 지역과 연결되면서 경제협력을 상징하는 산업이 된 이후 노선 전체에 걸쳐 공사가 진행 중이다. 현재는 조금 어수선한데 승객을 위해 임시 육교를 설치했다. 육교 위에 오르니 일산역 전체를 위에서 내려다볼 수 있다. 주변 아파트에 올라가도 마찬가지이다. 등록문화재 간이역을 통틀어 공중에서 내려다볼 수 있는 여건이 마련된 역은 여기가 유일하다. 완전히는 아니고 약간 비껴선 위지만 그래도 건물 전체의 구성을 한눈에

11, 12 한눈에 내려다본 일산역
전체 구성.

볼 수 있다. 철로를 따라 긴 건물 본체가 있고 그 위에 직각 방향으로 건물 하나를 더 얹은 모습이다. 이 위쪽 건물이 맞이방동 앞뒤에서 박공을 만들어내는 주역이다. 왜 차로 쪽과 철로 쪽 양쪽에 박공이 나는지 그 출처를 한눈에 보여준다.[11]

위에서 봐도 지붕 전체가 펑퍼짐하게 퍼져 있는 걸 알 수 있다. 비례로 치면 한국다움을 대표하는 수평 비례이다. 재미있는 사실은 가은역보다 수평성이 더 강한데도 불구하고 가은역만큼 수평성이 느껴지지 않는 점이다. 아마도 '할머니 품'이라는 의인화 요소로 전환되어 느껴지기 때문에 수평 비례가 드러나지 않은 것 같다. 육교 위에서 내려다봐도 마찬가지이다. 수평 비례보다는 아래쪽 본체 지붕이 유난히 넓게 펄럭이는 것 같다는 느낌이 우세하다. 할머니 치마폭처럼[12] 몸을 던지면 포근히 안길 것 같다. 위쪽 박공지붕이 무거운지 둘이 만나는 지점이 조금 내려앉아 기우뚱해진 모습조차 영락없이 할머니를 보는 것 같다. 역 바로 앞은 아직 옛날 읍내 상태가 많이 남아있는데 일산역은 간판만 떼면 평범한 읍내 건물과 구별하기 힘들 정도이다. 수수하고 시골스럽다.

　맞이방 차양 기둥의 구조미학은 표준형을 쓴 것으로 볼 수 있으나 특
이한 점도 있다. 우선, 기둥 위에 올라오는 천장 안쪽 막음 판을 위아래
이중으로 한 다음 아래쪽 것을 다시 옆으로 두 개, 즉 쌍으로 둔 점이다.
임피역과 같은 구조이다. 위쪽 천장 안쪽 막음 판 밑에 종 방향으로 천장
보강부재를 세 개 댔고, 그 밑으로 한 쌍의 아래쪽 천장 안쪽 막음 판을
댔다.[13] 아래쪽 천장 안쪽 막음 판은 차양이 다른 역에 비해 길기 때문에
구조적으로 보강하기 위해서 둔 것인데 기둥 위를 타고 앉아 주두를 형
성한다.

　실제로도 매우 튼실해 보인다. 형태적으로도 두 팔을 나란히 뻗은 것
같은 독특한 모양을 만들어낸다. 임피역과 같은 구조인데 느낌이 다르
다. 임피역은 가랑이 사이에 몽둥이를 낀 것 같았는데 일산역은 두 팔을
나란히 뻗은 것처럼 보인다.[14] 이 부분은 여러 부재로 구성되면서 구조미
학을 잘 보여준다. 기둥이 있고 그 위에 아래쪽 천장 안쪽 막음 판이 한
쌍 올라간다. 이 쌍은 이매기를 삼분의 일 정도 높이로 물고 들어가면서
접합한다. 접합 장면도 특이해서 독립적 조형미를 가질 뿐 아니라 구조
적으로도 안정감이 있어 보인다.

15 안에서 올려다본 일산역의 차양 천장.
16, 17 길이가 다른 차양 기둥 가새 3개.

천장 안쪽 막음 판을 위아래로 두 개 쓰다 보니 차양 안쪽 면에 독특한 장면을 만든다. 차양 안쪽으로 기둥 앞에 서서 천장을 올려다보면 아래쪽 천장 안쪽 막음 판 두 개가 길게 늘어지고 그 사이에 기둥이 끼어있다. 젓가락 끝으로 긴 막대를 집어 올린 모습이다.[15] 앞에서 보면 팔을 나란히 뻗은 그 장면인데 위치를 바꾸니 다르게 보인다. 젓가락 자체는 도구지만 이것으로 물건을 집는 모습은 사람의 몸동작이니 역시 의인화에 빗댄 해석이라 할 수 있다. 일산역은 정말 여러 곳에서 의인화가 일어나는 특이한 역이다.

기둥에서 사선 방향으로 댄 가새는 간이역의 표준설계지만 일산역만의 독특한 점이 있다. 철로에 평행하게 건 짧은 것 두 개 이외에 철로에 직각 방향으로 긴 부재 하나를 더 대었다. 가새가 세 개가 된 건데, 임피역과 구조는 같아도 차이가 있다. 임피역에서는 셋의 길이가 같았는데 일산역에서는 세 번째 것이 더 길어졌다. 이 때문에 철로에 평행한 두 개보다 더 아래쪽에서 가지를 치며 올라간다.[16,17] 부재 수도 많아졌을뿐더러 길이와 방향이 다양해지면서 독특한 구조미학을 만들어낸다. 다른 역에는 없는 장면이다. 세 번째 긴 가새는 차양 깊이가 깊어지면서 생겨난 것이다. 차양이 깊다 보니까 기둥을 차양 끝에 걸지 못하고 안쪽으로 밀어 넣어 기둥과 차양 끝 사이가 캔틸레버가 된 것이다. 이것이 불안해 보였는지 캔틸레버를 보강하기 위해 긴 사선 부재를 하나 더 놓았다. 지지부재와 피지지부재 사이의 역학관계, 혹은 그 역할과 구조, 구성의 다이어그램을 보는 것 같다.

기둥이 안쪽으로 들어가고 철로 쪽으로 긴 사선 부재를 더하면서 수직 홈통의 위치도 독특해졌다. 조건이 좀 까다로워졌다. 홈통은 처마와 나란히 가는 수평 부재와 이것에 연결해서 땅으로 내려보내는 수직 부재 두 부분으로 이루어진다. 수직 홈통은 구조부재가 아니고 속이 비어서 힘이 없기 때문에 혼자 설 수 없어서 기둥에 부착시켜야 한다. 일산역은 기둥이 안쪽으로 들어갔기 때문에 수평 홈통과 수직 홈통이 위아래로 나란히 있지 못하고 수직 홈통도 따라서 들어갔다. 여기에 맞추다 보니 수직 홈통이 땅바닥에서 기둥을 따라 올라오다 중간에 사선으로 갈라져 수평 홈통과 합해지게 된다. 중간에 긴 보강부재가 있기 때문에 이것을 피하려다 보니 더 바깥쪽으로 큰 사선을 그리며 상당히 아래쪽에서 갈래를 친다. 위쪽 수평 홈통에서 물을 모아 아래로 내려보내는 관점에서 보더라도 이 정도의 기울기가 적합해 보인다.

문제는 '위쪽의 긴 보강부재와 사선 방향의 기울기를 어떻게 맞추는가'이다. 똑같이 할 수도 있는데 그러면 지루해질까봐 염려를 한 모양이다. 기울기를 다르게 해서 변화를 줬다. 기울기가 달라지니 한 번에 수평 홈통에 연결이 안 되어서 위쪽 끝 부분에서 한 번 더 꺾어 수직으로 올렸다. 수직 홈통의 사선 부분은 플라스틱 재료를 써서 나중에 고친 것이다. 원래도 이랬던 것을 재료만 바꾼 것인지, 원래는 기울기가 달랐는데 고치면서 이렇게 만든 것인지는 알 길이 없다. 어쨌든 지금의 상태를 기준

18, 19 작은 기둥 넷을 모아 만든 큰 기둥과 밑둥.

으로 볼 때 기울기가 다른 두 사선이 만들어내는 긴장감과 역동성이 독특하다.

주초 처리도 다른 역들과 조금 다르다. 끝을 자른 피라미드 블록 형태로 밑둥을 만들어서 신발을 신은 것처럼 보이게 한 것은 표준설계라 할 만하다. 주신과 밑둥 사이에 두께를 다르게 한 완충부재는 넣지 않았다. 그 대신 직사각형 널판을 덧대고 볼트로 조였다. 자세히 보니 기둥이 둘로 나뉘어 있다. 나무젓가락 두 짝을 떼어내기 전 모습이다. 바느질에 비유하자면 천 조각을 대고 두 장의 옷감을 이어 붙인 것에 해당된다. 패치워크(patch work)라는 것이다.[18] 두 기둥을 이어 붙여 하나로 만든 것도 그렇고 그것을 바느질 기법으로 처리한 것도 그렇고 다른 역에는 없는 장면들이다. 방향을 틀어 한 번 더 자세히 보니 기둥이 둘로 나뉜 것이 아니라 넷으로 나뉘었다. 작은 정사각형 기둥 넷을 모아 큰 정사각형 기둥 하나를 만든 셈이다.[19]

일산역 차로 쪽 정면.

오래된 물건을 알뜰살뜰 잘 갖춘 인상의 출입구

차로 쪽은 간이역 표준설계에 가깝다. 일제강점기 때 지어진 역이라는 증빙이라 할 수 있다. 맞이방 출입구와 차양, 다시 그 위에 간판과 박공을 갖추었다. 출입문 양옆으로 수직 창까지 냈다. 갖출 건 다 갖추었다. 전체적인 품새도 시골 할머니 같지는 않다. 춘포역이나 임피역처럼 꼿꼿하지는 않지만 그렇다고 세월의 무게에 눌린 모습은 아니다. 선로 쪽과는 확실히 다르다. 그러나 자세히 보면 간이역 표준설계와 어딘가 다르다. 차로 쪽 모습에도 일산역만의 특징이 나타난다.

제일 눈에 띄는 것은 박공 처리이다. 보통 박공은 아래 몸통과 하나로 이어지면서 넓은 면으로 나타나는 것이 표준설계이다. 일산역은 박공이 끝나는 아래 지점에서 본 지붕이 파고 들어왔다. 박공은 출입구와 갈라져서 위쪽에 딴 살림을 차렸다. 파고 들어오는 지붕은 가운데로 올수록 점점 가늘어지는 변화를 보이다 결국 차양과 합해지면서 굵다면 굵은 선을 한 획 긋는다. 안 그래도 수평 비례인 정면을 위아래로 나누어서 안 정감은 키웠으나 인상은 강해졌다. 언뜻 구레나룻이 난 괄괄한 사내 얼굴이다.[20] 수직 비례의 크고 평평한 면 하나만 있는 표준설계와 비교해 보면 특히 그렇다.

　꼭 그런 것만은 아니다. 언뜻 보는 것과 달리 시간을 들여 가만히 보고 있으면 시골 할머니 느낌이 난다. 이번에도 부재 수가 많고 낡고 오래된 것 같다.[21] 가은역과 비슷하다. 그러나 느낌은 다르다. 가은역이 시간의 무게에 다소 지친 모습이고 이것을 공예의 미학과 물건의 미학으로 바꾸는 데 성공했다면, 일산역은 시간의 흐름을 현재진행형으로 이어내고 있다. 가은역이 세월의 얘기를 속마음으로 감춰서 절제한다면 일산역은 그대로 드러낸다. 일부러 수다스럽게 얘기하지는 않지만, 똑같이 애써 감추지도 않는다. 시간을 대하고 시간을 반영하는 태도와 방식이 다른 것이다. 가은역의 부재들은 옛날 것 그대로이다. 지금과는 시간 간격이 확실하다. 그래서 더 귀할 수 있지만 반대로 비현실적일 수 있다. 일산역의 부재들은 반대이다. 세월 따라 조금씩 손질하고 바꿔온 것을 알 수 있다. 값싼 부재들이나 시간에 굴하지 않고 나름대로 정성을 갖춰 잘 버티고 있다.

값싸고 친숙한 부재들로 이뤄진 일산역 차로 쪽 측면.

　부재들을 보자. 값싼 알루미늄 출입문, 유행 지난 창살, 빛바랜 도장, 낡고 허름한 창틀, 어느 것 하나 예스럽지 않은 것이 없다. 천하지는 않지만 귀하지도 않고, 낯설지는 않지만 특별히 친할 것도 없는 묘한 중성적 느낌이다. 지금도 시장에 나가면 쉽게 살 수 있는 것들이라 현실적이다. 시간을 좀 더 들여 가만히 보고 있으면 나름대로 격식을 갖추고 멋을 부린 게 느껴진다. 부재가 많은데 알뜰살뜰 잘 짜 맞췄다. '오밀조밀' 보다는 '알뜰살뜰' 이 더 잘 어울리는데, 자꾸 철로 쪽에서 느꼈던 시골 할머니의 모습이 떠올라서 그런 것 같다.

구성력이 돋보이는 차로 쪽 입구.

　이번에도 구성력이다. 가은역에서 본 것과 비슷한 물건끼리의 어울림일 수도 있으나, 가은역보다는 사람의 존재가 함께 느껴진다. 가은역에서 물건의 미학은 사람이 빠진 물건끼리의 어울림이었다. 일산역은 물건끼리의 어울림보다는 이것들을 차려놓은 할머니가 떠오른다. 알뜰살뜰 잘 차렸다. 높지도 않은 박공 안에 큰 간판과 세 쪽 창을 촘촘히 넣었다.[22] 세 쪽 창은 각각이 다시 둘로 나뉘니 결국은 여섯 개인 셈이다. 차양은 혼자 있지 않고 본 지붕과 이어졌다. 그 아래도 마찬가지이다. 벽면은 비바람에 춥지 않을 정도로 아주 조금만 남겨두고 나머지는 출입문과 두 개의 수직 창으로 썼다.

　이런 구성은 양 극단으로 읽힌다. 사람이 빠진 기하학적 중성 느낌이거나 아니면 사람이 잔뜩 들어간 의인화이다. 가은역보다 기하학적 구성력이 더 강하게 느껴지기도 한다. 앞에서 말한 부재들의 구성은 그대로 기하 요소가 된다. 박공은 삼각형이고 큰 간판은 넓적한 직사각형, 세 쪽 창은 작은 직사각형 세 개다. 그 속을 나눈 것까지 보면 약간 수직인 직사각형 여섯 개이다. 본 지붕과 합해진 차양은 당연히 선이고 그 아래 출입문과 수직 창은 다시 사각형이다. 가은역 같은 공예미학이 없기 때문에 물건의 미학이 기하학적 구성으로 넘어갔다.

기하학적 느낌이 너무 중성적이라면 반대로 사람 요소를 집어넣을 수도 있다. 철로 쪽에서 본 할머니의 의인화이다. 할머니가 정성스럽게 차려 준 밥상 같다. 오래된 시골 밥그릇에 잡곡밥 담고, 한 귀퉁이에 이가 나가 접시랄 것도 없는 그런 접시에 된장하고 나물을 담은 모습이다. 화려하지도 감칠맛 나지도 않아 보이지만 정성으로 작은 밥상을 가득 채운 그런 밥상이다. 아니면, 숫제 시골 할머니를 보는 것 같다. 외출하려고 잘 차려 입은 모습이다. 무릎 튀어나온 작업복 바지 벗어던지고 맵시 나는 저고리로 갈아입은 뒤 스웨터를 한 겹 더 걸쳐입고, 목도리까지 두른 모습이다.

그러고 보니 차로 쪽도 편안한 수평 비례이다. 철로 쪽에서 보았던 느낌과 많이 다르지 않다.[23] 부재 구성은 수직 비례 형식인데 각 부재를 구체적으로 처리한 모습은 수평 비례로 나타났다. 출입문 양옆에 수직 창을 내고 차양 위에 세 쪽 창을 둔 것은 산간형의 수직 비례에서 쓰던 전

일산역 차로 쪽 측면 전경.

형적인 창 구성이나 전체적인 느낌은 수평 비례가 되었다. 박공 삼각형 밑변의 각도가 45도 이하의 예각이어서 펑퍼짐하게 안정적이나. 수직 창은 충분히 수직적이지 않고 세 쪽 창도 굳이 비례를 따지자면 하나하나가 이미 수평 방향으로 늘어졌다.

수평 비례는 앞서 얘기한 부재 구성의 짜임새와 같이 봐야 한다. 짜임새는 나들이 하려고 나름 잘 차려 입은 시골 할머니의 회심의 노력이다. 수평 비례는 그것이 낯선 교만이나 불안한 허영으로 나타나지 않고 평범한 푸근함으로 나타난 상태이다. 어깨에 힘 넣는다고 넣었지만 구수한 목소리에 낯익은 미소를 절대 피해갈 수 없는 시골 할머니의 나잇살이다. 철로 쪽의 퍼진 모습이 집안에 편하게 있는 할머니라면, 차로 쪽의 격식 갖춘 모습은 그 할머니가 아껴둔 옷 차려입고 읍내에 마실 나온 걸 보는 것 같다. 신도시에서 웬 시골 할머니를 만난 느낌이다. 아파트 숲을 지나고 쭉 뻗은 10차로 도로를 달려 일산역을 보러 갔다가 읍내에 마실 나온 시골 할머니 한 분을 만나 몇 시간 동안 얘기 잘 나누고 왔다.

대책 없이 옆으로 긴 팔당역과 비대칭 창

팔당역은 간이역 가운데 제일 단순하다. 제일 특이하다면 특이할 수도 있다. 일자형이라 그렇다. 그 흔한 박공 한 장 없고 돌출부도 없다. 폭 3미터에 길이 19미터의 긴 육면체 하나로 되어 있다.[24,25] 형태만 특이한 것이 아니라 들어앉은 품새와 위치도 그렇다. 플랫폼을 따라 길게 늘어서 있다. 보통은 개찰구가 있고 공터와 건널목을 지나 플랫폼에 진입하게 되어 있는데, 팔당역은 그 자체가 플랫폼이기 때문에 문만 열고 나가면 바로 기차를 탈 수 있다. 간이역을 딸내미들 말마따나 '임시역'으로 본다면 팔당

팔당역 철로 쪽 전경.

25

19미터의 단순 일자형 역사.

역이 그 표본인 셈이다. 지금도 아주 작은 역을 보면 별도의 역사 없이 플랫폼에 대기실을 겸한 가설 시설만으로 역을 만드는 경우가 있는데 팔당역은 이 가설 역을 제대로 된 건물로 지은 것으로 볼 수 있다.

어쨌든, 대책 없이 길기만 한 것 같은데 자세히 보면 상당히 한국답다. 창 배치에서 그렇다. 건축적으로 봤을 때, 이렇게 긴 건물에 창을 내는 방법에는 두 가지가 있다. 작은 창을 동일하게 반복하는 방식과 크고 작은 창을 내키는 대로 아무렇게나 배치하는 방식이다. 앞의 방식은 기능적이고 효율적이며 산업화를 상징하기도 한다. 동일성이 지배하면서 지루하고 단순해질 수 있다. 동일성의 개념을 확장하면 개체의 개성을 억압하고 모두 표준화시킨다는 뜻이 된다. 강한 통제가 필요한 경우에는 이 방식이 좋긴 하다. 군대문화가 대표적인 경우이며 자라나는 청소년에게 교복을 입혀 질서를 몸에 배게 하는 것도 여기에 속한다. 조형적으로는 대칭과 반복의 미학이 여기에 속한다. 한옥에서도 행랑채의 창은 이렇게 냈다.

우리 조상들은 같은 창을 가지런히 반복하는 것을 좋아하는 편이 아니었다. 한옥의 정수는 비대칭으로 낸 창이다. 크기, 모양, 위치 모두에서 그렇다. 큰 놈과 작은 놈, 긴 놈과 네모난 놈을 섞어 썼다. 벽 한 중간에 내기도 하고 바닥에 바짝 붙여 맨 아래에 내기도 했다. 지붕에 붙이기도 하고 한쪽으로 치우치거나 심지어 모서리에 내기도 했다. 모두 그때그때 형편에 맞추기 위해서였다. 동일한 창을 반복하다 보면 건물 속에서 사는 사람 형편과 맞지 않아 사람이 창에 맞춰 살아야 한다.

우리 조상들은 이것이 마땅치 않다고 본 것 같다. 창이 사람에 맞춰야지 어떻게 사람이 창에 맞춘단 말인가. 사람이 창에 맞추는 경우는 두 가지이다. 경제적으로 유리하던지, 아니면 동일한 반복을 통해 권위를 표현하려는 목적이 있을 때이다. 둘 모두 정작 속에 사는 사람한테는 행복한 경우가 아니다. 우리 조상은 가급적 이것을 피하려 했다. 궁궐이나 관아 같은 공공건물은 어쩔 수 없다 치고, 행랑채는 기능성이 중요하기 때문에 가지런한 창 배치를 허용했다. 나머지는 그때그때 형편에 최우선권을 줬다. 그러다 보니 창은 비대칭으로 배치된다. 그때그때 형편에 최우선권을 준다는 말은 결국 속에 사는 사람들의 생활을 먼저 배려한다는 뜻이다.

비대칭은 나름대로 미학이 있다. 우선 빡빡하지가 않다. 조금 어수룩하고 해학적일 수도 있는데 이는 친숙함의 원천이다. 사람을 압박하거나 강요하지 않아 편하게 만든다. 크기와 모양을 견주어보는 등 머릿속에서 조형작용을 유발시킨다. 조금 센스가 있는 사람은 조형작용을 대비나 닮음, 사람 사이의 관계로 해석한다. 친구들 여럿이 어울려 노는 모습, 가족이 오순도순 모여 있는 모습, 어머니가 자식을 데리고 있는 모습, 부부가 의지하고 있는 모습 등등이다. 비대칭은 절대 불안하지 않다. 좌우가 다른 모습에서 균형을 잡을 수 있다면 이는 그 사람이 균형 감각이 매우 뛰어나다는 것이 된다. 마음과 해석의 문제라는 뜻이다.

이 모든 것들이 팔당역의 창 배치에 들어있다. 출입문은 정중앙에 냈다. 중심을 떡 잡고 있다. 길이에 비해 너무 작아서 중심이랄 것까지도 없다. 그냥 좌우대칭의 기준선 정도다. 첫 단추는 대칭으로 꿰었다. 정작 좌우 창을 보면 홍겹기 만한 비대칭이다. 철로 쪽을 보자. 왼쪽 절반에는 중간 크기의 창을 두 개 냈다. 벽 중간쯤에 표준적으로 냈다. 언뜻 보면 같아 보이는데 자세히 보면 바깥쪽 것이 조금 작다. 중앙 출입문으로부터 거리나 두 창 사이의 간격 등 같은 것은 하나도 없다.[26]

26 팔당역 출입문 왼쪽의 좌우대칭 창 배치.
27 팔당역 출입문 오른쪽의 큰 창과 작은 문.

오른쪽 절반에는 큰 창 하나와 작은 문 하나를 냈다. 큰 창은 출입문에 바짝 붙였고 작은 문은 제일 바깥쪽으로 몰았다. 이번에는 크기와 형태, 심지어 간격까지 대비가 심하다. 출입문과 그 옆의 놈 둘은 덩치가 큰데 서로 어울려 작은 놈을 바깥으로 밀어내며 왕따를 시키는 것 같다.[27] 물론 이런 창 배치야 건물 속 쓰임새에 따른 기능적 결과일 뿐이지만 조형적으로 느끼는 바는 사뭇 다르다. 뭔가 극단을 지향한다. 긴 전면 전체를 놓고 보면 왼쪽 절반은 창 배치가 안정적인데 오른쪽 절반은 긴장감이 돈다. 창끼리만 비대칭인 것이 아니라 왼쪽과 오른쪽의 구성 방식까지 비대칭이다.

다섯 개의 창 전체를 놓고 생각해보자. 우선 각각의 개성이 잘 드러난다. 출입문은 말 그대로 출입문이다. 특이할 것이 없다. 기능에 충실하다 보니 표준으로 남았나. 나른 창은 그렇지 않다. 어떤 창은 가지런히 네 개로 나뉘었고 어떤 창은 수직으로 이등분되었다. 또 어떤 창은 위쪽에 큰 창 둘, 아래쪽에 작은 창 둘로 나누었다. 창 나누는 것조차 비대칭으로 했다. 위치도 누가 강요한 흔적은 없다. 맞이방, 역무실, 숙직실 등 건물 속 형편에 제일 좋게 하다 보니 이렇게 되었다. 큰 창들이 급하게 이어지는 곳은 드나듦이 많은 곳이다.

바깥에 한적하게 혼자 노는 놈도 있다.[28] 자연스러움이다. 각자 풀어놨는데 따로 놀지는 않는다. 서로 관계 맺기를 한다. 리드미컬하다.[29] 창은 소리고 벽은 쉼이다. 가락이 느껴진다. 어수선할 수 있으나 절묘한 장치가 숨어있다. 왼쪽 두 창의 면적과 오른쪽 두 창의 면적을 비교해보면 거의 엇비슷한 걸 알 수 있다(202쪽 사진 24 참고). '비대칭적 대칭'이란 것이다. 비대칭으로 보이지만 결국 대칭이란 뜻이다. 노골적 대칭이 아닌 숨은 대칭, 균형 감각의 정수이다. 이런 모든 것들은 죄다 한국다운 국민성이다.

28 외따로 떨어진 듯한 작은 문.
29 리듬 있게 이어지는 팔당역의 창과 문의 배치.

꼬마대장 팔당역, 가마놀이, 대충대충의 멋

여객 출입문은 3미터 폭의 옆면에 냈다. 19미터 길이 끄트머리에 낸 것도 특이하고, 역 간판이 건물 폭 전체를 차지하는 것도 특이하다.[30,31] 비례를 극단적으로 사용한 결과이다. 그래도 출입문 위에 차양을 내고 그걸 다시 사선 지지부재가 받치는 등 갖출 건 갖추었다. 건물 크기나 높이에 비해 역 간판은 많이 크며 차양도 깊은 편이다. 큰 모자를 깊게 눌러 쓴 꼬마대장을 보는 것 같다. 가분수의 미학이란 것이다. 면적으로 치면 팔당역은 21개 등록문화재 근대 간이역 가운데 제일 작다. 건물이 작으면 간판도 작아져야 되는데 간판 크기는 다른 역과 거의 같아 보인다. 그러다 보니 아버지 모자 눌러쓰고 폼 잡으며 골목을 휘어잡는 꼬마대장 같다. 건물 크기에 간판 크기를 맞출 생각을 못한 것일 수도 있고 일부러 작아 보이지 않게 한 것일 수도 있다. 어쨌든, 아버지 모자 눌러 쓴 꼬마 대장이건 가분수이건 그 속에는 해학이 들어있다. 은진미륵의 비례가 좋은 예다. 미륵사상이 갖는 서민다움을 기형적 친숙함으로 풀어낸 것이다. 토종 한국인의 신체 비율에서 온 것일 수도 있다. 어쨌든 모두 한국다운 정서이다.

일자형 건물이다 보니 따로 차양을 내기가 힘들게 되었다. 지붕 처마를 조금 길게 내려 뽑아 차양을 겸했다. 앞뒤로 19미터짜리 얕은 차양 두 개가 났다. 처마를 받치는 지지부재가 그대로 구조미학을 보여준다. 이번에도 구조 방식이 특이하다. 천장 안쪽 막음 판을 길게 뽑고 밑에서 천장 보강부재가 종 방향으로 받치는 것까지는 상식적 구성이다. 다음이

30, 31 독특한 위치의 여객 출입문과 간판.

특이하다. 길이가 1미터 넘게 돌출하다 보니 이를
받쳐야 하는데 벽에서 수평 방향으로 공중에 띄운
보를 내서 천장 보강부재와 접합시켰다. 이 보가
다시 불안해지자 이것을 사선 방향의 가새가 받친
다. 어렸을 때 하던 놀이 가운데 가마놀이를 보는
것 같다. 두 아이가 팔을 엮어 나머지 한 아이를 그
위에 앉히고 돌아다니는 놀이이다. 가마를 태운
것 같다 해서 가마놀이라 부르는데 아이 엉덩이를
받칠만한 방석 같은 걸 만드는 게 관건이다. 두 팔
을 이용한다. 한 손으로는 자기 팔목을 붙들고 다
른 손으로는 상대방의 팔목을 붙들면 팔목 네 개가
서로 직각방향으로 맞물리면서 정사각형의 방석
같은 것이 생긴다. 이 위에 가위 바위 보에서 이긴
아이를 태울 수 있게 된다. 다리는 몸통과 팔목 사

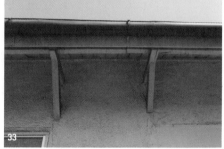
32, 33 한국다운 질박함이 엿보이는 비대칭의 차양 지지부재.

이의 공간에 집어넣으면 훌륭한 가마가 된다. 팔당역 차양의 지지부재
는 마치 가마놀이에서 손이 팔목을 붙드는 모습을 닮았다.

　지지부재의 간격이 흥미롭다. 아래에 창이 나고 그 창이 지붕 아래까
지 바짝 치고 올라오다 보니 지지부재의 위치와 충돌이 일어난다. 지지
부재는 그냥 맘대로 낼 수 없게 되었고 창과 위치 관계를 고려해야 된다.
지지부재를 창과 창 사이 벽체 부분에 내면서 가급적 창과의 충돌을 피
하면서도 동일한 간격으로 배치하려고 노력한 흔적이 역력하다. 지지부
재는 구조적 안정성과 관련되기 때문에 창처럼 비대칭으로 하는 것은
위험할 수 있기 때문이다. 그러나 완전히 가지런하게 되지는 않았다. 일
단 간격이 조금씩 차이가 난다. 지지부재의 길이도 다르다. 사선 보강부

재가 긴 놈과 짧은 놈이 양옆에서 비대칭으로 받치다 보니 보기에 따라서는 처마 차양 전체가 약간 기우뚱한 것 같다.[32,33]

구조적으로 보면 두 부재의 길이를 다르게 할 특별한 조건은 없어 보인다. 일부러 그런 것이 아니라면 그냥 만들다 보니 그렇게 된 것 같다. 한국다운 질박함이다. 엉성해 보이나 소박하다. 불안해 보여도 할 일은 다한다. '대충대충'의 미학이다. 좌우를 일부러 똑같게 만들고 모든 것을 가지런하게 놓는 것을 쓸데없는 공교로움으로 보는 한국다운 정서가 출처이다. 이렇게 하자면 얼마나 신경을 많이 쓰고 노력을 해야 할 것인가. 무너질 위험만 없다면 굳이 이렇게까지 할 필요는 없다는 것이 한국다운 정서이다.

홈통의 활약이 재밌다. 수평 홈통은 처마 선 위에 올리고 수직 홈통은 건물 벽 모서리에 덧대다 보니 거리 차이가 생겼다. 둘을 잇는 사선부재를 넣었는데 이놈의 모양이 특이하다. 수평 홈통과 접합하는 부분을 사람 손이 물건을 쥐는 것 같은 모습으로 처리했다. 여기까지는 다른 역에서도 흔히 볼 수 있는 장면이다. 재밌는 점은 사선부재의 굵기가 일정하지 않다는 점이다. 수평 홈통과 만나는 부분은 굵고 아래로 내려올수록 가늘어진다. 마치 로보트 태권V의 팔뚝을 보는 것 같다.[34] 튼튼해 보인다. 지지 기능이 없는 속이 빈 강철관이지만 짙은 청색으로 칠을 해놓으니 구조부재인 기둥보다도 더 튼튼해 보인다. 차양을 받치는 안쪽 지지부재와 겹쳐 보면 구조미학의 멋을 키워준다.

이전에는 팔당 유원지가 있어서 중앙선을 타고 팔당역에 내려 놀러오는 사람들이 많았다. 그 후 상수원 보호를 위해 유원지가 폐쇄되고 자동차가 늘면서 기차 이용객은 거의 없어지다시피 했다. 최근에 중앙선 복선화 사업으로 용산에서 출발한 전철이 원주까지 갈 예정이어서 손님들

수평 · 수직 홈통을 잇는 팔당역의 사선 부재.

이 다시 늘고 있다. 현재는 팔당을 지나 국수역까지 개통되어 있는 상태이다. 중앙선 등록문화재 간이역으로는 팔당역, 구둔역, 반곡역 등이 있고, 문화재급은 아니지만 능내역이라는 정말 아름다운 역도 있다. 한때 중앙선 복선화 사업의 일환으로 덕소에서 원주 사이의 모든 옛날 역을 헐고 새 역으로 지으려는 계획을 가지고 있었다. 그때 팔당역도 헐릴 위기에 처했으나 전문가들의 노력으로 문화재로 등록되면서 겨우 보존되었다. 구둔역까지는 보존이 되겠으나 문화재가 아닌 능내역의 운명은 장담할 수 없게 되었다.

팔당역은 '보존' 되었으나 보존이라는 말이 무색할 정도로 초라하게 구석에 처박혀 방치되어 있는 상태이다. 역 바로 옆에 쌍용양회 팔당공장이 들어서면서 공장건물처럼 되어버렸다. 지금은 팔당공장 전용선이 지나고 있어서 고압선이 설치되는 등 접근조차 쉽지 않은 상황이다.

2008년에는 새 역이 준공되면서 완전 폐쇄되었다. 근대 간이역이 폐쇄되는 경우는 세 가지이다. 손님이 없는 경우, 손님은 있어도 역이 낡고 좁은 경우, 그냥 현대화 사업의 일환인 경우 등이다. 세 경우 모두 기차역에는 우울한 상황이다. 첫 번째 경우는 오가는 사람 없이 폐가처럼 흉물스럽게 변해가기 십상이다. 두 번째와 세 번째 경우에는 폐쇄로 끝나지 않고 새 역을 짓게 되는데, 새 역과 비교가 되면서 옛날 역의 초라함이 더욱 드러나게 된다. 일산역, 팔당역, 신촌역 등이 그런 경우이다.

이래저래 옛날 역의 운명은 계속 불리해지고만 있다. 일반인의 민심도 일부 철도 마니아들의 감성과는 분명 차이가 있다. 팔당역을 새 역으로 개통하면서 손님이 몇 배로 늘었다는 통계가 그 증거이다. 도농과 덕소에 수천 세대의 대단위 아파트 단지가 개발되면서 중앙선 이용객들이 대폭 늘었다고는 하나 이들 두 역까지만이다. 덕소만 지나면 주말에만 등산객이나 나들이객이 조금 이용할 뿐이다. 새 역이 개통되면서 주말 손님, 평일 손님 모두 대폭 늘었다는 언론보도는 좀 의아한 데가 있다. 넓고 밝고 깨끗한 새 역이 좋기는 하지만 과연 없던 손님까지 늘렸을까 의문이 남는다.

중앙선의 역사에 관한 문화재 기록을 보자. 중앙선은 1939년 4월 청량리—양평 구간, 1940년 양평—원주 구간, 1942년 4월 1일에는 전 구간이 개통되었다. 양평·원주·제천·영주·안동을 지나 영천에서 대구선과 접속하며 경주까지 이르는 간선철도이다. 경부선에 이은 한국 제2의 종관철도로 중앙선은 연선 일대의 광산·농산 및 임산 개발을 목적으로 부설되었으며, 영서 내륙지방의 개발에 크게 이바지했다.

chapter 6

도경리역

표준설계의 보급과 산간형

앞에서도 말했듯이 1930~1940년대는 간이역 표준설계를 한반도 전역에 왕성하게 보급하며 확산하던 때였다. 표준설계를 단순 반복만 한 것은 아니었고, 각 상황에 맞게 적절한 변형을 가했다. 한국형은 변형의 정도가 제일 심했던 대표적인 예이다. 산간형은 한국형과 반대로 표준설계를 제일 잘 지킨 유형이라 할 수 있다. 간이역을 구성하는 기본 부재들을 빠짐없이 골고루 잘 갖췄으며 부재의 크기와 형태도 표준형을 잘 지켰다. 이를 바탕으로 산간지역의 자연환경과 어울리는 수직 비례를 구사했다.

이는 곧 일본다운 특징과 일맥상통하며 이 점에서 산간형은 제일 일본답다. 산간형은 이래저래 한국형과 반대되는 특징을 많이 보인다. 군국주의 일본군 장교를 보는 것 같은 심천역을 대표적 예로 들 수 있다. 그러나 산간형에도 차이가 있어서 반곡역은 산골처녀 같은 모습으로 나타나면서 오히려 한국다운 특징을 보인다. 이것은 산간이라는 환경을 어떻게 해석하느냐의 차이이기도 하다. 도경리역은 그 중간쯤으로 한국 다움과 일본다움이 섞여 나타난다. 이런 차이에도 불구하고 수직 비례 는 모두 공통적 특징으로 갖는다.

많은 사람들이 간이역은 전부 비슷해 보인다고 한다. 어느 정도 맞는 말이긴 하나 날카로운 분석력을 가지고 들여다보면 조형 처리에서 세밀 한 차이를 확인할 수 있다. 이 차이는 결코 작은 것이 아니다. 이 책에서 분류하고 있는 다섯 가지 유형을 나란히 놓고 보면 이 모두를 간이역이 라는 이름 하나로 묶는 것이 오히려 무리라고 느껴질 정도로 많이 다르 다. 앞에 나온 한국형과 지금 얘기하려는 산간형을 비교해보면 잘 알 수 있다. 원창역, 율촌역, 일산역은 한가로운 시골 농촌에 자리하고 있어 산 속에 자리 잡은 산간형과 입지부터 반대된다. 건물을 구성하는 부재와 구사하는 어휘도 상당히 다르다. 한국형 가운데에서도 가은역은 산속에 있지만 전체적 인상은 차이가 크다.

각 건물마다 설계자가 다를 것이고 더욱이 정식 건축가는 아니었을 것이다. 현재 설계자의 기록이 안 남아있는데, 따로 설계자 없이 기관에 서 했을 수도 있다. 설계 도면이 완전히 없지는 않았지만 현장에서 분위 기에 맞게 짓는 방식이 더 크게 작용했을 수도 있다. 건물에 따라 조형성 에 차이도 나서 이런 보급기에 지어진 많은 예들이 모두 뛰어나다고 볼 수는 없다. 그러나 대체적으로 섬세한 감수성과 깊은 사고력으로 산간, 평지, 바닷가, 도심 등 대지 상황 및 분위기에 맞게 잘 대처해 지은 내용 들을 충분히 추적해볼 수 있다.

창, 매스, 차양, 지붕 등 기차역을 이루는 기본 구성요소들을 적절히 구사할 줄 아는 탄탄한 기본기를 읽을 수 있으며 이를 상황에 맞게 변형시켜 사용할 줄 아는 응용력도 관찰된다. 지나치게 튀거나 과도한 멋을 부리는 등의 일탈은 자제하면서 어느 한쪽으로 치우치지 않으려는 중용의 미덕도 보인다. 이런 특징들은 매우 한국적 정서이기도 해서 근대 간이역에 한국다움이 배어들었다고 주장할 수 있는 근거로 볼 수 있다. 설계나 축조 과정에 한국 사람들이 어떤 형식으로든지 간여한 결과가 아닐까 추측해본다.

한반도 전국 각지에 많은 역들이 지어질 당시 100퍼센트 일본인들이 설계하고 짓지는 않았을 것이다. 한국인들도 일정 부분 참여하고 의견을 내면서 한국의 정서가 조형 처리로 전환되어 반영되었을 것이다. 한국 땅이었기 때문에 더욱 그렇다. 어떤 식으로든 한국의 정서가 스며들었을 수밖에 없다. '장소의 혼' 혹은 '장소의 힘'이라는 것인데 '인삼을 일본에 심으면 무가 된다'라는 속담을 뒤집어 생각하면 된다. 다소 미신적 의미를 갖는 요소일 수도 있고, 현지 사람들의 집합 정서 같은 인간적 요소일 수도 있다. 눈에 보이지 않는 '땅의 기운'이 있다.

표준설계가 보급되기 시작한 시기도 중요하다. 1930~1940년대면 일제강점기 후반으로 일본 사람들도 한국에 많이 동화된 시기이다. '내선일체'는 한국을 일본식으로 고치려는 것이지만, 문명이란 것은 물이 위에서 아래로 흐르듯 한 방향으로만 전개되지는 않는다. 지리적으로 거의 붙어있다시피 하면서 인적 왕래가 빈번했고 많은 일본인들이 한국 땅에서 한국 사람들과 피부를 맞대며 살았기 때문에 일본에도 한국적 동화가 일정 부분 일어났다. 역사의 끈을 늘려 추정해보자면, 고대는 물론 조선 초기까지만 해도 우리 문화가 일본으로 건너간 것이었기 때문에 일본 사람 유전자에는 한국 문화를 흠모하는 무의식이 깔려 있었을 것이다. 한국 문화가 양반문화는 격식을 따지지만 서민으로 내려오면

언덕에서 내려다본 도경리역.

정반대로 격식에서 자유로운 편한 것이라는 점도 동화하기 쉬운 중요한
요인이다. 이런 과정을 거치면서 간이역은 다양한 특징을 보이며 분화
했는데 산간형도 그 중 대표 유형이다.

산간에서 찾은 한국다움, 수직선과 수평선 사이

도경리역은 위치부터 특이하다. 다른 역들이 어떤 형식으로든지 큰길가
에 면하는데 반해 이 역은 후미진 곳에 터를 잡았다. 태백으로 가는 38번
국도에서 갈라져 들어가면 800미터 더 들어간 곳에 있다. 작은 간판 하
나가 자신의 존재를 알리는 전부이다. 능선을 따라 길을 새로 닦았는데
도경리역 전용 도로이다. 길 이름부터가 '도경리역길' 이다. 중간에는
아무것도 없고 도경리역 앞에 농가 몇 채가 오순도순 모여있다. 언덕을
굽이돌아 꽤 들어가면 둥그런 큰 공터가 나오는데 이곳이 도경리역의

보금자리다.

그렇다. '보금자리'라는 말이 맞을 정도로 아늑하고 깊은 속에 포근하게 안기듯 자리를 잡았다. 언덕을 돌아 내려오다 보면 저 아래 평화롭게 서 있는 오래된 역사가 하나 보인다. 앞에 작은 광장을 가지면서 농가 몇 채와 한가롭게 어울린다.[1] 정면 왼쪽에 방을 하나 덧댄 것 말고는 다행히 손을 대지 않아 본체는 본래 모습에 가깝게 유지되고 있다. 특히 등록문화재 간이역은 대부분 지붕을 아스팔트 싱글로 교체했는데 도경리역은 보기 드물게 처음 지을 때 썼던 '일본식 기와'가 그대로 남아있다. 지붕은 모자이고 기와는 머리털이다. 머리털과 모자가 사람의 인상에 중요한 영향을 끼치듯 지붕과 기와는 건물 인상을 결정하는 데 결정적 역할을 한다. 기와만 아스팔트 싱글로 바꿔도 오래된 분위기는 대폭 줄어든다. 간이역에 담긴 세월의 의미와 그에 따른 서정성도 따라서 줄어든다. 이런 점에서 볼 때 도경리역은 짓던 당시의 기와를 그대로 간직하고 있기 때문에 그만큼 세월의 흐름을 가감 없이 보여준다. 주변 분위기와도 잘 어울린다. 강원도 깊은 골짜기 속에 세월의 때를 안고 고즈넉이 서 있는 모습이 간이역이라는 명칭과 매우 합당해 보인다.[2]

도경리역 철로 쪽 전경.

도경리역은 산간 양식치고는 수직선이 그렇게 두드러지지 않는다. 그러나 곳곳에 수직적 느낌을 주려는 조형장치들이 숨어있다. 은근하면서도 수직적 의도를 명확히 밝히는 뛰어난 조형 처리들이다. 동시에 한 쪽으로 치우치는 것을 경계하며 수평선 유지에 힘쓴 균형감도 읽힌다. 창, 매스, 지붕 등 기본 요소를 적절히 활용해서 차로와 철로 양쪽에 공통점과 차이점을 주는 조형감각

도경리역 차로 쪽 전경.

이 돋보인다. 한쪽으로 치우치지 않으려는 노력은 수직선—수평선의 대립 구도에만 나타난 것이 아니라 여러 특징 전반에 걸쳐 공통적으로 나타난다. 이런 균형감과 은근함은 한국다운 조형미를 표현한 것으로 해석할 수 있다.

차로 쪽에서 전경을 보면 수평선과 수직선의 느낌이 동시에 느껴진다.[3] 안정적으로 길게 뻗은 모습은 수평선을 드리우나 건물 몸통이 지붕 아래까지 치고 올라간 높이를 보면 수직선의 느낌도 갖게 된다. 건물 규모가 작아서 높이의 절대치 자체는 크지 않으나 비례로 봐서는 이마를 바짝 올려 깎은 느낌이다. 특히 차로 쪽 정면에 방을 하나 덧대서 몸통의 전체 길이가 짧아진 것처럼 보이며 상대적으로 수직선이 더 느껴진다.

이런 느낌은 다른 장치들에 의해서 보강된다. 우선 눈에 띄는 게 창이다. 수직 창이 주를 이룬다. 3:1 비례에 육박하는 수직으로 긴 창을 주요 모티브로 썼는데 세 개를 나란히 두어 그 효과를 높였다.[4] 다른 역들에서는 찾아볼 수 없는 극단적 비례이다. 강원도 산골 나무를 보는 것 같다.

4 차로 쪽 수직으로 긴 창.
5 간판과 차양 사이에 난 세 쪽 창.

창 분할도 수직선에 맞게 했다. 위쪽에 정사각형 크기만큼을 나무판자로 막고 아래쪽 1:2 비례의 직사각형 부분은 좌우로 2열, 위아래로 4단, 총 8개로 나누었는데 크기가 모두 달라 규칙성은 없으나 전체적으로 수직 비례가 주도한다.

창의 배열도 수직선을 돕는다. 차로 쪽 정면에는 이런 창을 출입구 옆에 세 개를 반복했다. 수직선을 강조하는 배열이다. 창 옆의 출입구 매스와 함께 보면 수직선은 더 강하게 드러난다. 출입구 자체가 수직 비례이며 박공 삼각형의 꼭짓점이 하늘을 향하고 그 아래 다시 수직 출입문이 더해지면서 키 큰 수문장을 보는 느낌이다. 차양 위에 창이 한 줄 들어간 처리는 수직선을 강조한 역들, 특히 산간형 간이역들에서 공통적으로 발견되는 세 쪽 창이라는 것이다.[5] 이곳에서는 다른 산간형 역들보다 창의 높이가 낮긴 하나 창이 아예 없는 경우보다는 분명 수직 비례를 강하게 느끼도록 처리하고 있다. 창 때문에 출입구가 몸통에서 분리되어 단독으로 서 있는 것처럼 보이면서 몸통의 수평선에 의한 중화작용이 사라져서 더 그렇게 느껴진다. 결과적으로 작은 수직 창 세 개와 큰 수직 매스 하나가 나란히 서 있는 형국이 되면서 차로 쪽 정면은 수직선이 지배하는 구도가 되었다.

철로 쪽도 구성은 다르지만 결과는 같다. 건물 전체의 비례는 차로 쪽과 유사하게 수평선과 수직선의 중간 상태이다.[6] 그러나 천천히 뜯어보면 수직선이 지배적이다. 우

도경리역 철로 쪽 전경.

선 차로 쪽과 같은 비례의 창을 썼다. 이번에는 역무실 돌출부와 그 옆 몸통 두 곳에 냈는데 역무실은 네 개, 몸통은 다섯 개를 각각 냈다. 그런데 창 사이에 간격을 두지 않고 연속으로 붙여서 냈다. 큰 창 하나를 오징어 다리 찢듯 네 개의 긴 수직 창으로 분할했다고 보는 것이 더 정확하다. 특히 역무실 돌출부에서는 전면 폭을 여백 없이 창으로 꽉 채웠다. 이런 기법은 일본식 주택에서는 흔한 장면이다. 물론 차이도 있다. 일본식 주택에서는 창 분할이 자잘한데 이곳에서는 크게 나눴다. 이는 2차 대전 이후 현대건축에서 주로 나타나는 다소 과감한 창 배치인데 이곳에서 벌써 시도했다. 목적은 여러 가지인데 이곳에서는 분명 수직선을 노렸음에 틀림없어 보인다.

역무실 돌출부 전체의 비율과 함께 보면 이해가 쉽다. 1:2에 육박하는 껑충한 비례이다. 차로 쪽 출입구 부분보다 더 수직적이다.[7] 박공 삼각

철로 쪽 역무실 돌출부.

형은 정삼각형보다도 더 안정적인 예각을 이루나 전체 비례가 수직적이기 때문에 꼭짓점이 충분히 뾰족해 보인다. 이런 전체 매스에서 폭 전면을 수직 창 네 개를 꽉 채워 분할하는 기법은 상반되는 효과를 동시에 준다. 하나는 수직선 자체를 강조하는 것이고 다른 하나는 이와 반대로 수직선을 중화하는 것이다. 1:2에 가까운 수직 매스를 수평으로 분할하면서 여러 토막으로 분리시키기 때문이다. 수직선 한쪽으로 치우치는 것을 막기 위한 중화작용이다. 창 위에 낸 차양과 박공 속에 넣은 간판도 이를 돕는다. 건물 전체에서 느껴지는 '수직선과 수평선의 중간 상태'라는 큰 명제를 깨지 않고 지키려는 의도이다. 어느 한쪽으로 치우치는 것을 피하려는 한국적 정서인 셈이다.

수직선을 중화시키려는 의도는 차로 쪽 출입구동과 비교해 보면 더 명확해진다. 차로 쪽 매스는 전체 비례가 이곳만큼 수직적이지 않다. 그 때문에 중화작용이 필요 없고 오히려 부족한 수직 비례를 강조하기 위한 추가 처리를 가했는데, 출입구 차양 위에 세 쪽 고정창을 한 줄 더 넣은 것이 그것이다. 반면 역무실 돌출부는 매스 자체가 강한 수직 비례를 갖기 때문에 수직선을 강조하는 것보다 중화작용이 더 필요하다고 판단한 것 같다. 수직선이라는 같은 모티브를 적용하면서도 처한 상황에 따라 후속 처리를 그에 맞게 다양화시킨 점에서 한국다운 상대주의의 좋은 예라 할 수 있다.

서민다운 자연스러움과 한옥의 개별다움
이처럼 도경리역은 강원도 산속이라는 주변 환경에 맞춰 수직선이 주도

8

뒷동산을 배경으로 한 도경리역의 철로 쪽 전경.

적 분위기를 내면서도 수평선과의 조화를 꾀하는 양면성을 보인다. 둘
모두 뛰어난 조형 처리이다. 자연환경에 맞춰 한 가지 모티브를 대표적
으로 사용하는 것은 건축 디자인에서는 기본적 접근방식이다. 바닷가나
사막에서는 수평선을, 산악 지역에서는 수직선을 사용하는 것이 쉬운 예
이다. 높지 않은 뒷동산의 둥근 윤곽을 본뜬 한국의 초가지붕은 좀 더 세
련된 예로 볼 수 있는데, 이것으로 건물이 자연환경의 분위기를 따르는
경향을 한국의 건축 정서로 확대 해석해 볼 수 있다. 그러면서도 과장하
거나 한쪽으로 치우치지 않고 은근하게 표현하는 경향을 띤다.[8]

두 경향을 합하면 '자연스러움'이 되는데 도경리역에서 수직선과 수
평선 사이의 균형을 취하면서 은근히 수직선을 강조한 처리가 그 좋은
예이다. 조금 말을 바꿔보면 서민다운(요즘 말로 소시민다운) 겸손함이라

할 만하다. 규모가 작거나 건축 처리가 단순하다고 모두 서민답게 느껴지는 것은 아니다. '서민' 과 '서민다운' 것은 다르기 때문이다. '서민다운' 이라는 말속에는 '서민 특유의 미학' 이라는 뜻이 포함되어 있다. 따라서 서민이라고 모두 서민다운 것은 아니며 서민이 아니더라도 서민답게 될 수도 있다. 소박하면서도 일정한 여유가 있고, 검소하지만 구차하지 않은 최소한의 멋을 갖춘 양면적 품격이 서민의 미학이라 할 수 있는데 도경리역이 그렇다.

이 역이 위치한 동네가 도시나 읍내가 아니라 다소 외진 작은 시골마을이라는 점과도 연관성이 있어 보인다. 역 앞 광장을 끼고 몇 채의 농가가 평화롭고 편안하게 자리 잡았는데, 역이 지어질 당시에는 지금보다 더 소박한 시골 민가였을 것이다. 역은 이런 집들 사이에서 너무 튀고 싶지 않았을 것이다. 자연환경을 닮자니 수직선을 강조하고 싶고, 주변의 집들을 닮자니 그 반대여야 하는 양면의 어려움에 처했을 것이다. 해답은 간단했다. 둘 사이의 균형을 취하면서 자연스러움을 추구한 것으로 났다.

농가 지붕 너머로 본 도경리역.

역 앞을 어슬렁거리며 돌아다녀보면 이런 느낌이 확실해진다. 도경리역은 외진 곳에 폭 들어앉아서 주변을 어슬렁거리기 좋다. 광장 맞은 편 언덕으로 올라가 보았다. 예쁘장한 농가가 있다. 해방 이후 대도시 골목길에도 많이 지었던 전형적인 서민 주택이다. 시골 농가라 마당 활용이 더 활발하다. 이 집 앞에서 도경리역을 내려다보면 크게 달라 보이지 않는다. 농가를 더 많이 닮게 지었으면 원창역이나 율촌역 같은 한국형이 되었을 법하다. 이 농가 아래에 다른 농가가 한 채 더 있는데 지붕과 도경리역

10
박공이 없는 철로 쪽 맞이방 입구.

이 겹쳐 보인다. 직접 비교할 수 있다. 이렇게 겹쳐보면 도경리역의 서민다운 의지를 확인할 수 있다.[9]

　이 역의 또 다른 특징은 차로 쪽 박공과 철로 쪽 박공의 위치가 어긋난다는 점이다. 한눈에 들어오지도 않을뿐더러 앞뒤를 오가며 본들 사전 지식이 없으면 파악하기 힘든 특징이다. 이런 내용이야 역 앞에 서 있는 문화재 안내문에도 써 있지만, 이런 내용이 왜 중요한지 그 의미를 알려면 건축적 감성이 필요하다. 이것은 한마디로 비대칭이라는 한국적 건축 정서를 건물의 앞뒷면에 사용한 뛰어난 조형 처리이다. 건물의 한 쪽 면에 창, 출입구, 지붕, 돌출부 등을 사용해서 비대칭을 드러내기는 쉽지만 앞뒷면을 동시에 생각하기는 쉽지 않다. 앞뒷면을 활용한 비대칭은 한국다움이 듬뿍 담겨있는 구성이다. 얼른 드러나지 않는 숨어있는 처리라는 점에서 은근함이라는 한국다움에 대응시킬 수 있다.

　앞뒷면 박공의 위치가 어긋난다는 것을 건축적으로 해석하면 철로 쪽

맞이방 옆에 난 노천 출입구.

맞이방 위에 박공이 없다는 뜻이 된다.[10] 앞에서 춘포역과 임피역의 차이를 설명할 때 나온 춘포역 구성이다. 철로 쪽 박공은 역무실 돌출부 한 곳만 가지면서 철로 쪽 입면은 상대적으로 얌전해졌다. 어울림의 미학도 약해졌다. 춘포역에서는 이것이 아직 표준설계에 못 이른 미완성으로 해석되는데 이곳 도경리역에서는 표준설계를 단순하게 만든 것으로 볼 수 있다. 건물 규모가 작은데다 산간 시골에 지어지면서 모든 것을 다 갖추는 것이 무리였다고 판단했을 것으로 보인다.

　도경리역의 또 한 가지 특이한 점은 맞이방을 통과하는 정식 출입구 외에 건물 측면에 출입구가 더 있다는 것이다.[11] 맞이방을 통과하지 않기 때문에 노천 출입구라 부를 수 있는 것으로, 진해역이나 송정역에 있던 것과 같은 개념인데 바닷가에 위치한 두 역만큼 사용인구가 많지 않은 점을 생각하면 이렇게 처리한 이유가 명확하지 않아 보인다.

　지정문화재 조사보고서에 적힌 내용들에서 추정해보면 한마디로 주

승객이 많을 때 편리한 도경리역의 노천 출입구.

민들을 위한 서비스로 생각할 수 있다. 승객이 제법 많았던 옛날 들고날 때 편리하도록 만든 시설이라는 뜻이다.[12] 정리해보면 "도경리역은 자동차가 일반화되기 전까지 배후 도시인 삼척시를 위한 주요 교통시설로서 삼척 시민들이 주로 이용하던 역이었다. 삼척시에서 이용할 수 있는 역은 동해역과 미로역이 있으나 동해역은 꽤 떨어진 동해시에 있었고 미로역은 도경리역보다 더 먼 곳에 있었다."

깊숙한 외진 곳에 위치하고 규모가 작은 것에 비해 이용자 수가 많아 기차가 한 번 들어오면 꽤 많은 승객이 우르르 몰려나왔음을 추측해볼 수 있다. 번잡함을 덜기 위해 한 번에 많은 사람이 나갈 수 있는 측면 출입구를 별도로 둔 것이다. 이는 맞이방 출입구의 문 형식을 봐도 알 수 있다. 현재는 알루미늄 여닫이문으로 바뀌었으나 안쪽에 도르래가 남아있는 것으로 보아 원래는 도르래 달린 쌍 미닫이문이었던 것을 알 수 있다. 승객이 많을 경우에는 여닫이문보다 불리하기 때문에 별도로 노천 출입구를 둔 것이다.

노천 출입구 덕분에 도경리역은 실제보다 커 보인다. 21개 등록문화재 간이역 가운데 도경리역은 팔당역에 이어 두 번째로 작다. 59.98제곱미터의 면적(18.14평)으로 팔당역과 2.98제곱미터(0.9평)밖에 차이가 나지 않으니 제일 작다고까지 할 만하다. 그런데 생각보다 그렇게 작아보이지는 않는다. 수직 비례와 노천 출입구 덕분이다. 노천 출입구는 이런 기능적이고 실용적인 목적 이외에 조형적 특징도 만들어내는데 그 내용은 상당히 다양하다.

그 내용은 철로와 차로의 두 지점에 따라 다르게 나타난다. 철로 쪽에서 보면 맞이방 앞 차양과 합해지면서 비대칭 미학을 강화한다. 차양이 건물을 벗어나 옆으로 확장되면서 다른 역에는 없는 장면을 만들어낸

다. 예를 들어, 오른쪽에서 쳐다보면 지붕 선이 차례로
낮아지는 점감 구성을 이룬다. '역무실 돌출부 지붕—
맞이방 지붕—노천 출입구 차양' 순으로 세 장의 지붕
이 점점 낮아지면서 편안한 기울기를 만들어낸다.[13] 가
은역 차로 쪽에서 봤던 장면이다. 정면에서 보면 차양이
독립적 존재로 읽히면서 본체에 부속된 종속관계에서
해방된 느낌이다. 특히 지붕과의 관계가 마치 지붕과 차
양이라는 두 장의 큰 면을 위아래로 병렬시킨 것처럼 보
인다.[14] 이는 이중 차양이라는 일본식 주택 구성에서 탈
피하는 효과를 준다.

13 철로 쪽 오른쪽에서 보면 지붕선이 점점 낮아지는
도경리역의 구성.
14 철로 쪽 정면에서 보면 본 지붕과 차양이 두 장의 큰
면을 이어 붙인 것처럼 보이는 구성.

　한 발 더 나아가 조심스럽게 한옥의 특성에 유추시켜
본다. 이런 장면이 한옥의 일반적 특징은 아니다. 앞에
서 말했듯이 한옥의 지붕은 홑겹이 일반적 특징이다. 그
러나 충북의 내륙 한옥에서는 일부 겹 차양도 쓰였는데
그 모습이 도경리역의 노천 출입구와 닮았다. 차양이 지
붕에 종속되는 것으로 읽히지 않고 개별 요소를 덧댄 것
처럼 읽히는 것이다. 이를 좀 더 일반화해보면 개별다움
이라는 한옥의 특징의 일환으로 볼 수 있다. 일본식 주택이 총체적 질서
가 강한데 반해 한옥은 개별 요소들에 자유를 더 많이 주는 편이다. 행랑
채—사랑채—안채가 각자 형편에 따라 자유롭게 분화한다거나 창도 각
방의 상황에 따라 모두 달라도 상관없다. 반면 일본식 주택에는 이런 자
유가 없고 총체적 질서 속에 모든 것이 종속된다. 이런 차이는 두 나라
국민성의 차이와도 같다. 일본인은 중앙에서 강요하는 강한 통제를 좋
아하는 반면 한국인은 각자 알아서 하게 놔두는 것을 좋아한다. 따라서

개별다움은 또 다른 한국다움인데, 도경리역에서 노천 출입구를 둠으로써 차양이 독립한 것처럼 느껴지는 장면은 이것의 한 예로 볼 수 있다.

한국적 가족관계를 표현하는 '출입구' 박공

차로 쪽에서는 멀리서 볼 때와 가까이서 볼 때가 달라진다. 멀리서 보면 박공 세 장이 겹쳐지면서 독특한 조형성을 만든다. 이를 감상하기 위해서는 차로 쪽 오른쪽 측면 45도 각도로 방향을 잡고 10여 미터 정도 떨어져서 봐야 한다. 그러면 다른 역에서는 볼 수 없는 매우 독특한 장면이 만들어진다. 건물 본체의 박공 두 개와 노천 출입구의 박공 하나, 총 세 개의 박공이 어울리는 모습이다.[15]

간이역에서는 볼 수 없는 장면이나 본체에 차양이 달라붙는 이런 모습은 사실 일제강점기 때 지어진 건물에서는 자주 쓰이던 서양식 덧붙임 기법 가운데 하나이다. 이를테면 서대문형무소에서도 이와 유사한 장면이 관찰된다. 요즘도 일부 서양식 전원주택에서 출입문을 옆면에 두면 이것과 비슷한 장면이 된다. 특히 이런 식의 차양은 '로자(loggia)'라고 불리는 서양식 건축물로 우리로 치면 누각이나 대청, 혹은 처마 밑 공간 등에 해당된다. 그런데 묘한 것이, 이 장면을 가만히 보고 서 있노라면 건축기법은 서양식이나 이상하게 한국다운 정서가 느껴진다. 왜 그럴까.

일단, 박공 세 장이 이렇게 모여 있는 장면은 흔하지가 않다. 출입구를 옆면에 내는 처리는 흔하지만, 여기처럼 어울림의 느낌은 들지 않는다. 박공은 보통 잘해야 본체 지붕과 출입구 차양의 두 장이며 그나마도 거리를 두며 떨어져 있다. 도경리역은 박공이 세 장일 뿐 아

3개의 박공. 차로 쪽 오른쪽 전경.

니라 간격도 다닥다닥 붙어 있다. 어울림의
양상도 매우 한국적이다. 마치 부모가 어린
아이를 끼고 있는 것 같다. 본체의 크고 높
은 박공 두 개는 부모이고 노천 출입구의
작고 낮은 박공은 아이 같다. 정면 출입구
의 박공은 밖을 대하면서 도경리역임을 알
리는 간판도 달고 있으니 이를테면 가장,
즉 아버지다. '박공 삼각형−간판−창−차
양−출입구'로 이어지는 모든 구성요소가
좌우대칭이니 엄격한 가부장을 상징한다.
가장으로서 문패에 이름을 내거는 존재에
어울리는 구성이다.[16]

16, 17 박공 셋의 위치와 간격, 어울림 양상.

　반면 측면 박공은 어머니다. 옆으로 살짝
돌아앉은 다소곳한 모습이나 구성요소들
의 비대칭이 주는 편안함 등이 한국적 모정
의 감성에 가깝다. 그 한쪽 끝에 달라붙은 노천 출입구의 차양은 아이가
어머니에게 매달리는 형국이다.[17] 혹은 어머니가 아이를 보자기로 싸서
업고 있는 것처럼 느껴지기도 한다. 아버지에 해당되는 정면 출입구 차
양이라고 마냥 엄숙한 것만은 아니다. 출입구 위에 붙은 일자 차양의 색
과 재료가 노천 출입구 차양의 것과 같다. 즉 가부장이라는 직능 때문에
아이를 살갑게 안아주지는 못하지만 마음속 한 곳에 아이의 이미지를
간직하고 있는 것으로 읽을 수 있다.

　박공 세 장의 관계는 한국다운 가정의 전형을 옮겨놓은 구성이다. 아
버지는 바깥세상을 상대하면서 가부장의 역할을, 어머니는 그 옆에서 아

박공들의 관계미학과 한국다운 감성 표현.

이를 안고 안사람의 역할을 충실히 하고 있다. 이런 직능 관계만 표현된 것이 아니다. 박공 세 장의 위치는 가족다운 감성도 표현한다. 아버지의 위치가 어머니와 90도 꺾인 점이라는 것이 절묘하다. 둘이 머리를 맞대고 있는 모습인데, 아버지는 바깥세상을 대하면서도 못내 가족을 향한 눈길을 못 떼고 있는 듯하다. 종합하면 세 구성원이 각자의 역할에 충실하면서 동시에 사이좋게 어깨동무를 하고 있는 모습이다. 아래 몸통을 자르고 박공만 보면 마치 세 식구가 나란히 누워 이불을 덮은 채 머리만 내놓은 형국이다.[18] 가족관계로 치환되어 나타나는 또 다른 한국다움의 정서이다.

가까이 다가가서 보면 노천 출입구가 달라붙은 건물 측면에 다양한 조형 장면을 만들어낸다. 시선 각도가 바뀌기 때문에 무엇보다도 차양들 사이의 비례가 역전된다. 45도 각도를 잡고 멀리서 보면 본체에 부속된 것처럼 작아보이던 노천 출입구 차양이 완전히 옆으로 돌아서 가까이 가면 매우 크다는 것을 알 수 있다.[19] 이 장면에서는 더 이상 한국다운

정서가 느껴지지 않는다. 감상 모드를 서양식으로 바꿔야 한다. 포인트
는 '축조성' 과 '면의 미학 대 선의 미학' 두 가지이다.

축조성이란 구조와 시공 등 건물을 실제 짓는 물리적 흔적이 드러나면
서 만들어내는 조형성을 의미한다. 노천 출입구 측면을 보면 기둥이 짧
은 양팔을 벌려 지붕을 받치는 장면, 박공 삼각형을 수직 목재 널로 채운
장면, 목재로 창틀을 짠 장면, 본체 박공에서 고막이*로 처마를 댄 장면
등 서양식 목조기법의 교과서적 장면들이 구비되어 있다.[20,21] 물론 이것
이 한국의 전통 축조술이 아니고 서양식이라서 아쉬움이 남긴 하지만,
건축의 기본원리로 보편화시켜 보면 좋은 감상거리임에 틀림없다. 특히
요즘처럼 집과 건물에서 축조성을 속에 감추고 표피장식에 열을 올리는
때에 구조가 서는 장면을 솔직하게 드러내는 장면을 본다는 것은 좋은
기회이다. 시간의 흐름을 간직한 문화재가 줄 수 있는 좋은 선물이다.

축조성, 선의 미학, 면의 미학

축조성은 노천 출입구 쪽 측면에서만 관찰되는 것이 아니다. 철로 쪽 역
무실 돌출부 주변에서도 관찰된다. 특히 맞이방 차양 쪽을 클로즈업해

*고막이: 지붕에서 처마 끝에
수직으로 내려 붙인 막음 판.

서 보면 여러 건축부재가 접합하는 장면이 잘 드러난다. 제일 위쪽에서는 본 지붕 위로 역무실 돌출부 박공 윤곽이 이어지면서 기와에서 박공으로 넘어가는 급한 변화가 일어난다.[22,23,24] 본 지붕 아래로는 철판을 접어 넣었고 이것이 직각으로 꺾여 올라가면서 박공 윤곽까지 이어지는데, 지붕을 타고 흐르는 빗물을 받아 아래로 흘려보내기 위한 것이다. 역무실 돌출부에는 창 위에 일자 차양이 나 있고 왼쪽 옆에는 맞이방 차양이 접속되어 있다. 접속 지점에는 사선 방향으로 나무 막대를 대어 차양을 지지하게 했다. 그 옆으로는 차양을 받치는 기둥이 서 있는데 위쪽 끝에서 45도 각도로 두 개의 사선 부재를 더해서 지지를 보강했다. 마치 짧은 팔을 올려 체조하는 모습이다.

이렇게 여러 부재들이 접합하면서 축조성은 구조미학으로 발전한다. 구조미학이란 건물을 구성하는 구조방식이 심미성의 원천인 경우를 말한다. 공학기술을 자랑하는 대형 특수구조에서부터 공예품처럼 아기자기하게 부재를 이어 붙인 경우까지 다양한 예들이 있다. 한국의 근대 간이역은 기본 구성요소를 갖춘 경우라면 대부분 공예다운 구조미학을 보여주는데 도경리역도 좋은 예이다. 기와와 박공 윤곽, 돌출부 면과 차양

22, 23, 24 철로 쪽 역무실 돌출부. 여러 건축부재의 접합 장면.

지지 나무 막대, 창틀과 창 위 평 차양 등 여러 쌍의 건축 요소가 서로 접합하면서 건물을 축조하는 장면이 분명 심미적 장면으로 읽힌다.

앞에서 봤던 노천 출입구 옆면은 축조성이 '면의 미학 대 선의 미학'이라는 구도를 만들어내는 경우에 해당된다(232쪽 사진 19, 20, 21 참고). 면의 미학은 벽면과 박공의 평평한 2차원 면이 주는 '바탕의 미학'이다. 이를테면 흰 도화지 위에 무엇인가를 그리는 것과 같은 면적의 느낌 같은 것이다. 이곳에서는 기둥, 창틀, 박공 윤곽 같은 선형 요소들이 그림을 그린다. 건축 요소를 면과 선으로 대비시켜 보는 것은 서양식 조형 개념인데 이곳에서 전형적 예를 보여주고 있다. 이곳에서는 대비보다는 서로 어울려 구성미를 만들어낸다. 좀 더 가까이 가서 클로즈업해 부분을 끊어보면 구성미가 확실히 느껴진다. 면을 바탕으로 굵은 선과 가는 선, 긴 선과 짧은 선, 흰 선과 녹색 선, 수평-수직선과 사선 등 여러 종류의 선이 각자의 건축적 기능에 충실하다 보니 자연스럽게 나타나는 구성미이다.

노천 출입구는 도경리역 전체로 보면 기둥 개수를 늘려 선의 미학을 강화하는 작용을 한다. 철로 쪽이나 차로 쪽에서 정면으로 보면 그렇다. 기둥이 숲을 이루면서 나무 사이를 지나는 것 같은 느낌이다. 맞이방 앞의 본 차양과 합해서 함께 보면 특히 더 그렇다. 본 차양의 기둥에 사용된 구조 디테일이 다른 역들에 비해 단순한 형태라서 전체적으로 선의 미학이 약한데 이것을 개수를 늘려 만회한 느낌이다.

맞이방 앞 차양 아래 서서 철로 쪽을 보면 아름다운 풍경이 펼쳐지면서 이 역이 산간 양식이라는 사실을 깨우쳐준다. 철로 너머에 나지막한 동산이 부드러운 곡선을 긋는다.[25] 태백산맥 끝자락인데 이곳이 산간 지역임을 알게 해준다. 태백산맥, 즉 백두대간 가운데 '청옥산-두타산-

도경리역 맞이방 차양에서 본 풍경.

황장산'으로 이어지는 지역에서 '쉼움산—태봉산'의 지선이 갈라져 나오는데, 도경리역은 이 지선 중간에 위치하며 지선에서 한 번 더 갈라져 나온 작은 봉우리들에 앞뒤로 둘러싸여 있다. 차양 밑에 위치를 잘 잡으면 차양을 받치는 기둥과 동산이 한눈에 들어오는데 마치 산속 나무를 뽑아다가 기둥으로 쓰고 있는 것처럼 읽힌다. 차양을 받치는 기둥이야 어느 역이건 다 있는 것인데 차양 안으로 들어오는 건너편 풍경이 이처럼 산일 경우 기둥과 나무 사이의 유사성은 더 커진다.

　도경리역은 맞이방이 잘 보존된 역이다. 현재는 무인 간이역으로 역무가 없어 맞이방이 폐쇄되었지만 크게 훼손되지 않았다. 핵심은 간이역 맞이방의 주인공 나무의자이다. 간이역에 '추억'이라는 단어를 붙일 수 있다면 그것은 아마도 맞이방 나무의자 덕분일 것이다. 폐쇄된 간이역의 보존이 잘 되었는지 여부를 판가름하는 중요한 기준이 맞이방 나무의자의 보존 상태이다. 의자가 뜯겨나간 역을 보면 왠지 가슴이 싸해 오면서 역 전부가 망가진 것처럼 느껴진다.

도경리역은 이것을 피해 나갔다. 나무의자는 보존이 잘 된 정도가 아니라 채색까지 해서 오히려 새로 수리한 느낌이다. 무지개 색을 써서 꽃단장을 했다.[26] 매표소 창구는 당연히 판자로 막아 폐

26 맞이방 나무의자.

27 맞이방 미닫이문 도르래 틀.

쇄했지만 운임표 간판은 아직 창 위쪽에 걸려있다. 창 너머 주변 농가까지 함께 보면 한적한 산간 간이역을 대표하는 장면이 된다. 특이한 것이 하나 더 있는데 미닫이문 도르래 틀이다.[27] 출입문의 문짝 자체는 알루미늄 재질의 여닫이문으로 바꾸었지만 맞이방 실내에는 미닫이문을 위한 도르래 틀이 아직 남아있다. 원주 반곡역에는 나무 미닫이문과 도르래 세트가 온전하게 보존되어 있는데 이곳에서는 도르래 틀만 남아있어서 아쉬움이 크다. 지금이라도 나무로 다시 미닫이문을 짜서 붙이고 도르래도 수리했으면 하는 바람이다.

도경리역은 영동선 가운데 철암—묵호 구간에 위치한 역으로 영동선에서 제일 오래된 역이다. 1939년 5월에 지어져 이듬해인 1940년 8월부터 보통역으로 영업을 개시했다. 영동선은 중앙선과 경북선이 교차하는 영주에서부터 태백산맥을 횡단하여 동해안을 따라 강릉에 이르는 대산

업철도인데, 여럿으로 나누어 개통되어 각기 다른 이름을 가지고 있던 노선들을 하나로 통합하면서 붙인 이름이다. 따라서 도경리역이 지어지던 당시 영동선이라는 이름은 없었다. 본래 철암선(철암-묵호), 영암선(영주-철암), 황지본선(통리-심포리), 동해북부선(묵호-강릉)으로 나누어져 있던 것을 하나로 통합해서 1963년 5월 17일에 영동선으로 명명했다.

철암선은 1940년 8월 1일 삼척탄전의 개발을 목적으로 개통되었는데 도경리역의 영업개시일이 이 날이다. 이 노선은 삼척철도주식회사라는 사철회사가 개설한 것으로 도경리역도 이 회사가 지은 것이다. 일부에서는 완공 일시에 대해 확실하지 않은 점이 있다고 하나 철암선 개통 이전에 지어진 것만은 확실해 보인다. 조사보고서에는 1933년생인 최상순 옹이 자신이 세 살 때인 1936년에 지었다고 말한 기록이 나오기도 한다. 이외에 영암선은 1955년 12월 31일, 황지본선은 1963년 5월 30일 개통되었다. 동해북부선은 1962년 10월 31일 묵호-속초 사이를 연결할 목적으로 경포까지 개통했는데, 그 후 강릉-경포 사이의 철로가 철거되었다. 현재 영동선은 강릉이 종점이다. 도경리역은 옛날 모습을 비교적 많이 간직하고 있으나 그 앞을 지나는 철로는 세월에 따라 첨단화되어 현재는 전철화되어 있다. 1968년 5월 대통령의 산업선 전철화 지시에 따라 1969년에 전철화를 시작해서 1975년 12월 5일에 철암-동해(당시 북평) 구간이 전철화되어 개통되었고, 1997년 3월 28일에는 영주-철암 구간이 전철화되어 개통되었다. 2005년 9월 8일에는 마지막으로 동해-강릉 구간이 전철화되어 개통되었다.

chapter 7

심천역, 반곡역

일본군 장교 같은 심천역

심천역은 위풍당당하다. 수직 비례가 두드러지고 반듯하다. 반듯하다 못해 꼿꼿하고, 꼿꼿하다 못해 다소 위압적이기도 하다. 수문장을 보는 것 같다. 제복이 어울릴 것 같은 모습이다. 임피역과 비슷한 분위기인데 임피역보다 갖춘 부재 수가 더 많고 형식성이 강하다.[1] 단적으로 말해 군복 잘 갖춰 입고 칼 차고 대륙을 향해 진격하는 일본군 장교 같다. 물리적 조건은 산간형의 전형이지만, 분위기가 너무 딱딱해서 산간형에는 좀 안 어울려 보인다. 산간형은 수직 비례를 갖추되 분위기는 자연적이거나 어수룩해 보여야 제격이다. 털조끼를 걸치고 수염이 덥수룩한 나무꾼 같은 모습이여야지 유니폼은 좀 부담스러워 보인다.

일면 이해는 간다. 심천역의 입지를 온전히 산간형이라고 하기에는 애매한 구석이 좀 있다. '심천(深川)'이라는 단어에서 알 수 있듯이 이 역에서 자연환경의 관건은 산이 아니라 내이다. 말 그대로 내가 깊은 동네

심천역 차로 쪽 정면.

라 심천역이 된 것이다. 위치를 지정하는 것도 여러 종류의 내들이다. 이
를테면 내 이름만으로 위치 안내를 할 수 있을 정도이다. 역의 위치에 대
해 보고서에는 이런 재미있는 내용이 나온다. "천년을 두고 유유히 흐르
는 금강의 상류 버들내가 영동천을 끌어안고 다시 내려와 솔내와 합류
하는 어름에 자리한다. 심천은 땅이 기름지고 인심이 순박하며 물 또한
맑고 깊어서 지프내(깊은내)라는 이름에서 유래하였다." 버들내, 영동천,
솔내 등 세 종류의 내가 등장하며 결국 스스로의 이름조차 '깊은내'가
된 것이다.

　산이 없지는 않다. 앞뒤로 나지막한 동산이 에워싸고 있다. 다른 산간
형 역이나 가은역 등과 비교하면 산의 특징이 두드러져 보이지는 않는
다. 한국의 산하에서 쉽게 발견할 수 있는 아담한 동산이다. 그렇다고 심
천이라는 이름이 괜히 나오지는 않았을 것이다. 내가 깊으려면 골이 깊

어야 하는 법, 인근에 양산팔경이 있다. 산과 강, 골과 내가 어우러져 경치를 잘 만들어낸 고장이란 뜻이다. 양산은 삼국시대 민요 '양산가'에 나오는 그 양산이다. 백제와의 싸움에서 목숨을 잃은 신라 장군 김흠운의 넋을 달래려고 지은 노래라고 전한다. 물론 양산팔경은 좀 떨어져 있어서 역과 직접적 연관이 있다고 보기 어렵다. 포괄적으로 얘기해서 이 지역 일대가 내가 깊은 동네라고 할 만하다.

어쨌든, 자연환경이 특이하긴 하다. 이런 상황에 대처하는 건축방식은 두 가지이다. 같이 어우러져 매우 자연적이 되거나 아니면 인공다움을 강조해 스스로 중심을 잡는 것이다. 심천역은 뒤쪽을 택한 것 같다. 주변에 이런저런 요소가 많을 때에는 나 홀로 고고한 것도 나쁜 방법은 아니다. 기차역이라는 공공건물일 때에는 특히 그렇다. 유니폼 입고 손에 깃발을 든 직무에 충실한 역무원을 보는 것 같다. 일제강점기에 지어졌으니 굳이 일본을 끌어다 빗대보자면, 우리나라에서도 인기를 끌었던 영화 〈철도원〉의 주인공인 호로마이역 지킴이 '오토'를 보는 것 같다. 심천역은 매우 일본다우며 '춘포-임피' 양식의 직계이다. 앞에서 살펴본 한국형과는 정반대 감성이다.

산간형은 면적에서 공통점이 있다. 산간형으로 분류한 세 개의 역 가운데 도경리역을 뺀 반곡역*과 심천역*은 21개 등록문화재 간이역 가운데 각각 7등, 8등을 나란히 차지한다. 제일 큰 그룹에 들지는 않으나 모두 상당히 큰 역이라 할 만하다. 면적도 중요하지만 비례 느낌도 중요하다. 산간형은 수직 비례이기 때문에 큰 면적과 합하면 더 커 보인다. 산간형보다 큰 역*을 5등부터 차례로 보면 일산역, 화랑대역, 신촌역, 구곡성역 진해역 등이다. 구곡성역은 워낙 옆으로 길게 펼쳐져 있고 진해역은 덩치가 있어 넓은 면적임을 알 수 있지만, 일산역은 한국형으로 수

*반곡역: 153.45제곱미터(46.42평)
*심천역: 148.86제곱미터(45.03평)

*산간형보다 큰 역

순위	역명	제곱미터	평
1	진해역	221 (338.76)	66.85 (102.47)
2	구곡성역	216.19	65.4
3	신촌역	199.4	60.32
4	화랑대역	179	54.15
5	일산역	178.50	54

평 비례를 가져서인지 이들 산간형 역보다 결코 커 보이지 않는다. 신촌역과 화랑대역도 마찬가지이다. 두 역은 도심형이긴 하지만 여전히 수평 비례에 가깝다.

역 앞 형편도 심천역이 커 보이게 하는 데 한몫한다. 큰 광장을 가지고 있기 때문이다. 간이역은 놓인 형편에 따라 세 종류로 나눌 수 있다. 첫째, 큰 도로를 기준으로 했을 때, 일정한 길이의 좁은 도로를 따라 들어가 작은 막힌 광장을 갖는 형식이다. 컬더섹(cul-de-sac)이란 것인데 '후퇴로밖에 없는 3방 포위'로 재밌게 풀어 쓸 수 있다. 춘포역과 동촌역이 대표적인 예로 원형을 잘 지키고 있다. 구둔역, 반곡역, 일산역 등은 나중에 도로를 새로 더하긴 했는데 원래 이 형식이었던 것으로 보인다. 둘째, 큰 길 따라 전면이 노출된 형식이다. 제일 많은 경우로 임피역, 율촌역, 원창역, 송정역, 팔당역, 가은역 등이 대표적이다. 시골에 위치하기 때문에 교통량이 많지 않을 경우 도로에서 바로 출입할 수 있다. 셋째, 앞에 넓은 광장을 갖는 경우로 진해역과 심천역이 대표적인 예이다.[2] 앞의 두 번째 형식 가운데에서도 큰 길에서 조금 들어가 있는 경우는 작은 광장을 갖는 것으로 볼 수도 있는데, 임피역과 가은역이 그렇다. 세 번째 형식은 이보다 더 적극적으로 넓은 광장을 갖는 경우이다. 나머지 역들은 세 형식을 섞어 쓰거나 나중에 도로가 새로 나서 원래 형식을 가늠하기 힘든 경우들이다.

표준설계의 모범생, 혹은 발기한 남성상

심천역의 전체 구성은 근대 간이역 표준설계를 가장 잘 지킨 모범답안이다. 기합 잘 들어간 외관과 함께 생각하면, 교복을 단정하게 차려 입은 모범생쯤 된다. 차로 쪽

심천역 앞의 작은 광장.

3 하늘로 솟은 출입구동.
4 간판과 차양 사이의 세 쪽 창.

전경은 수직 비례가 두드러진다. 역무실동 자체도 높은데 맞이방동은 거기에서 박공 삼각형만큼 더 높아졌다. 2층 높이다. 그냥 2층이 아니라 꽤 높은 2층이다. 출입구 차양 위에 세 쪽 창을 두는 수직 비례 기법을 어김없이 사용하고 있는데 그 모습이 다른 역과 사뭇 다르다. 가은역과 일산역에도 이 기법을 썼는데, 한국형인 두 역에서는 세 쪽 창이 액세서리 정도로 느껴진다. 반면 심천역에서는 간판과 박공을 얹어 아예 한 층을 제대로 만들었다. 실내에서 실제로 2층을 사용하는 것은 아니다. 외관상 그렇다는 얘기다.

출입구동을 보면 전체 기운이 하늘을 향한다. 출입문 자체가 세 단의 계단 위에 올라앉았다. 출입문은 정사각형에 가까운 비례이나 절대 높이가 높아서 수직 비례를 강조한다.[3] 차양은 한 번 쉬어 가는 수평선이다. 그 위의 세 쪽 창은 하나하나가 1:3 정도의 강한 수직 비례를 가졌다. 너무 위로 길어서 속을 나눴는데 2등분하다 보니 나눈 조각조차도 여전

5

심천역 차로 쪽 왼쪽 전경. 주변 건물 중에 홀로 우뚝 솟은 모습.

히 수직 비례를 유지한다.[4] 3등분했으면 나눈 조각이 정사각형이라 수직
비례를 조금 중화시켰을 텐데 이것마저 하지 않았다. 그 위로 간판과 박
공은 그 자체만으로는 수평 비례이나 부재들 사이의 여백이 넓고 수직
방향으로 가지런히 놓여서 하늘을 향한 기운을 드러낸다. 수직 비례가
급기야 하늘을 향한 기운으로 바뀌었다.

　자세히 보면 힘차게 발기한 모습이다. 남성 우월의 기운이 느껴진다.
분명 발기한 남성이다.[5] 심천역은 일제강점기가 정점을 지나 대동아전
쟁을 준비하던 때인 1934년에 지어졌다. 경부선의 중간 정도 되는 위치
이다. 뭔가 일제의 기운을 자랑하고 싶었음을 알 수 있다. 일제에게 한반
도는 보드라운 처녀 속살이었으니, 그걸 찢고 발기하고 싶었을 것이다.
섬나라 일본의 불안감은 대륙을 향한 열등감으로 변질되었고 마침내 한
반도에 대한 병적인 짝사랑을 불러왔다. 이미 임진왜란, 아니 그 이전 역

사책에 나오는 "왜구의 출몰"이라는 구절에서부터 그랬다.

한반도에 대한 일본의 비정상적인 짝사랑은 이를테면 보드라운 처녀 속살 맛을 본 굶주린 마적단의 욕구분출 같은 것이다. 심천역은 일본의 이런 병적인 정복욕을 잘 보여준다. 산하는 순하고, 곡창이 넘쳐나고, 사람들조차 충분히 모질지 않은 한반도는 굶주린 마적단인 이들에게 결코 잊을 수 없는 야들야들한 처녀 속살이다. 지금도 잊을 만하면 나와서 군국주의 부활을 외쳐대는 일본의 각료들을 보면 잘 알 수 있다. 그들의 얼굴과 인상을 보면 '처녀 속살 중독증'이 꽤 심해진 중증환자임을 쉽게 알 수 있다.

이런 자극에 한번 중독되면 평생 못 벗어나는 법이다. 성범죄자가 복역하고 나오는 날 당일에 똑같은 범죄를 저지르는 걸 봐도 잘 알 수 있다. 대도(大盜) 조모씨나 조폭 보스 김모씨 같은 경우도 마찬가지이다. 감옥에서 하느님까지 만났고 출소 후에 신앙생활과 봉사활동을 하면서 극동방송 같은 데까지 나와서 간증도 했지만, 여전히 자극에 대한 중독에서 벗어나지 못하고 같은 범죄를 저질러 또 감옥으로 갔다. 도박, 술, 마약, 성, 도벽 등 5대 자극요소가 모두 마찬가지이다. 한반도에 대한 일본의 병적인 영토욕은 바로 이런 자극 중독증이 민족과 국가 단위로 집단화된 것이다. 심천역은 이런 불편한 상황을 상징한다. 심천역은 발딱 서서 외친다. '나 봐라, 네 속살 찢으려 이렇게 발기했다!' 내와 계곡은 한반도의 처녀 속살이고, 심천역은 그 사이를 찢으며 발기했다.

철로 쪽 전경도 표준설계의 모범답안이다. 그만큼 한국다운 특징은 약한 편이고 일본식 주택을 그대로 옮겨 놓은 모습이다. 정합(整合)이 딱 맞은 모습이다.[6,7] 정합이란 무슨 뜻인가. 사전을 보면 "가지런히 꼭 맞고 이론의 내부에 모순이 없음"이라고 나와 있다. 이어지는 설명이 재밌

6, 7, 8 심천역 철로 쪽 전경과 일본다운 조형성이 느껴지는 디테일.

다. 물리에서는 "어떤 계(系)에서 다른 계로 에너지를 전달할 때 최대 효율로 보내지도록 양자 간의 조건을 조정하는 일"이란다. 지리에서는 "두 개 이상의 지층이 퇴적작용이 중단되지 아니하고 연속으로 쌓인 관계"란다. 한마디로 빈틈없고 흐트러짐이 없어서 낭비가 없고 짜임새가 튼튼한 모습이라는 뜻이다. 사무라이나 군국주의로 대표되는 일본다움의 미학이다.

한국식 일본식을 따지지 않고 이 자체만 보면 일정한 조형성을 갖는 구성이다. 사무라이나 군국주의 냄새가 나는 건 한국인의 정서에는 불쾌한 일일 수 있으나, 미학으로 일반화시켜 보면 그것도 나름 하나의 조형성이다. 한쪽에서는 이런 모습 자체를 보고 '추억의 간이역'이라며 동호회도 조직하고 시구절도 들이댄다. 또 한쪽에서는 일제 수탈의 전형이라며 일제강점기 때 여러 자료들을 구체적 증거로 모아 연구한다. 굳이 분류하자면 나는 그 중간쯤 되는데, 철로 건너 멀찍하게 떨어져서 심천역을 보고 있노라니 가슴이 많이 아팠다. '추억의 간이역' 파는 감성적 태도이고, '일제 수탈론'은 역사적 정치사회적인 태도인 것인데, 순수한 예술적 입장에서 봐도 두 태도가 공존한다.

보기는 좋지만 너무 일본다운 심천역

덩어리 단위의 어울림과 균형감, 안정적 짜임새 등 조형적으로는 훌륭하다.[8] 문제는 주체가 누구이냐이다. 일제 수탈의 문제는 젖혀두고라도, 결국 주체는 일제였지 우리가 아니었다. 마치 요즘 우리나라에 외국 건축가들이 지은 작품들을 우리 것인 양 좋아할 수 없는 것과 같은 이치이다. 물론 외국 건축가 작품이라고 좋아하지 말란 법은 없다. 일부러 외국에 나가서 감상하고 오기도 하는데 우리나라 안에서도 얼마든지 좋아할 수 있다. 국적 불문, 지구 보편적 아름다움이란 것이 있기 때문이다. 단, 전제조건이 있다. 외국 건축가의 작품이지 우리의 작품은 아니라는 사실은 명확히 알아야 한다. 지구 보편적 아름다움이란 개념은 이를 위해 존재하는 것이다.

같은 이치를 심천역에도 적용할 수 있을까. 지구 보편적 아름다움으로 볼 수 있을까. 조형성만 보면 그럴 수 있는데, 일제 수탈이라는 피해갈 수 없는 족쇄가 개입한다. 지구 보편적이 되기 위해서는 건물의 동기와 목적, 건설 과정과 주체, 사용 내용과 결과 등 여러 면에서 역시 지구 보편적 가치를 위한 것이어야 한다. 예를 들어, 외국 건축가가 우리나라에 박물관을 지었다 치자. 문화재를 보존, 관리, 전시해서 일반 국민들의 문화생활과 정서순화를 돕기 위한 목적으로 지은 것이다. 물론 철저하게 우리나라 사람들의 요청과 동의에 의해서 외국 건축가가 초빙되어 온 경우이다. 이 정도면 지구 보편적 가치를 위한 건물이기 때문에 극단적 민족주의 잣대가 아니라면 존재 근거를 가지며 심미성에 대해서 정당한 평가를 받을 수 있다.

심천역도 이런 것일까. 식민지 근대화론과 일제 수탈론은 아직도 끝나지 않는 논쟁으로 현재 진행형이다. 식민지 근대화론은 일제강점기 때부터 있던 오래된 주장이다. 최근에는 일제 수탈론을 뒷받침하는 통계자료들을 많이 발굴해 이쪽 연구가 활발하다. 민족주의자들의 감성적 주장으로만 존재하다가 최근에 이것을 뒷받침하는 학술연구가 어느 정도 틀을 갖춰가는 형편이다. 그 속에는 혀를 찰 만한 황당한 수탈의 증거들이 넘쳐난다.

일반인들의 정서도 나뉘는 것 같다. 역사성을 중요시 여기는 사람들은 간이역에 별로 정을 안 준다. 보존론자들은 식민지 근대화론까지 들

먹이지는 않지만 순수한 시간의 흐름 자체를 중요하게 여긴다. 둘 모두와 상관없이 철도나 여행 등 완전히 다른 제3의 주제와 연관시켜 사랑하는 동호회들도 많다.

일본인들의 태도도 살펴볼 만하다. 이런 종류의 간이역들은 당시 일본에도 똑같이 짓던 것들이었고, 지금 일본에도 많이 남아있다. 일본에도 간이역을 보러 다니는 동호회가 있는데 이들은 한국 간이역도 보러 온다. 일본의 자랑스러웠던 한반도 식민지 지배를 확인하고 즐기러 온 것일 수도 있고, 그 연장선에서 아직은 한국이 일본보다 열등하다는 믿음을 확인하러 온 것일 수도 있다. 아마도 춘포역을 보러 오는 사람들은 확실히 그럴 것 같다.

조금 더 세밀하게 얘기하자면, 한반도에 남아있는 일본식 주택의 모습을 보고 안심하고 싶어서일 수도 있다. 섬나라 일본의 정신적 열등감과 정서적 불안감을 잠시나마 잊고 싶은 것일 게다. 이제 일본식 주택은 자연수명이 다해서 한국에는 거의 안 남아 있는데 일본식 주택을 닮은 간이역은 한국 정부에서 나서서 보존해주니 그런 심리적 목적이라면 더없이 좋은 대상이다. 너무 냉소적인 해석이라면 다르게 볼 수도 있다. 그냥 몇 십 년 전 자기들의 역사를 탐방하거나 더 순수하게 철도문화를 사랑해서 여행을 온 것일 수도 있다. 유럽 기차역을 보러 가는 것과 같은 종류일 수도 있다는 뜻이다.

심천역에는 유난히 일본 철도 동호회원들이 많이 온다. 이런 현상을 보고 분개한다면 괜한 열등감일까, 아니면 올곧은 역사의식에서 나온 바람직한 민족주의 태도일까. 한 가지 확실한 것은 일본인들이 반성하러 오는 것만은 아니라는 사실이다. 시간은 묘한 것이어서, 심천역 하나를 놓고 이렇게 여러 입장이 공존할 수 있게 만든다. 매우 예민할 문제에 대한 답을 여러 개로 만들어 분산시킨다. 이것이 고마운 것인지 슬픈 것인지를 판정하기란 쉽지 않다. 어쨌든 세월은 흘렀고, 일제 수탈의 현장은 중성적이 되어간다.

다시 심천역의 철로 쪽을 보자. 순수 조형적 입장에서 보면 두 장의 박공이 어울리는 모습이 보기 좋다.[9] 매우 객관적이고 합리적이다. 안정적인 느낌이다. 균형감일 수도 있다. 왼쪽 맞이방 박공은 아래 반쪽이 잘려서 공중에 떠 있지만 밑에서 차양과 기둥이 받쳐준다.[10] 이 부분만 떼어서 봐도 특이한 장면이다. 치마폭을 내리고 두 발로 선 모습이다. 경쾌함을 느낄 수 있다. 오른쪽 역무실 돌출부 박공은 땅에 두 발을 디디고 튼실하게 서 있다. 안정적이고 믿음이 간다. 덩어리 느낌도 좋다.[11] 두 박공은 이렇게 다른데 잘 어울린다. 합리적 계산으로 양쪽이 공평하기 때문이다. 누가 봐도 객관적이다. 일본다운 객관성과 합리성일 수 있다. 비계산적이고 주관적인 한국다움과는 분명 다른 느낌이다. 좋다 나쁘다를 따지고 싶지는 않다. 한국다움과 일본다움 둘 다 합당하고 독립적인 조형성이다.

9 철로 쪽 전경. 균형감 있는 2개의 박공.
10 몸체가 없는 심천역 맞이방 박공.
11 몸체가 있는 역무실 돌출부 박공.

'선-면-덩어리'가 잘 어우러
진 심천역 모습.

지붕의 2차원 면, 박공의 3차원 덩어리, 박공윤곽과 차양 기둥의 1차원 선이 어울리는 조형성도 똑같이 객관적이고 합리적이다.[12] 각각의 경계와 상태가 명확하다. 자세히 들여다볼 필요 없이 한눈에 위치와 존재를 파악할 수 있다. 출처와 역할도 명확하다. 3차원 덩어리는 방을 제공한다. 밖에서 보면 방임을 알 수 있다. 2차원 면은 덮개 역할을 한다. 방위를 덮으면 지붕이고 방 앞을 덮으면 차양이다. 1차원 선은 받치고 긋는다. 기둥을 세우면 선이 되고 지붕 면을 끝에서 봐도 선이다. 기둥은 받치고 면 끝은 긋는다. '선-면-덩어리'는 기하학적 개념인데 자신들의 출처인 건축기능과의 관계를 명확하게 보여주기 때문에 순수 기하까지 나아가지는 않는다. 건축 기능을 정돈해서 가지런하게 배치하는 정리 역할을 한다.

왼쪽과 오른쪽이 다른, 변화무쌍한 역

옆으로 각도를 틀면 조금 다른 모습이 나타난다. 정면에서 보는 정리정
돈 된 모습과는 다르다. 변화와 흥겨움을 찾을 수 있다. 어느 건물이고
옆에서 보면 다 그렇지만, 심천역은 그 정도가 조금 심하다. 박공이 그
주인공이다. 개수와 위치 때문에 어울림의 내용이 다양해진 것이다. 앞
에서 살펴본 한국다움의 하나이다. 한국에 지어서일까, 전형적인 일본
식 주택이지만 한 구석에 한국다운 모습을 감춰 가졌다. 굳이 한국다운
것인지 일본다운 것인지를 따지는 것에 너무 집착한다
는 자책도 생긴다. 일본식 주택도 옆에서 보면 이것과
비슷할 수 있고, 한옥 가운데에도 정면에서 보면 심천역
못지않게 반듯하고 합리적인 예도 얼마든지 있기 때문
이다.

　한국다운 것인지 따지지 말고 그냥 변화무쌍한 면을
감상해보자. 심천역은 왼쪽에서 보는 것과 오른쪽에서
보는 것이 다르다. 박공 크기가 다르기 때문이다. 왼쪽
박공이 작고 속으로 들어가 있으며 오른쪽 박공이 크고
밖으로 나와 있기 때문에 왼쪽에서 보면 박공 사이의 어
울림이 비교적 균형 잡혀 보인다.[13] 작고 들어가 있는 것
을 가까이서 보니까 상대적으로 더 커 보이면서 크기 차
이가 줄어들기 때문이다. 박공 두 개는 각각 별개의 동
으로 보이기도 한다. 작은 집 두 개를 이어 붙인 것 같다.
둘 사이를 지붕이 바느질하듯 이어준다. 이 지점에서 보

13 각각 크기와 위치가 다른 박공.
14 여러 개처럼 보이는 차양과 지붕의 선.

철로 왼쪽에서 본 심천역 전경.

면 선 요소가 유난히 많이 드러나기도 한다.[14] 차양과 지붕을 밑에서 위로 올려다보는 위치가 되면서 끄트머리가 드러나 보이기 때문이다. 직선이 여러 개 겹치면서 호흡이 급해진다. 정면의 안정된 모습과는 많이 다르다. 박공이 들어간 두 동은 마치 지붕 선이 활개 칠 수 있게 해주는 배경 같아 보인다. 주객이 전도된 것이다.

왼쪽으로 많이 물러나면 본체의 옆면까지 보이면서 박공이 총 세 개가 된다. 차양 옆면은 반쪽 박공을 만드니 이것까지 합하면 세 개 반이다. 이것들은 높이, 방향, 크기, 기울기 등이 각기 다르면서 홍겨운 리듬을 만든다.[15] 이 역시 차렷 자세의 정면과는 다른 모습이다. 셋은 각자 스스로의 존재감에 집중하는 것 같다. 합해 놓으면 언뜻 따로 노는 것 같다. 상대방에는 무관심하고 자신에게만 관심이 있는 것 같다. 그러나 자세히 보면 리듬감이 있다. 나름 어울림의 미학을 만들어낸다. 파도가 넘실거리는 것 같기도 하고 산봉우리가 울렁거리는 것 같기도 하다. 혼자서도 존재할 수 있고 어울리면 그것대로 관계를 만들어낸다. 그러나 규칙적이고 전체적이다. 들어갔다 나오고 올랐다 내리는 등 변화를 읽을 수 있다. 변화의 정도도 심하지 않아서 개별 요소보다는 총체적 질서가 우선임을 알 수 있다. 이런 특징들은 일본답다 할 수 있다.

개인 사이의 관계 및 전체와의 관계 문제인데 한국과 비교해보면 알 수 있다. 한국은 이 문제에서 묘한 양면성이 있다. 표면적으로는 혼자 존재하는 것보다 집단의 어울림을 더 중요하게 여긴다. 밥 한 끼를 먹어도 혼자 먹으면 이상 성격이나 외톨이로 손가락질 받는 게 한국 정서이다. 그러면서도 정작 일본인들에게는 단결심이 부족하고 모래알 같은 존재로 비치는 양면성이 한국인의 특

16, 17 종속관계의 두 박공을 보여주는 심천역 차로 쪽 전경.

징이다. 개인 사이의 관계가 전체와의 관계보다 더 중요하기 때문이다. 한국인에게 집단은 전체적 질서라기보다는 개인 사이의 관계를 모아놓은 것에 가깝다. 주관적 패거리 문화이다. 전체 질서에 필요한 객관성이나 중립성은 결여된다.

일본 정서는 이보다는 확실히 조직을 중심으로 더 전체적이다. 개인 사이의 관계는 전체 질서보다 후순위이다. 전체 질서를 위한 것이기도

하고 전체 질서에서 강하게 영향을 받는다. 심천역의 이 장면이 잘 보여준다. 어울림의 미학이라면 한국 건축이 훨씬 더 강한데, 일본과 비교하면 종류가 다르다. 한국다운 어울림은 아기자기하고 개별 요소들 사이의 관계가 지배하는 대신 전체 질서는 약하다. 정이 넘쳐나지만 객관적 규칙은 정하기 어렵다. 그때그때 다르다. 반면 일본다운 어울림은 이곳에서 보듯이 개별 요소의 자유에 제한이 있다. 그 대신 전체 질서에 의해 움직인다. 일본식 주택과 한옥의 다른 점이고 심천역과 한국형 간이역의 다른 점이다.

오른쪽에서 보면 경치가 확 달라진다. 균형보다는 종속이 지배적 관계가 된다. 앞으로 튀어나온 큰 흰색 박공이 노란색 작은 박공을 거느리는 형국이다.[16] 뒤쪽 작은 박공이 앞쪽 큰 놈 뒤에 숨어서 머리만 빼꼼 내민 형국이다. 작은 박공은 저 멀리 공중에 매달려 있다. 지붕과 차양과 기둥과 짧은 가새가 받쳐준다. 이런 지지부재들은 모두 앞쪽의 큰 흰색 박공에 걸쳐있다.[17] 작은 박공이 큰 박공에 크게 종속되어 있음을 보여주는 건축 장면이다. 사람에 비유하자면 이불로 싸고 줄로 묶어 어머니 등에 업힌 모습 같다. 왼쪽에서 보는 어울림보다는 확실히 정이 더 간다. 크기, 위치, 관계 등에서 대비가 되다 보니 변화도 더 심하게 느껴진다. 왼쪽에서 본 어울림이 합리적이고 안정적이라면 오른쪽은 감정적이고 역동적이다.

변화와 대비는 여기까지이다. 오른쪽도 왼쪽처럼 더 많이 물러나면 장면

18

건물 전체의 질서를 받는 3개의 박공.

이 바뀐다. 이번에도 박공 수가 셋으로 늘어난다. 가까이에서 봤을 때의 변화와 대비는 사라지고 왼쪽에서 본 것과 유사한 조직적이고 전체적인 질서가 지배한다.[18] 같은 높이와 크기의 박공 둘이 직각을 유지하며 어깨동무하듯 중심을 잡는다. 둘 사이에 문이 나고 그 위에 차양을 차분히 얹었다. 처음부터 흐트러질 의도는 아예 없다. 역 간판이 걸린 노란 작은 박공은 저 너머 뒤쪽 위쪽에서 얼굴을 빠끔 내민다. 이번에도 흐트러질 의도는 전혀 없다. 군대 사열 받는 모습이다. 조금 봐준다면 기마전 하는 모습이다. 차전놀이까지는 못 간다. 차전놀이는 한국다운 놀이의 최고봉이고 그 핵심이 '변화무쌍한 질서'에 있다면 심천역의 이

솟음과 누름이 어우러진 2개의 박공.

장면은 확실히 이보다는 '강제적 변화'가 지배한다. 이는 기마전의 논리이다. 변하되 강제적이고 질서를 지킨다는 뜻이다.

　박공들이 다르다고는 하지만 하나가 되려는 의도가 더 커 보인다. 조직의 전체 질서에 순종한다. 지붕은 참 가지런하다. 지붕 면과 박공 덩어리 벽의 면적 비율도 계산한 것처럼 적절하다.[19] 박공이 솟음이고 지붕이 누름이라면 둘의 교대가 적절하다. 솟음이 열정이고 누름이 절제라면 '차가운 열정' 쯤에 해당된다. 일제 군국주의식 열정법이다. 굳이 과거 군국주의가 아니라도 일본의 보편적 국민정서이다. 한국과 반대되는 정서이다. 솟고 싶은 걸 어렵게 참는 건지, 처음부터 솟는 한계를 정한 것인지는 굳이 안 따져도 되겠다. 감정을 분출하고 싶지만 어느 선은 절대 못 넘는 애환이다. 한국 사람들은 이런 성격을 싫어한다. 인간미가 부족한 걸로 여기면서 주는 것 없이 얄밉고 밥맛없다고 받아들인다. 같이 망

심천역 맞이방 ㄷ자형 나무의자와 창.

가져야 인간적인 사람으로 인정받으며 쉽게 친해진다. '망가진다' 는 건
곧 감정의 상한선을 쉽게 넘는다는 뜻이다. 심천역과 반대되는 한국다
움이다.

심천역 맞이방은 나무 공예 전시장

심천역은 맞이방이 잘 보존된 역이다. 역이 큰 편에 속하기 때문에 맞이
방도 널찍하다. 시골 간이역 맞이방의 주인은 뭐니 뭐니 해도 옛날 나무
의자인데 이곳에는 넓은 맞이방 세 면을 빙 둘러가면서 그 의자가 잘 남
아있다. 아직도 사용 중인 역이라 그렇다. 색까지 칠해서 칼라코드를 맞
췄다. 앙증맞은 분홍색이 주요색이고 등받이에 초록 띠를 넣어 악센트
를 주었다. 세 면 모두 뒤로 큰 창이 나 있어서 주변 경치가 겹쳐 보인
다.[20] 오른쪽으로는 가까이 있는 나무와 길 건너 동네 집이, 정면으로는

역 관사와 옆집이, 왼쪽으로는 철로 쪽 풍경이 들어온다. 맞이방이 넓기 때문에 위치를 바꿔가면서 다양하게 변하는 의자를 볼 수 있다. 정중앙에 서서 보면 의자는 반듯한 'ㄷ' 자형을 만든다. 옆으로 비껴서 보면 팔을 벌려 품을 내주는 것처럼 넓찍하다. 한쪽만 잘라 보면 요금표와 창밖 풍경이 오버랩된다.[21] 내 쪽으로 팔을 길게 내밀어 악수를 청하는 것 같다. 손을 잡으면 확 끌어당겨 의자 위에 앉힐 것 같다.

벽은 위아래를 둘로 나누어 위쪽은 흰 회벽으로 놔두었고 아래쪽은 널판을 수평 띠처럼 이어 붙였는데 주홍색으로 칠했다. 반곡역과 도경리역에서 본 것 같은 미닫이문 도르래 틀이 이곳에도 남아있다. 주로 산간형에 남아있어서 산간형에만 쓰인 것으로 생각하기 쉬우나 이 역시 표준설계에 사용되던 부재 가운데 하나였다. 도르래 틀은 하늘색으로 칠했는데 조형적으로 보면 선형 요소를 이룬다. 의자와 벽과 도르래 틀이 만나는 지점은 현대 추상화를 보는 것 같다. '의자—아래 벽—위 벽—도르래 틀'로 구성되는 추상화 한 장을 감상할 수 있다. 분홍색 면, 초록색 띠, 주홍색 면, 하늘색 선, 하얀색 면의 다섯 요소가 어울린다.[22]

색과 기하학적 어울림 모두 적절하다. 넓은 주홍색 면을 하늘색 선이 십자 형태로 분할하고 왼쪽 끝을 의자의 분홍색 면과 초록색 띠가 차지한 분할이다. 위쪽은 벽의 하얀색 면이 길게 자른다. 분할은 안정적이면서 경쾌하다. 두 난색이 주를 이루면서 한 색으로 포인트를 주었다. 색은 원색이 아닌 2차색이다. 파스텔 톤까지는 안 갔지만 강렬한 자극은 피해간다. 사각형과 선과 색으로 구성되는 추상분할의 미학이다. 해가 좋은 날은 햇빛이 요

21, 22, 23 따로따로 나누어 본 맞이방 풍경. 포인트는 색과 기하학적 어울림.

구조 구성과 접합에서 손맛의 공예미학이 느껴지는 매표소 앞 선반.

술을 부린다. 오후, 왼쪽에서 한줄기 햇빛이 들어와 의자 위에 앉는다. 주변은 어둑어둑해지는데 혼자 미소가 빛난다.[23] 신비로운 분위기마저 느껴진다. 이놈도 30분 후면 사라질 터이지만, 내일 또 올 것이다. 햇빛은 그래서 좋다. 오래 머물지 않아서 아쉬울 만하면 사라진다. 그 대신 내일 또 온다.

매표소를 새로 냈는데 아직 옛날 매표소 앞 선반은 남아있다. 선반을 받치는 까치발 부재도 잘 남아있는데 이중으로 만든 점이 특이하다. 선반을 돌출부재가 한 번 받치고 이 돌출부재 자체를 다시 진짜 까치발로 받치고 있다. 돌출부재는 뭉툭한 각목이고 진짜 까치발은 사선으로 잘랐다.[24] 그러나 위아래에 턱을 두어 완전히 사선은 아니다. 끄트머리가 둔탁해 보이기는 하는데 한국 특유의 덩어리 미학도 느낄 수 있다. 특히 위쪽이 그렇다. 직사각형 각목 단면 두 개가 위아래로 나란히 겹치며 수직을 이루는데 쉽게 볼 수 있는 장면은 아니다. 매표소 선반이 남아있는 것도 희귀한 경우인데 그것을 받치는 까치발, 그것도 이중 까치발까지 남아있는 건 더욱 희귀하다.

이것도 공예미학의 하나이다. 넓게 보면 구조미학으로도 볼 수 있으나 건물이 아닌 가구 스케일에 썼기 때문에 공예미학으로 보는 것이 좋다. 좋은 예로 손으로 만든 옛날 가구를 보면 구조 구성과 접합 등이 그대로 드러나면서 그 모습 자체가 미학다운 장면이 되기도 한다. 손맛을 추적해서 구체적 조형 장면으로 볼 수 있는 경우이다. 이제 가구도 기계로 만들게 되면서 이런 미학은 볼 수 없게 되었다. 구조 구성과 접합이 드러나면 대량생산하는 데 불리하기 때문이다. 이곳 심천역 맞이방 매표소 앞 선반에는 손맛이 아직 남아있다. 의자, 벽체, 도르래 틀과 함께 생각하면 심천역의 맞이방은 나무 공예의 전시장이라 할 만하다.

산골처녀 같은 반곡역

반곡역은 깊은 산속에 자리한다. 등록문화재로 지정된 간이역 가운데
도경리역과 구둔역과 함께 제일 깊은 산속일 것이다. 아마 셋 중에서도
제일 깊을 것이다. 찾는 데 애를 많이 먹었다. 도저히 역이 있을 곳이라
고는 상상이 가지 않는 산속에 들어앉았다. 반곡동까지는 쉽게 갔는데
동네사람들에게 물어도 정확하게 아는 사람이 없었다. 난처한 표정을
지으며 도망치듯 가버리는 아줌마도 있었고, 그냥 손가락으로 9시 방향
을 가리키며 저 속 어디에 있다는 것만 안다는 경비원 아저씨도 있었다.
한숨을 푹 쉬며 힘들어하는 할아버지도 계셨다. 도경리역도 이러지는
않았다. 국도에서 지선을 따라 한참 들어가긴 했지만 그래도 도로를 잘
닦아났고 역이 있을 거라고 믿어지는 곳에 있었다. 역 앞 광장도 제법 넓
었다. 큰 길에서 들어갔다고 하지만 산을 오르지는 않았다. 같
은 고도를 따라 옆으로 들어갔다.

　반곡역은 이보다 심했다. 같은 큰 길을 이리저리 여러 번 왔
다갔다 하다 드디어 들어가는 입구를 찾았다. 진짜 고민은 그
때부터였다. 민가들 사이를 지나 산을 오르다 다시 오솔길처
럼 좁디좁은 길로 한 번 더 꺾어 들어갔다. 길은 포장이 되긴
했지만 시멘트로 만든 밭 사이의 좁은 간이도로였다. 설마설
마하다 조마조마 하며 오르는데 버스정류장 팻말 정도 되는
안내간판이 반겨준다. '반곡역' 이라며 직진 화살표를 그려놓
았다.[25] 드디어 찾았구나 하는 안도의 한숨이 나온다. 이 길은
어렸을 때 아버지 손잡고 성묘 가던 그 산길을 많이 닮았다.

간이도로의 반곡역 표지판.

반곡역 차로 쪽 전경.

우리나라 시골 어디서나 볼 수 있는 편한 야산이다. 그래도 치악산 끄트
머리 고도 300~400미터 되는 곳이다. 어릴 적 기억으로 치면 할아버지
산소가 있을 법한 깊은 산속에 반곡역이 있었다. "깊은 산속 옹달샘" 까
지는 아니더라도 "깊은 산속 반곡역" 이었다. 역 앞에 광장을 만들어놓긴
했으나 면적도 좁았다. 허름한 농가 세 채가 마주하고 있다.

　반곡역의 첫 인상은 이런 산속에 맞는 의젓한 모습이었다. 차로 쪽에
서 보자면 산간형에 맞는 높은 수직 비례를 보여준다. 맞이방동이 특히
그렇다. 오른쪽으로 치우친 편심 구도인데 도심 큰 머리형(일두형)으로
봐도 좋을 정도로 크고 높다.[26] 폭부터 건물 전체의 절반에 육박할 정도

27 수직성이 강한 반곡역 출입
구(차로 쪽).
28 반곡역 철로 쪽 전경.

이고 높이로 치면 역무실동의 두 배는 된다. 맞이방에 역무실이 딸린 것
처럼 보일 정도로 주인공은 맞이방동이다. 박공도 동촌역만큼 급하지는
않지만 밑변 각도가 45도는 되어 보인다. 동촌역 다음으로 급하다. 출입
구를 중심으로 강한 수직 축이 지배한다. '세 단의 계단-출입문-창-
차양-창-간판'으로 급하게 이어진다.[27] 산간형답게 출입구 차양 위에
창을 넣어 수직 비례를 도왔다. 보통 세 쪽 창이나 여기서는 두 개로 합
한 뒤 각각을 다시 이등분했다. 특이한 점은 출입문과 차양 사이에 창을
하나 더 넣은 것이다. 높이를 맞추기 위한 것으로 맞이방동의 비례가 그
만큼 수직적임을 보여준다. 다른 산간형 역들보다 수직성이 급하고 역
동적이다. 그만큼 전체적인 인상도 강하다. 깊은 산속에서 기차역으로
서 자신의 존재를 드러내는 역할을 다했다 할 만하다.

　차로 쪽 인상은 딱히 뭐라 한마디로 단정하기가 어렵다. 건물 전체가
그렇게 크지 않아서 위압적으로 느껴지지는 않는다. 한쪽으로 치우쳐서
대칭을 완전히 깼기 때문에 반듯해 보이지도 않는다. 비례만 보면 산간
형에 손색이 없을 수직성이 드러나지만 그게 다는 아닌 것 같다. 역무실

동은 수평으로 뻗기 때문에 대비를 이루는 것 같으나 불편해 보이지는 않는다. 한국다움의 냄새가 나는 안정적 분위기와 산간형의 수직 비례가 섞여 있다는 것이 정확할 것이다. 양면성은 철로 쪽에서 반복된다.

철로 쪽은 분위기가 많이 다르다. 일단 비례가 많이 낮아졌다. 차로보다 철로가 조금 높아서 그렇다. 맞이방도 계단을 세 단 올라서 들어가게 되어있다. 철로 쪽 높이는 이 계단 세 단만큼 낮아진 것이니 차로 쪽의 강한 수직 비례는 거의 찾아볼 수 없다. 그렇다고 한국형의 수평 비례까지 가지는 않았다. 적절한 중간상태, 딱 그것이다. 너무 튀지도 늘어지지도 않는 중간상태이다.[28] 제일 평범한 것 같은데 간이역들 하나하나를 따지고 보면 거의 유일한 경우이다. 대부분 수직적이거나 수평적이거나 한 쪽으로 치우치는데 반곡역은 절묘하게 중간을 유지한다.

철로 쪽 구성은 표준설계를 따랐다. 맞이방과 역무실 돌출부, 그 위에 얹은 두 장의 박공, 지붕과 차양, 기둥과 간판 등 간이역의 기본 구성을 깔끔하게 갖췄다. 심천역, 동촌역과 동일한 표준설계이다. 비례가 너무 중간적이어서 평범해 보이는 것과 마찬가지로 너무 표준적이라 두드러진 특징이 한눈에 드러나지 않는다. 일단 첫인상은 한국다움이다. 본 지붕과 차양을 하나로 이어 홑 지붕으로 만든 점과 박공 두 장이 어울리는 모습 등은 한국다운 분위기를 보인다. 기둥 사이 간격이 셋인데 다 다른 점도 그렇다.[29] 제일 왼쪽 간격은 아주 좁고 나머지 둘은 비슷해 보이나 가운데가 조금 넓은 것 같다.

표준설계에 따라 간이역 기본 구성을 갖춘 반곡역(철로 쪽).

반곡역 정면 전경(철로 쪽).

　건물 전체가 약간 기울었는데 반드시 오래돼서 그런 것만은 아닌 것
같다. 더 오래된 역들도 군국주의 군인처럼 기합이 들어간 차렷 자세로
남아있는 예들이 많은데 반곡역만 세월의 무게에 눌렸다고 보기 어렵
다. 처음부터 정합이 잘 맞게 짓지 않았다고 볼 수 있다. 이런 점에서 심
천역과 반대이다. 비 계산적이고 어수룩한 한국다움이다. 이를테면 일
산역에서 본 것과 비슷한 느낌으로 한국다운 편안함이라 할 만하다.
　그렇다고 일산역과 아주 닮은 것도 아니다. 일산역과는 또 다른 느낌
이다. 그게 뭘까, 한참을 보고 있었다. 아침 일찍 도착했을 때는 해가 들
지 않았다. 앞에 작은 동산이 있어서 해를 가리기 때문에 처음에는 박공
끝부터 빛을 받다가 해가 점점 높아지면서 몸통이 빛을 받고 드디어 차
양 깊은 곳까지 충분히 해가 들었다. 위치를 잘 잡았다. 앞산 높이와 해
길을 잘 파악한 것 같다. 주변은 아직도 아침 그림자로 어두운데 반곡역

31, 32 자연 풍광과 어우러진 반곡역.
33 순수하고 깨끗해 보이는 건물 밑동.

만 스포트라이트 받듯 빛났다.[30]

　빛 받는 면적이 조금씩 늘면서 느낌도 조금씩 왔다. 산골처녀였다. 아침 해를 받으며 모습을 드러낸 산골처녀 같았다. 어딘가 수줍어하면서도 풋풋한 건강함이 넘쳐났다. 주변 나무가 덤불이건 나목이건 사철 상록수이건 꽃 덩어리건 상관없이, 하늘과 구름이 흰색이건 회색이건 상관없이, 햇빛의 세기나 방향에 상관없이 혼자서 꿋꿋하게 존재했다.[31] 고고하거나 거만하다는 건 아니다. 그만큼 산속 풍경과 잘 어울린다는 뜻이며, 스스로 산속 풍경 요소 중 하나라는 뜻이다. 기우뚱한 모습이 일산역처럼 세월의 무게로 느껴지지 않고 때 묻지 않은 순수함으로 다가왔다. 옥색으로 칠해서 그런지 파란 하늘과 어울리면서 '푸르른 건강함'을 강하게 풍긴다.[32] 참 오랜만에 써보는 단어다. 푸르른 건강함. 나이 40은 족히 넘은 세대들이 몇 십 년 전 초등학교 국어 교과서나 동요 가사에서나 들었음직한 그런 단어다. 울긋불긋 꽃단장한 서울 처녀에게서는 전혀 느낄 수 없는 원시적 아름다움이다.

산골의 햇볕을 즐기는 낭만의 반곡역

색을 새로 칠해서 그런지 젊고 건강해 보인다. 건물 밑동을 옥색과 연두로 칠해서 더 그런 것 같다. 산속에 잘 맞는 색이다.[33] 기둥은 펄럭이는 옷고름 같다. 봄볕에 달떠 달덩이 같은 동그란 얼굴에 미소를 담고 옷고름을 펄럭이며 무엇인지 모를 그 무엇을 기다리는 산골처녀 모습이다.[34] 말을 걸어도 새침하지 않게 잘 받아줄 것 같다. 그러나 수줍어하는 것은 잊지 않아서 도시인을 더 빨아들이는 묘한 촌다운

매력을 지녔다. 산간형 한국다움이라 할 만하다. 차양에 서서
철로 쪽을 보면 치악산 끝자락이 보이는 점은 산간형의 전형적
장면이다. 그러나 정작 그 차양을 멀리서 보면 산골처녀 같다.

군이 구별할 이유는 없다. 차양 속에서 바라보는 앞산 풍경은
곧 무언가 동경하는 그리움으로 산속 생활을 즐기는 산골처녀
의 마음 그것이다. 그래서 그런지 차양 속 구조미학이 유난히
깔끔하고 청정하다. 부재는 많이 쓴 편인데 복잡하게 엉키지 않
고 명쾌한 한계를 잘 지켰다.[35] 하루에도 십수 번 앞을 지나다니
는 석회석 열차가 지루할 만도 한데, 한쪽으로 살짝 비껴서 손을
흔들어준다.[36] 친절해서 고맙다. 밖에서 보는 인상이 이렇고 밖
을 향하는 마음이 또 이러니, 밖에서 본 모습과 안에 들어가서
본 풍경이 군이 다를 이유는 없다.

산골처녀의 분위기를 일반화시키면 목가적 낭만성으로 볼
수 있다. 이런 점에서는 동촌역과 유사하다. 그러나 동촌역에서
처럼 서양의 풍경화를 보는 것 같은 그림다움의 느낌은 약한 편
이다. 동촌역보다는 한국다움이 더 강하다. 두 역의 건축 구성
이 비슷하기 때문에 반곡역도 철로 쪽에서 가까이 보면, 건축부
재의 종류 자체는 비슷하나 느낌은 많이 다르다. 일단 비례가
수평적이어서 서양식 그림다움이 나오기에는 적합하지 않다.
두 박공의 관계도 서양식 대비가 아니라 한국식 어울림이다.[37]
지붕과 차양도 휘었다. 이국적 느낌이 약하다. 한국형이라고까지 할 수
는 없어도 점점 한국다움이 짙어진다. 일본식도 아니다. 아니면, 서양
식—일본식—한국식을 구별하지 말라는 뜻 같기도 하다.

산속에 위치해서 그런지 주변에 나무가 많다. 보통 역사 조경의 하나

34 봄볕을 맞은 철로 쪽 차양.
35 차양 속 구조미학.
36 차양 아래서 본 철로의 기차.

로 일부러 나무를 심지만 이곳은 따로 그럴 필요가 없다. 아직 나목으로
남은 초봄이라 나무 종류를 알기 어려운데 주변에 벗나무와 은행나무가
에워싸고 있다. 차로 쪽에서 보면 건물과 함께 어울린다. 역무실 중간쯤
에 한 그루, 맞이방동 오른쪽으로 비켜서서 또 한 그루, 큰 나무 두 그루
가 역을 호위한다. 나목 가지가 머리카락 휘날리듯 박공과 어울린다. 철
로 쪽에서 보면 지붕 너머로 나무가 머리를 내민다. 나무는 늘 따라다닌
다. 나무 없이 생각하기 힘든 역이다.

벗꽃이 좋다기에 봄에 다시 갔다. 아뿔사, 한 발 늦었다. 날씨를 생각
해서 비 온 다음 날 갔는데 역무원 말이 어제 비에 꽃이 다 졌다 했다. 왕
벗나무였다. 꽃이 지고 이제 막 파란 새순이 세상 공기를 첫 호흡하고 있
었다.[38] 오른쪽으로 조금 비켜서서 10미터도 훌쩍 넘는 큰 은행나무가
장쾌하게 서 있다. 맞이방 실내를 새로 칠하고 있었다. 이번에는 회색이
었다. 지난번 옥색이 좋은 것 같았는데, 역무원 말이 보통 일 년마다 색

37 수평 비례가 한국적인 반곡
역 철로 쪽 디테일.
38 나무가 호위하듯 둘러싼 반
곡역(차로 쪽).

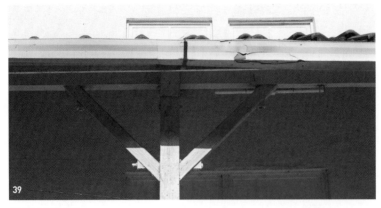

철로 쪽 차양과 기둥.

을 바꿔가며 칠한다고 했다.

　반곡역은 다른 역에 비해서 빛 작용이 뛰어나다. 환경 탓도 크다. 공기 좋고 햇빛이 강렬한 강원도 산골이라 그럴 것이다. 건물 탓이 더 크다. 부재 수가 적고 간결한 구성이라 그렇다. 음영을 살리기에 적합하다. 이런 점에서 가은역과 반대다. 가은역도 문경 산골이라 환경으로 치면 원주 치악산보다 못할 것이 없지만 건물이 다르다. 가은역은 부재가 많고 잔손이 많이 가서 공예미학과 물건의 미학이 두드러지면서 상대적으로 빛의 역할을 축소시켰다. 반곡역은 반대로 나가 빛을 살리는 쪽을 택했다.[39]

　앞에서 봤던 산골처녀 같은 간결함과도 통한다. 산속에서 햇볕을 제일 잘 받을 수 있는 존재는 자연은 모르겠지만 사람 가운데에서는 산골처녀이다. 산속에 살기 때문이라는 것만으로는 설명이 안 된다. 간결함이 생명이다. 거꾸로 산골처녀는 햇볕을 잘 받기 위해서 간결해지는 것일지도 모른다. 산골처녀에게 가장 좋은 화장은 햇빛이다. 이걸 본능으로 안다. 가장 예뻐 보이기 위해서 햇빛을 어떻게 받아야 하는지를 잘 안

측면에서 본 철로 쪽 차양과 구성.

다. 햇빛을 피하기 위해 선크림, 온갖 화학약품을 바르는 도시 처녀와는 정반대이다.

간결함에도 종류가 있고 간결함이 햇볕을 받아내는 모습에도 종류가 있다. 반듯한 간결함은 빈틈없는 찬 얼음 같고 여기에 햇볕이 닿으면 미니멀리즘이 된다. 반곡역의 간결함은 좀 다르다. 풋풋함이고 여기에 햇볕이 쏟아지면 산골처녀의 모습을 닮게 된다. 햇볕을 받는 양상도 다르다. 반듯한 간결함은 '햇볕이 닿는다' 라는 말이 어울리고 풋풋한 간결함은 '햇볕이 쏟아진다' 는 말이 어울린다.[40] 반듯한 간결함은 햇볕을 가려 받는다. 스스로 다듬고 꾸민 내용이 많아서 햇볕이 많아지면 이것이 망가진다고 걱정을 하기 때문이다. 이것을 지키거나 보강하는 선에서만 햇볕을 받는다. 풋풋한 간결함은 미리 정해놓은 것이 딱히 없다. 그래서 가릴 것도 사양할 것도 없다. 오는 대로 받으면 자연스럽게 피어난다. 산골처녀는 이것을 본능적으로 안다. 아니, 따지지 않는다. 이런 걸 따지는

41, 42 쏟아지는 햇볕을 적절히 차단하는 철로 쪽 차양. 265쪽 사진 33 참고.

것 자체가 도시인의 계산적인 조형의식일 뿐이다.

또 다른 관건은 치수인데, 차양 깊이가 중요하다. 너무 깊으면 짙어지고 얕으면 연하다. 짙으면 무섭고 무겁다. 연하면 방정맞고 가볍다. 반곡역은 절묘하게 중간을 유지했다. 건물 전체의 비례가 그랬듯 차양 깊이도 중간을 유지했다. 빛을 적당히 들이고 끊으면서 그림자 구사가 완숙하다. 많이 해본 솜씬데 교묘하지는 않다. 자연스럽다. 그냥 햇볕을 잘알아서 가리지도 사양하지도 않고, 햇볕과 잘 어울릴 뿐이다. 빛은 차양속 벽면 아래까지 들어온다. 벽의 위는 어둡고 아래는 밝다. 벽의 아랫부분이 밝기 때문에 기둥 그림자를 받을 수 있다.[41,42]

그림자는 문양으로 나타난다. 바닥을 치고 오르는 간접 광이 더해지면서 음영 대비는 심하지 않고 점진적이다. 모자를 쓴 것 같으나 천천히보면 표정을 다 읽을 수 있어서 좋다. 맞이방 출입문을 통해 차로 쪽 풍경이 겹쳐 보인다. 그 위에 다시 기둥 그림자까지 얹히면서 다양한 조형요소가 어울린다. 차로 쪽에서 들어오는 빛 때문에 이 부분의 조도는 중간이라서 음영 대비를 완화시키는 데 도움이 된다. 표정을 읽는 데도 도움이 된다. 차양을 받치는 기둥이 처마 선보다 조금 안쪽으로 들어가면서 기둥 위에도 그림자가 진다. 이번에도 적당하다. 너무 많이 들어가면 묻혀버리고 처마 선 끝까지 나오면 그림자가 아예 지질 않는다. 반곡역은 적당해서 그림자 효과가 제일 좋을 지점에 그림자가 진다. 가새 아랫부분에 그림자가 끊기면서 기하학적 문양을 만들어낸다. 기둥은 확연하면서 신비롭다. 분명히 있는데 없는 것 같다. 밝을 대로 밝다가 어슴푸레하다.

한옥의 창을 닮은 반곡역 맞이방

반곡역의 하이라이트는 맞이방이다. 간이역 표준설계 가운데 하나인 도르래 달린 쌍 미닫이문이 아직도 원형대로 남아있다.[43] 문턱을 바닥에

43

은은한 옥색과 연둣빛으로 칠해진 맞이방 내부.

깔아서 레일을 아래에 내는 대신 위쪽에서 도르래를 이용해서 문을 움직이기 때문에 아주 부드럽게 밀고 닫을 수 있다. 힘 하나 안 들이고 스르륵 움직인다. 미닫이문은 가끔 빡빡하거나 열다가 걸리는 등 불편이 있는데 이런 것들도 전혀 없다. 건물 전면에 문을 내는 데에도 유리하다. 문턱을 바닥에 깔고 레일을 내면 문을 열었을 때 문짝이 들어갈 공간이 필요하기 때문에 실제 사용하는 문짝의 두 배 너비를 문으로 내야 한다. 여기처럼 문짝이 두 개면 모두 네 개의 문을 내야 한다. 이렇게 되면 맞이방동 전면 폭을 전부 출입문으로 만들어야 되기 때문에 구조적으로나 외관상으로나 문제가 많아진다. 문짝은 두 짝으로 한정하는 것이 좋다는 뜻이다. 이런 이유

때문에 도르래를 사용하지 않을 경우에는 미닫이문이 아닌 여닫이문으로 만드는 것이 보통이다. 미닫이문을 두고 싶을 때에는 도르래를 이용하면 두 짝으로 막을 수 있다. 두 문은 열고 닫을 때의 느낌, 열고 닫는 정도의 조절, 외관 모습 등에서 차이가 있다. 미닫이문은 사람의 진행 방향과 문을 여는 방향이 직각이기 때문에 문을 열기 전에 한 번 멈춰야 된다. 이 때문에 승객이 많은 역에는 안 맞을 수 있다. 실제로 미닫이문을 쓴 역은 이곳 반곡역 이외에 도경리역, 심천역, 동촌역 등으로 앞의 두 역은 산간형이고 동촌역은 승객이 그리 많지 않은 역이었다. 그나마 승객이 많았던 도경리역은 불편을 덜기 위해 측면에 노천 출입구를 별도로 뒀다. 반면 여닫이문은 걸어오면서 바로 열 수 있기 때문에 기차역 같은 공공건물에 제일 많이 쓰인다.

미닫이문은 옆으로 밀어서 열고 닫기 때문에 열고 닫는 정도를 조절하기에 유리하다. 한옥의 창과 같은 원리로 작동한다. 여닫이문도 그럴 수는 있지만 반쯤 열어놓으면 동선과 충돌이 일어날 수 있기 때문에 불리하다. 외관에서는 미닫이문이 음영이 더 짙게 지는 편이다. 밖에서 봤을 때 문짝이 벽 안쪽으로 파고들어가야 하기 때문에 문설주보다 안쪽에 난다. 이 때문에 문설주 깊이만큼 음영이 진다. 여닫이문은 벽과 같은 선에 내도 상관없다. 손잡이 등 디테일에서도 차이가 난다. 미닫이문은 문짝 위에 홈을 파는 데 반해 여닫이문은 손에 잡히는 손잡이를 낸다. 한옥에 미닫이문이 많고 서양은 전부 여닫이문이기 때문에 미닫이문이 한국다운 분위기를 낸다고 볼 수 있다. 혹은 서구화나 근대화의 진척 정도를 가늠하는 기준으로 생각할 수도 있으나 그보다는 문화적 분위기 차이로 보는 것이 더 타당하다. 한옥에도 솟을대문*등 여닫이문을 함께 사용했기 때문에 미닫이문을 썼다는 것만으로 재래적이라고 볼 수 없다.

*솟을대문: 좌우의 행랑채 지붕보다 높이 솟게 지은 대문.

44

반곡역 맞이방 미닫이문의 짝짝이 정첩.

도르래의 흔적이 남아있는 역은 몇 개 되나 말 그대로 흔적만 남아있으며 도경리역과 심천역은 문 자체를 아예 여닫이문으로 바꿔버렸다. 반곡역은 도르래까지 포함해서 원래 미닫이문이 그대로 남아있는 유일한 역이다. 도르래라는 것이 이제는 사전 속의 단어로만 남아있는데 이곳에서 그 실체를 보았다. 디테일이 흥미롭다.[44] 문짝과 틀을 연결하는 정첩이 양쪽이 다르다. 왼쪽 것은 단순한 형태인데 오른쪽 것은 멋을 좀 부렸다. 형태에 맵시를 내고 접합볼트도 여럿으로 나눠서 그대로 노출시켰다. 심천역 맞이방이 목공예의 전시장이라면 이곳은 옛날 기계인 도르래를 볼 수 있는 곳이다.

아무튼, 이 문은 여러 번 열고 닫아볼 일이다. 귀신처럼 스르륵 열리는 맛이 미소를 자아낸다. 손끝에 느껴지는 그 스르륵 하는 맛이 낚싯줄에 붕어 걸린 손맛에 뒤지지 않는다. 문이 이러니 역의 분위기가 오붓하고 가족적으로 느껴진다. 한옥이 연상되면서 집 분위기가 나기 때문이다. 문 하나의 역할이 이렇게 크다. 실제로 문의 열고 닫음을 조절해서 다양한 풍경을 즐길 수 있다. 한옥에서 창을 이용한 풍경 작용에 해당된다. 문은 액자를 만들고 그 속에 풍경을 담는다. 문의 열고 닫음을 조절한다는 것은 곧 액자의 크기와 형상을 다양하게 만들 수 있다는 뜻이고, 이는 궁극적으로 그 속에 담기는 풍경을 조절하는 결과로 나타난다. 위치에 따라 몇 가지 구체적 예를 보자.

대합실 속에서 철로를 향해서 봤을 때, 두 문을 모두 반쯤 열면 차양을 받치는 기둥이 오른쪽 문 끝에 살짝 걸리며 보이기 시작한다.[45] 오른쪽

45, 46 맞이방 미닫이문을 열고
본 철로 쪽 풍경.

문을 조금 더 열면 기둥이 온전히 모습을 드러낸다. 그림자도 함께 드리우며 대합실 안까지 들어온다. 마치 경주 양동마을에 있는 향단의 사랑채를 보는 것 같다. 문을 조절해서 열면 대청 한가운데 있는 기둥이 액자속 풍경처럼 들어오는 장면을 연상시킨다. 역 건너편 치악산 끝자락의 동산 풍경이 함께 들어오면서 시골 간이역의 목가적 낭만성이 절정에 달한다. 등록문화재 간이역 맞이방에서 제일 서정적이고 아름다운 장면이다. 30분 정도 머물면 지나가는 기차를 만날 수 있다. 풍경 속에 기차가 담겼다가 곧 사라진다.[46] 움직이는 풍경 요소이다.

　뒤로 돌아 차로 쪽을 봐도 액자 속 풍경만 바뀔 뿐 풍경 작용은 마찬가지이다. 이번에는 건너편 농가가 풍경의 주인이 된다. 새마을운동 이후시골 농가의 교복처럼 된 파란색 지붕을 인 농가 정면이 오른쪽 절반을차지하고 시멘트벽을 드러낸 회색 창고가 왼쪽 절반을 차지한다.[47] 철로쪽을 봐도 그렇고 차로 쪽을 봐도 그렇고, 모두 풍경화 그 자체이다. 액자

맞이방 미닫이문을 열고 본 차로 쪽 풍경.

속에 한가롭고 평화로운 시골 풍경을 여러 종류로 담아낸다. 이마저도 철 따라 날씨 따라 또 바뀔 것이다. 일 년 내내 매일 풍경화를 바꿔 달면서 사는 기분일 것이다.

지금까지 본 것은 문이 만드는 액자를 홑겹으로 만든 경우였다. 두 겹으로 만들 수도 있다. 차로 밖으로 나가 맞이방을 가로질러 철로 쪽을 보는 경우와 그 반대의 경우이다. 액자 속 풍경의 종류는 위 홑겹의 경우와 같으나 액자가 여러 겹인 것이 차이점이다.[48] 중간에 맞이방을 관통하기 때문에 액자가 단순한 프레임이 아니라 3차원 공간이 되는 점도 특이하다. 회화에서는 절대 경험할 수 없는 3차원 공간 속 풍경을 감상할 수 있다. 그 대신 풍경 자체는 상대적으로 작아진다. 거리도 멀어지고 그 주위를 여러 겹의 문과 공간이 감싸기 때문이다. 풍경에 대한 집중도는 높아진다. 홑겹인 경우 가까이에서 손만 뻗으면 만질 수 있고 액자 전체를 풍경이 가득 채우기 때문에 신비감이 떨어지는데 두 겹인 경우에는 그 반대이다. 풍경은 멀고 아스라하며 여러 겹의 문이 에워 싸고 중간에 공간 켜도 있기 때문에 도달하기도 쉽지 않아 보인다. 어려울수록 애절하고 애절할수록 집중하는 법. 풍경은 작은 대신 또렷이 눈에 들어오고 가슴에 찰칵 박힌다.[49]

겹겹의 미닫이문 너머로 본 철로 쪽 풍경.

앞뒤 출입문 이외에 옆면의 창도 넓어서 맞이방 실내는 어차피 풍경으로 넘쳐난다. 맞이방 한 쪽은 매표소로 막혔지만 반대편은 전면 창으로 봐도 좋을 정도로 창 면적이 넓다. 옆면 창에 보이는 풍경은 새로 지은 역 화장실인데 평범한 주택 모습이다. 앞뒤로 봤던 것보다 낭만성은 덜하다. 모서리에 서서 출입문과 함께 보면 좀 낫다. 차로 쪽 출입문과 함께 보면 길 건너 농가와 어울리는 집 풍경이다. 철로 쪽 출입문과 함께 보면 집 반, 자연경치 반이다. 창이 넓으니 빛이 산다. 햇볕 좋은 날 가면 실내 가득 밝은 빛으로 가득하다. 빛과 그림자가 짝을 이뤄 실내 분위기를 수시로 바꾼다. 실내 밝기도 조절하고 문양도 그린다. 간이역의 대표선수, 긴 의자도 잘 갖추었다. 빛은 의자 위에 내려앉고 벽에는 흔적을 남긴다. 실내 전체를 옥색 한 가지로 칠해서 빛이 합세하면 분위기는 차가우면서도 포근해진다.

반곡역의 건립연대에 대해서는 1941년과 1952년, 두 가지 주장이 있다. 처음 지은 것은 1941년인데 1952년에 큰 수리가 있어서 그렇다. 현재 역은 두 상태가 섞여 있는 걸로 보면 된다. 문화재 기록에 의하면 1941년 7월 25일에 보통역으로 영업을 시작했다. 이때 개량형 일본식 목구조에 비늘판벽의 외장으로 지었다. 비늘판벽은 서양의 싱글 앤 스틱 스타일(shingle and stick style)*로 동촌역 창고를 생각하면 된다. 1952년에 철도역

*싱글 앤 스틱 스타일(shingle
and stick style): 목조 벽체와
목재 기와로 지은 서양의 전
통가옥 양식.

*함석지붕: 양동이나 대야를
만드는 함석으로 인 지붕. 함
석은 얇은 철판을 아연으로
도금한 것.

겹겹의 미닫이문의 공간미학과 낭만성.

사와 역사 화장실로 규모를 정리하고 화장실과 계전기실을 증축했는데
이때 역사도 흙벽에 시멘트 뿜칠 마감과 함석지붕*으로 수리해서 현재
에 이른다. 6 · 25 전쟁과 1 · 4후퇴 때에는 인민군이 장악하면서 전투가
있었다는 기록이 남아있다. 1952년의 수리는 아마도 이때 부서진 걸 고
친 것 같다. 1974년 3월 15일에 소화물 취급을 중단했으며 현재는 하루
에 상행 2회, 하행 2회 총 4회만 출퇴근 시간에 기차가 선다.

chapter 8

신촌역, 화랑대역

옷가게에 깔려 겨우 살아남은 신촌역

간이역이란 단어를 생각하면 두 가지가 떠오른다. 하나는 건물 자체에 대한 것으로 어느 규모 이상을 넘지 않으면서 비교적 단순한 구성을 갖는 역이다. 또 하나는 입지에 대한 것으로 시골처럼 비교적 인구가 적은 지역의 역이다. 첫 번째는 절대적이고 두 번째는 반드시 그럴 필요는 없으나 거의가 그렇다. 이렇게 보면 도심에 짓는 간이역은 좀 예외적인 경우라 할 수 있다. 현재 남아있는 간이역 가운데 도심에 있는 경우는 신촌역, 화랑대역, 동촌역 셋이다. 진해역도 도심이긴 하나 도시가 너무 작기 때문에 제대로 된 도심이라고 하기는 어렵다.

앞의 세 역의 위치도 당시에는 완전한 도심이 아니었다. 신촌역은 신문명의 발상지로서 어느 정도 번화했다 볼 수 있으나 화랑대역은 지금도 행정구역만 서울이지 입지는 시골에 가깝다. 동촌역은 중간쯤 된다. 입지에서 완전히 같은 공통점을 찾기는 어려우나 세 역은 건축적으로

서울 도심에 위치한 신촌 기차역 전경.

비슷한 점이 많다. 모두 '큰 머리형'이라 부를 수 있는 공통적 특징을 갖는다. 이런 공통점이 역의 입지와 일정한 연관성을 갖는 것은 아닐까 생각해볼 수 있는 대목이다.

큰 머리형이란 역의 건축적 구성이 큰 덩어리 하나만으로 이루어졌다는 뜻이다. 이런 점에서 일두형이라 부를 수도 있다.[1] 보통 간이역은 옆으로 길면서 맞이방동과 역무실동으로 나누어진다. 역무실동은 길 경우 그 속에서 한 번 더 나누어지는데, 큰 머리형은 길이가 짧으며 분할 구성이 약하다. 큰 머리통 하나만으로 이루어졌다. 이런 구성은 번잡한 도심속에서 자신의 존재를 알리기 위한 목적을 가지므로 도심이라는 입지와 연관성을 갖는다 하겠다.

신촌역은 동명의 지하철역이 생긴 다음부터 넘버 투로 밀리는 슬픈 운명을 맞이했다. 이후부터는 힘든 나날의 연속이었다. 지하철역과 구별하기 위해 '기차'라는 단어를 붙여 '신촌 기차역' 혹은 '기차 신촌역'이라고 불러야 했다. 지하철을 부를 때는 아무도 '신촌 지하철역'이나 '지하철 신촌역'이라고 하지 않는다. 신촌역이라고 하면 으레 지하철역으로 알아듣는다. '신촌역'의 주인 자리를 지하철에 내주고 뒷방으로 물러앉은 꼴이다. 이름을 대하는 걸 보면 그 의미하는 바가 크다. '기차역'이라는 단어를 앞에 붙여야만 구별이 되는 명칭과 똑같이 사람들은 신촌역의 존재와 의미도 구석으로 밀어내기 시작했다.

그렇게 힘든 시간을 보내기 20여 년, 그 동안은 그래도 견딜 만했다. 나이 든 세대는 원래의 신촌역, 그러니까 기차 신촌역을 많이들 기억하고 있다. 역 자체보다는 이곳을 지나는 기차가 데려다주는 장소 때문이었다. 신촌역은 다 알다시피 경의선과 교외선이 지나가는 역이다. 서울역이나 용산역 같은 대형 역에서 떠나는 경부선이나 호남선 같은 유명 노선만 아는 사람들에게는 낯선 이름일 수 있다. 그러나 서울 근교를 즐겨 찾는 사람들에게는 매우 익숙한 이름이다. 지금은 불타 없어졌지만 여기서 기차를 타고 '백마'라는 곳에 내리면 예쁜 카페가 있었다. 신촌 일대에서 대학시절을 보낸 젊은이들의 데이트 장소에는 반드시 이 카페가 들어있을 정도였다. 꼭 대학생일 필요는 없다. 1980~1990년대를 보낸 젊은이들이라면 데이트 코스로 한 번쯤 다녀왔을 곳이다. 장흥도 백마역의 그 불탄 카페와 함께 인기 있는 데이트 코스였다. 신촌역에서 기차를 타면 일산 근처 유원지인 장흥에 갈 수 있었다.

이것도 호시절이라면 호시절이었다. 그 다음부터는 이보다도 못한 수난이 기다리고 있었다. 백마역의 그 카페가 불탄 게 하나의 징조였을까, 신촌 민자역사 얘기가 나오기 시작하면서 옛날 신촌역은 완전히 애물단지가 되었다. 시행사 쪽에서 보면 돈벌이에 걸림돌일 뿐이었다. 거의

새로운 민자역사와 옛날 신촌역.

'알박기' 수준으로 버티고 있는 걸로 밖에 안 보였을 것이다.[2] 처음에는 완전히 철거하려 했다. 민자역사가 대형 의류매장을 낀 상업시설로 결정되면서 돈벌이에 도움이 안 된다는 단순무식한 논리였다. 여기저기에서 보존운동이 일어났다. 이대를 비롯한 신촌 일대 시민세력들이 연대해서 보존운동을 폈다.

　주변 상인들은 다른 이유로 끼어들었다. 용산 참사와 같은 이유였다. 새로 들어설 민자역사가 무척 커서 옛날 신촌역 하나만 달랑 허무는 것이 아니라 주변의 오래된 건물까지 여러 채 한꺼번에 헐어야 했기 때문이다. 그렇게 되면 헐릴 건물에 비싼 보증금 내고 세 들어 장사하던 영세 상인들은 거의 보상을 못 받고 쫓겨나게 될 판이었다. 주변의 오래된 상권까지 가세하면서 민자역사 자체에 반대하는 운동으로까지 번졌다. 신촌권 학생들과 시민단체는 건물 자체의 중요성을 근거로 철거에 반대했다. 여러 해 동안 밀고 당기기를 한 끝에 결국 새 역사 앞에 옛날 역을 다

큰 덩어리 하나로 이뤄진(일두형) 신촌역.

시 짓는 걸로 타협하고 공사를 진행했다. 아는지 모르는지, 당시 사진을 보면 정작 당사자인 신촌역은 주변의 이런 소란에 아랑곳 않고 잘 서 있다.[3] 지금은 갈색 계열로 다시 칠했지만, 간이역의 교복인 푸른색 계열의 색을 입고 서 있다. 품위를 잃지 않은 자그마한 몸집의 노인 같은 느낌이다.

어쨌든, 타협의 결과가 지금의 모습이다. "고무신에 껌 붙은 것처럼", "고목나무에 매미 붙은 것처럼" 거대한 상업 건물 한 편에 애물단지로 빌붙어 있는 형국이다.[4,5,6] 이곳의 원래 주인이었는데 세월의 무상에 밀려 공룡 같은 옷가게들에 깔려 있다. 앞에 옥외 주차장을 내려고 바짝 밀어붙이다 보니 자기 몸의 몇 십 배 되는 공룡을 등에 업고 헉헉대는 수준이다. 품에 안기질 못한다. '옛다, 이거나 먹고 떨어져라!' 하며 기분 나쁘게 집어던져 쑤셔 박아놓은 형국이다. 사실 이전이라고 특별히 나을 것은 없었다. 늘 이래왔다. 이전에는 옥외 주차장 한 편에 등 떠밀리듯 처박혀 있었다. 불필요하게 땅이나 차지하며 주차 공간이나 갉아먹는 식충이 대하듯 했다.[7] 이 오래된 기차역은 늘 불쌍하게 따가운 눈총을 받으며 오랜 세월 잘도 버텨왔다.

신촌역, 한국다운 덩어리 미학과 기하학적 비대칭

기차 신촌역은 그렇게 만만한 역이 아니다. 생김새부터 안정적 조형미를 갖추었다. 맞이방이 전체의 7할 정도를 차지하고 있고 역무실을 측동 형식*으로 덧붙였다.[8] 남평역에서 본 것 같은 해학의 단계를 넘어선 단연 큰 머리형의 일두형 구성이다. 맞이방의 전체 형상은 매우 친근하다. 정육면체 비례를 갖추어서 안정적 덩어리 느낌을 풍긴다. 심심할까봐

*측동 형식: 본체 옆에 건축구성을 달리해서 덧붙이는 처리.

4, 5, 6 대형 의류매장과 새로운 민자역사 사이에 낀 신촌역.
7 거대한 새 역사를 짓기 전 옛날 신촌역 앞의 모습.

지붕 쪽을 툭툭 잘 쳐냈다. 절반 정도 높이에서 45도 각도로 경사지붕을
낸 다음 정상부에서 앞쪽으로 살짝 한 번 더 쳐내 부분 모임지붕을 만들
었다. 선의 변화는 적절하고 기하 미학은 경쾌하다. 애교머리를 한 올 내
린 격인데 경직되기 쉬운 정육면체 비례에 레몬즙 한 방울 떨어뜨린 것
같은 상쾌한 파격이다.[9] 아니면 운동회 때 등장하는 큰 공을 보는 것 같
다. 건물이기 때문에 구조적 이유로 밑동을 쳐내지는 못했으나 윗 부분

을 쳐낸 것만으로도 충분히 공을 연상시킨다. 그것도 운동회 때 큰 공이다. 친근하기도 하고 놀이 본능을 자극하기도 한다.

이런 처리는 매우 한국적이다. 큰 머리형 구성은 한국 특유의 덩어리 미학의 일환이다. 떡의 미학은 그 최고봉이요, 댓돌과 다듬잇돌이 그 뒤를 잇는다. 두상 하나만으로 이루어진 불상도 같은 격이다. 은진미륵에서 볼 수 있듯 미륵불도 이 구성이다. 모두 추억 속 생활 미학이다. 이를테면 지금은 고인이 된 개그맨 김형곤의 비례를 보면 왠지 푸근한 인간미를 느끼는 이치이다. 다음으로 각도를 쳐낸 솜씨가 한국식 털털한 손맛을 낸다. 배 한 덩어리를 손에 들고 큰 칼로 여기 한번 툭, 저기 한번 툭 쳐낸 것 같은 무심한 솜씨다. 그러나 각도와 비례는 잘 짜여서 반듯하다.[10] 빈틈은 많아 보이지 않는다. 단발머리 한 모범생 여고생을 보는 것 같다. 절묘한 양면성이다. 기분 따라 선택할 수 있는 장점이 있다. 마음이 흐트러져 다잡고 싶을 때에는 반듯한 모범생의 모습을 보면 된다. 좀 흥거워 정을 나누고 싶을 때에는 한국식 떡의 미학을 취하면 된다. 누군가가 막 그리울 때에도 마찬가지로 떡 대하듯 하면 된다.

8 안정적인 일두형(큰머리 형) 구성의 신촌역 전경.
9 경쾌한 선과 기하미학, 한국 특유의 덩어리 미학을 보여주는 신촌역 맞이방 외관.
10 반듯하고 모범적인 창의 구성과 비례.

큰 머리형 구성은 도심에 잘 맞는 조형이다. 시골 간이역이 옆으로 길게 누운 다음 작은 덩어리 몇 개를 나누어 더한 '여러 머리 형' 구성인 것과 대비된다. 도심에서 작은 건물이 여러 덩어리로 나뉘면 무시받기 십상이다. 분산은 허점이 될 수 있다. 기능적으로도 안 맞는다. 사람들 왕래가 잦은데 거추장스러울 수 있다. 안으로 챙겨넣어 야무지게 뭉친 형상이 잘 맞는다. 다부진 방어의 느낌이 믿음을 준다. 눈에도 잘 띈다. 큰 덩어리 하나 턱하니 박아놓으면 안심이다. 사람들이 바글대는 속에서는 머리통이 큰 '큰 바위 얼굴'이 눈에 잘 띄는 것과 같은 이치이다.[11]

엄격한 좌우대칭 창은 이런 전체적 분위기에 적절한 구성이다. 중앙의 출입문을 기준으로 양옆에 수직으로 긴 창을 냈다. 출입문에는 차양을 달았고 그 위에 옆으로 긴 창을 하나 더 냈다. 세 쪽 창을 조금 변형한 것이다. 출입문 양옆과 위에 수직 창과 세 쪽 창을 갖는 이런 구성은 간

다부지고 주목성이 뛰어난 신촌역의 일두형 모습.

좌우대칭의 기하미학과 안정감
을 느낄 수 있는 출입문.

이역 표준설계에 해당된다. 조형적 의미는 유형에 따라 조금
다르다. 산간형에서는 수직 비례를 돕는 역할을 한다. 이곳
신촌역의 큰 머리형에서 좌우대칭은 단순 기하형태에 형식
을 준다. 정육면체에 건축적, 조형적 형식을 더함으로써 기
하 입방체를 공공 기능체로 만든다. 형식은 곧 믿음과 안정
의 원천이다. 도심 속 기차역으로 제 격을 획득했다.[12]

좌우 동형대칭이지만 자세히 살펴보면 딱딱하지만은 않
다. 기하학적 분할이 뛰어나다. 지붕 경사선의 끝은 정사각
형 입면을 수평으로 이등분한다. 출입구 차양의 위치와 일치
한다. 출입구 차양은 지붕 경사선이 벽 바깥쪽에서 분할한
위치를 안에서 확인한다. 길지는 않아서 이등분을 강요하지
는 않는다. 눈이 좀 밝은 사람이면 마음속에 선 하나 슥 그어보고 지긋이
웃을 수 있다. 이등분선을 찾아냈으면 그 다음부터는 쉽다. 출입문과 양
옆 창 두 개는 이등분된 아래쪽 부분을 수직으로 삼등분한다. 치우치지
않고 공평하게 나누어서 건물 밑동에 안정감을 준다. 삼등분의 암시는
이번에도 벽 밖에서 반복된다. 이번에는 위쪽이다. 부분 모임지붕의 밑
변이 삼등분 지점을 짚고 있다.

기하 단위들의 어울림에 섬세하게 신경을 썼다. 출입문과 양옆 두 개
창이 수직으로 발기했지만 차양과 그 위의 수평창이 눌러주니 과하지
않다. 마지막으로 간판이 한 번 더 힘을 보탠다. 모자를 잘 씌워 안심할
수 있는 형국이다. 기하를 참 잘 썼다. 수직과 수평 사이의 줄다리기는
어느새 손잡고 빙빙 도는 원무의 어울림으로 발전한다. 잘 섰고 잘 참았
으니 그 힘이 즐거운 놀이에 쓰였다. 이쯤 되면 대칭 구도를 비대칭으로
끊어보는 재미를 즐길 수 있다.[13] 세 발자국 다가가서 마음속에 뷰파인더

를 만들어 여기 찰칵, 저기 찰칵 끊다 보면 비대칭 미학의 천국
이 펼쳐진다. 비대칭 구도를 비대칭으로 끊으면 불안할 수 있
지만 대칭 구도를 비대칭으로 끊는 것이기에 언제라도 돌아갈
'마지막 보루'가 있다. 불안해진다 싶으면 언제라도 뷰파인더
를 닫고 세 발자국을 물리면 다시 안정적 전체 모습이 눈에 들
어온다. 비대칭으로 끊어보기는 심각한 노력이 아니라 흥겨운
놀이로 즐길 수 있다.

13
출입문과 창문에서 발견한 대칭 속의 비대칭

　차양을 중심으로 위아래의 기하 처리가 대비된다. 아래쪽
은 직사각형 세 개가 차지하면서 정형적인 분위기이다. 밑동
이니 안정감을 주어야 했을 것이다. 위쪽에서는 파격을 모색
한다. 차양 바로 위에는 직사각형 윗변 양끝을 처낸 넓적한 비
정형 육면체를 올렸다. 사선으로 처낸 선은 기울기가 완만해서 편안한
수평 느낌을 준다. 위쪽 박공의 급한 사선과 맞장구를 친다. 같은 사선이
니 닮겠다는 뜻이고, 기울기가 다르니 진정시키려 든다. 밀고 당기는 양
면 작전이다. 그래서 흥겹다. 그 위의 간판은 나중에 붙인 것 같은데 차
양 위 창의 파격을 잠시 진정시킨다. 그것도 잠시, 박공 꼭짓점을 부분
모임지붕으로 처리해서 삼각형 고깔을 씌운 꼴이 되었다. 사각형 속에
서 수평-수직이 구축한 십자 축 질서를 쿨렁 한 번 흔든 격이다. 끄트머
리였기에 그야말로 한 번 '쿨렁'으로 끝났다.

정밀한 선의 미학이 돋보이는 신촌역

정밀한 치수 조절이 돋보인다. 양옆의 두 창은 출입문보다 조금 위로 올
라갔다. 이런 처리는 건물 전체에 활력을 준다. 도심 속 기차역에 어울리
는 느낌이다. 그러나 이번에도 과하지 않고 잘 참았다. 올라간 정도가 섬

섬세하고 조화로운 신촌역의 창과 문의 구성.

세하다 못해 미세하다. 정확히 차양 중간에서 끊었다. 센티미터의 미학이다. 뼘 내에 들어오는 섬세한 치수이다. 차양을 넘어 섰으면 방정맞았을 것이다. 절묘하게 끊었다. 출입문에 맞췄으면 풀 죽은 강아지처럼 보였을 것이다. 도심 역에서는 미덕이 아니다. 볼수록 절묘하게 끊었다. 사실 이런 건 아무도 가르쳐주지 않는다. 알고 끊었으면 영특한 것이고, 적당히 끊었는데 이렇게 된 것이면 매우 직관적이다.

선이 섬세하다. 다시 복원해서 그런지 문틀과 문설주 등 창호 디테일을 잘 살려냈다. '추억의 나무 문짝'이다.[14] 건물 벽의 평활함과 대비를 이루면서 선을 참 잘 썼다. 창은 창대로, 문은 문대로 스스로에게 잘 맞는 선의 윤곽을 갖추었다. 굵은 선으로 바깥 틀을 짜서 벽면으로부터 전이를 잘했다. 그 속에 가는 선으로 창을 나누고 문살을 짰다. 크게 나눌 때는 중간 선을, 잘게 나눌 때는 가는 선을 썼다. 창틀끼리 들고남도 굵기에 잘 견줬다. 음영은 과하지도 부족하지도 않고 적당하다. 멀리서 보면 창과 문을 명확히 인식시켜준다. 건물의 인상은 자신감이 넘치고 똘똘해 보인다. 도심역의 미덕이다. 가까이서 보면 구석구석 화장 잘한 솜씨가 돋보인다. 친절하고 예절 발라 보인다. 신경 좀 썼구나 싶고, 대접받는 느낌이고, 고맙다. 손님 맞을 줄 아는 역이다. 이 또한 도심역의 미덕이다.

차양은 그쪽대로 기하학적 비대칭과 선의 미학을 섞어 낸다. 수직 창 셋을 냈는데 창의 모양, 크기 간격이 동일하다. 나름 규칙을 지키며 동일성을 주장한다. 차양 기둥이 어깃장을 놓는다. 기둥이 셋인데 간격이 다 다르다.[15] 반곡역에서 봤던 그 파격이다. 위치도 들쭉날쭉이다. 창과의 관계를 보자면, 창 앞에 선 놈, 약간 비켜선 놈, 좀 떨어진 놈이다. 모든 게 가지런한 걸 못 참는 한국다운 국민성이다. 조형가로 환산하면 비대칭의 미학이 된다. 창을 가지런한 대칭으로 짜고 그 위에 오버랩 되는 기둥에 어깃장을 놓아 비대칭을 가하는 처리는 차라리 절묘하다. 흔히 비대칭이라 하면 창부터 그렇게 하는 게 보통인데 이는 노골적 비대칭이다.

여기서는 은근히 했다. 맞이방동과의 관계 때문이었을 것이다. 건물 전체 구성에서 맞이방동이 한쪽으로 쏠리면서 큰 머리형을 이루기 때문에 이 자체가 심한 비대칭이다. 여기에 세 창마저 비대칭으로 했으면 건물 전체가 대 혼란에 빠졌을 것이다. 일단 세 창은 가지런히 놓는 게 정답이다. 그렇게 해놓고 보니 거꾸로 지루해졌다. 큰 머리형은 딱딱한 수문장처럼 느껴진다. 좀 풀어줄 필요가 있다. 마침 기둥 셋이 있다. 간격과 위치를 흐트러뜨려 어깃장을 놓으니 원하는 대로 되었다.[16]

가까이서 보면 기둥과 창틀이 선의 미학을 벌인다. 기둥은 간결하다. 주두를 없애서 기둥 수직선과 가새 사선만으로 담백하다. 차양 안쪽의 창틀도 비슷한 분위기이다. 수직 창을 다시 길게 2등분하고 각각을 6등분, 총 2열×6단으로 분할했다. 규칙적이고 가지런한 분할이다. 가은역에서 봤던 것과 다른 느낌이다. 이로써 기둥 선과 창틀 선이 모두 반듯하고 가지런해졌다. 다시 지루한 게 걱정이 되었을 것이다. 간격과 위치에 어깃장을 놓은 것이 이번에도 보상을 해준다. 결국 기둥 선과 창틀 선이 어울리는 문제인데, 어깃장 덕분에 그림들이 다양해졌다. 창틀 왼쪽 옆에 서기도 하고 오른쪽 옆에 서기도 한다.[17]

왼쪽 옆에 선 기둥은 홈통을 가졌는데 겹 지붕이 되면서 재미있어졌다. 위쪽 본체 지붕의 홈통 가운데 수직 부분을 아래쪽 차양 위로 늘어뜨렸는데, 중간에 끊어버렸다.[18] 아래쪽 차양의 홈통까지 잇지 않고 차양 윗부분에서 끊었다. 물은 기와를 타고 내려와 아래 홈통에서 다시 만날 것이다. 다른 간이역에서는 볼 수 없는 신촌역만의 홈통 처리이다. 위쪽 홈통과 아래쪽 홈통의 수직 부분의 위치도 살펴야 한다. 가지런히 맞출 만도 했는데 약간 틀었다. 튼 정도가 미미해서 언뜻 보면 맞췄다고 우겨도 될 법하다. 치수를 섬세하게 쓴 전체적 특징이 여기에까지 나타났다. 오른쪽 옆에 선 기둥은 상대적으로 더 간결하다. 부재 구성만 그런 것이 아니라 기둥과 창 사이 간격도 적

17 기둥 선과 창틀 선이 만드는 신촌역의 아름다움.
18 신촌역만의 독특한 홈통 처리.

차양 기둥의 간결한 부재 구성과 가새의 율동감.

절하다. 친하면서 과하지 않은 거리이다. 왼쪽 가새가 창과 만나는 장면
이 마치 팔을 벌려 춤을 추는 것 같다.[19]

이상이 어울리면서 흥겨운 율동을 느낄 수 있다. 안정감과 율동을 모
두 취한 또 다른 양면성이다. 모두 도심 속 공공건물에 요구되는 건축적
미덕이다. 과하지 않은 흥분을 준다. 이 역 앞에 섰을 때 느껴지는 묘한
이중적 분위기이다. 입가에 미소가 번지면서 기차의 역동을 연상해보지
만 사방으로 난잡한 발걸음을 딛지는 않는다. '신촌'이라는 상징성과도
잘 어울린다. 예를 들어 춘포역이나 화순역 같은 구성이었으면 '신촌'에
는 안 맞았을 것이다. 촌스러웠을 것이며 더욱이 시간의 흐름에 지쳐 뒤
처졌을 것이다.

신촌역은 유라시아대륙 횡단철도의 출발점

연세대가 터를 닦고 이화여대가 뒤따라 들어온 그 옛날, 아직은 서울도

아닌 교외 시골의 그야말로 '새로운 동네'였던 때부터 신촌은 외래 문물과 젊은이 문화의 중심지로 한국 현대사를 가로질러왔다. 처음 개통했을 때 신촌역은 연대생의 검은 사각모나 망토, 이대생의 양장만큼 새로운 외래 문물이었다. 흥겨우면서도 안정적인 조형 처리는 이런 당시 분위기를 고민해서 만들어낸 결과였을 것이다. 어느새 시간이 훌쩍 흘러 지금은 장충체육관보다 더 큰 옷가게 건물이 야비한 알루미늄 광택을 번질거리며 주인 자리를 차지해버렸다. 그러나 신촌역은 항시적 미학을 획득한 듯 그 한 구석에서 훨씬 품위 있는 자태를 뽐내고 있다. 차라리 잘 되었다. 천박한 부동산 투기건물이 밀고 들어왔기에 신촌역의 심미성이 더 돋보인다. 이 세상에는 돈이나 크기만으로는 셈이 안 되는 '가치'라는 것을 보여준다.

신촌역 자체는 앞으로 커나갈 가능성이 농후하다. 한반도 내에서 작게 예측해보자. 북한과의 관계가 풀린다고 보면 경의선은 계속 활기를 띠며 왕래가 늘어날 것이다. 그에 따라 신촌은 남북 화해의 준비 공간이자 통일의 전진기지가 될 수 있다. 지구본을 놓고 지구 전체를 보면 더 가슴이 설렌다. 경의선은 유라시아대륙 횡단철도의 출발점이 될 수 있다. 이를 생각해서 이대 앞에는 '북역'이라는 이름의 카페도 있다. 이 철도가 중국과 시베리아 벌판을 횡단해서 닿는 종점이 파리 북역이기 때문이다. 쉽게 말해 신촌역에서 김밥이랑 삶은 달걀이랑 사이다를 사서 기차를 타고, 화투짝이라도 때리면서 앉아 있으면 파리 북역까지 간다는 말이다.

이처럼 신촌역은 다른 간이역과는 역사성이 좀 다르다. 과거의 역사도 그렇고 미래의 역사도 그렇다. 1920년대 서구 신문명의 역사성도 식민성과 연계해서 엄밀히 따져봐야 할 문제이긴 하지만, 그래도 쌀가마나 연탄 실어 나르던 수탈의 역과는 분명 다르다. 당시 서구 신문명이 온전히 식민성의 산물인 것만은 아니었다. 우리의 주체의식도 일정 지분을 갖는다는 뜻이다. 미래도 그렇다. 폐가처럼 방치되고 관광지로 개발이나 되어야 겨우 산소호흡기 뗄 처지에 놓인 다른 역들과는 다르다. 신촌역은 개성이나 신의주는 물론이고, 중국도 가고, 몽고도 가고, 시베리아 바이칼호수도 갈 수 있는 곳이다. 중국을 거쳐 터키와 프랑크푸르트에도 가고 파리까지 들어갈 수도 있다. 시베리아 노선이라면 모스크바를 거쳐 파리에도 갈 수 있다.

옛날 역이 작고 오래되고 낡아서 새 역을 크고 번듯하게 지으려는 생각이 들 수도 있다. 그런데 이게 웬 말인가. 동대문운동장에 이미 10채 가까이 들어선 대형 의류매장이 미국의 각종 프렌차이즈 먹을거리 가게들을 끼고 그 자리를 차지해버렸다. 더욱이 이대역 앞 지척에는 이와 비슷한 크기의 대형 의류매장이 또 하나 있는데 말이다. 이곳은 옛날 역을 중심으로 훨씬 더 문화적인 접근을 했어야 했다. 요즘 서울 도심을 사람을 위한 공간으로 탈바꿈시키는 새로운 시도를 많이 하는데, 너무 4대문 안에만 집중되어 있다. 신촌은 4대문 못지않게 번화하면서 한국 현대사에서 중요한 의미를 갖는다. 신촌 기차역은 그 한복판에서 지난한 세월을 다 지켜보며 기록해온 곳이다. 이런 역사성을 살려 남북 화해를 기념하고, 통일 후를 대비하는 경의선의 주요 거점 지역으로 삼았어야 했다.

이런 고급 상징성을 갖는 장소는 흔치 않다. 돈 주고도 못 사는 것이고, 일부러 만들어내려 해도 만들 수 없는 은혜 같은 기회이다. 이런 기회는 대작이 나올 수 있는 중요한 밑천이다. 맨땅에 일부러 대작 만들기는 쉽지 않지만, 이렇게 기회가 좋을 때에는 그 기회만 충분히 살려 그에 마땅하게만 지어도 대작은 저절로 나온다. 우리는 그 기회를 송두리째

날렸다. 대형 옷가게가 웬 말인지 모르겠다. 어차피 이대 앞이라는 게 옷가게 동네인 건 세상이 다 아는 사실이다. 부산, 광주, 제주도, 일본, 대만, 중국에서까지 소문 듣고 옷을 사러 올 정도이다. 주변에 이미 옷가게가 골목골목 충분히 넘쳐나고 있는데, 또 대형 옷가게라니 도무지 이해가 안 간다. 거꾸로 파리 북역에서 유라시아 횡단 대륙철도를 타고 극동의 끄트머리를 보러 오는 유럽인도 많을 텐데, 이들이 종점이라고 내린 곳에 옷가게만 널려 있다면 우리의 문화 수준은 무엇이 되는가. 그야말로 '온 지구에 창피할' 노릇이다. 러시아와 중국, 나아가 유럽까지 바라보며 미래 한민족의 웅비를 담당한다고 지은 역이 고작 옷가게들 때문에 압사당할 지경이다.

분단되기 이전 신촌역은 경의선의 출발점으로 한반도의 서북쪽, 더 나아가 만주까지 나가는 제법 큰 관문이었다. 이대와 연대라는 신학문의 근거지이자 젊은이 문화의 중심지였기 때문에 기차로 통학하는 사람도 제법 되었다. 이후 버스가 발달하고 지하철이 생겨 점점 쇠퇴의 길을 걸어오다 최근 민자역으로 다시 태어났다.

신촌 기차역의 성격은 축소적 낭만과 확장적 규모의 양면성을 갖는다. 낭만성은 교외로 나가는 관문에서 온다. 신촌역은 오래된 동동 열차*타고 백마까지 가서 커피도 마시고 시골길도 걷는 낭만적 데이트 코스의 출발점이었다. 도시생활에서 빠질 수 없는 기차역의 중요한 기능이다. 낭만성은 최근 개발한 여러 종류의 이벤트 열차에 흡수되었다. 교외선을 타고 와인을 마시면서 서울을 한 바퀴 도는 노선에 흡수된 것이다. 규모의 미덕은 앞에 얘기한 경의선의 발전 가능성인데, 심하게 왜곡되어 방향을 완전히 잘못 잡았다. 웬만한 백화점보다도 더 큰 대형 의류매장을 낀 상업공간으로 변질되어버린 것이다.

*동동 열차: 1990년대까지 교외선을 오가던 낡은 디젤열차. 연기를 내뿜는 소리가 동동거린다 해서 붙인 이름.

큰 박공 하나만으로 구성된 화
랑대역.

단순함이 미덕인 화랑대역, 큰 박공 하나와 넓은 맞이방

화랑대역은 간결하다. 큰 박공 건물 한 채가 전부다. 그 속에 맞이방과
매표소, 역무실이 모두 들어있다. 육군사관학교의 별명인 화랑대 앞에
있는 이 역은 사관생도처럼 반듯하고 단정하다. 정면에서 보면 특히 그
렇다.[20] 창과 차양 같은 디테일을 최대한 자제해서 기합 잘 들어간 사관
생도처럼 곧은 모습이다.(1939년에 지어졌기 때문에 이런 유추는 물론 우연의 일
치를 가정으로 해야 한다.) 단순함을 넘어 추상적 분위기까지 느껴지는데 결
국 기하학적 덩어리감이라는 근원적 미학을 지향하는 느낌이다. 근원성
은 삼원색의 칼라코드가 강화시킨다. 나중에 칠한 것인데, 건축 성격에
잘 맞추었다. 노란 벽면에 빨강색과 파랑색으로 포인트를 주어 삼원색
을 갖추었다. 건물 밑단과 간판은 파랑색으로, 지붕 윤곽선과 차양은 빨
강색으로 각각 칠했다. 날씨 맑은 날이면 푸른 하늘이 파랑색 배경을 제
공한다. 맑은 날 보면 마치 강렬한 세 가지 원색으로 꾸몄던 코닥필름 광
고사진을 보는 것 같다.

단순함의 미학은 절묘한 좌우 배치로 더욱 살아난다. 안정적이면서도 흥겨운 조형성을 동시에 갖췄다. 좌우 동형대칭은 아니지만 비대칭적 대칭이다. 삼각 박공의 꼭짓점을 기준으로 삼아 좌우를 따져보자. 오른쪽에는 출입문과 차양이 있고 왼쪽에는 큰 창이 있다.[21] 나무에 가려서 안 보이지만 이 창 옆으로 역무실동이 꽁지처럼 이어진다. 꽁지 부분에는 작은 창이 하나 더 있다. 똑같이 겹치지는 않기 때문에 좌우 동형대칭은 아니다. 그러나 좌우 양쪽 부분의 건축부재를 견주어보면 얼추 비슷하다. 저울에 달면 어느 한쪽으로 기울지 않고 그런대로 평형을 유지할 것 같다. 오른쪽 출입문의 진공 부분 면적은 왼쪽 창 두 개의 진공 부분 면적에, 오른쪽 차양의 무게는 왼쪽 꽁지 매스의 무게에 각각 근사(近似)하는 것으로 추정해도 무리가 없어 보인다.

좌우 동형대칭이란 말 그대로 가운데를 축으로 삼아 접으면 좌우가 똑같이 겹친다는 뜻이다. 이런 구성은 자칫 단조로우면서 권위적이 되기 쉽다. 이것을 피한 것은 변화도 주고 친근하게 보이고 싶다는 뜻으로 읽을 수 있다. 비대칭적 대칭이 그 조형 전략이다. 비대칭적 대칭이란 언뜻 보면 비대칭으로 보이는데, 천천히 따져보면 좌우 조형가가 대칭이 된다는 뜻이다. 위의 저울 얘기가 여기에 해당된다. 이 전략 속에는 두

21 비대칭의 대칭을 보여주는 화랑대역 전경.
22 화랑대역 정면의 창문과 출입구.

가지 의도가 숨어있다. 좌우 동형대칭의 단조로움은 피하되 너무 번잡해지는 것 또한 피하겠다는 양면성이다. 흥겨운 율동감이 느껴지면서도 흐트러지지 않고 절제력이 묻어난다. 좌우가 따로 놀지만 균형은 확실히 잡고 있어서 불안해 보이지 않는다.[22]

이런 처리는 기차역에 잘 맞는 조형성이다. 좌우 동형대칭은 규모가 작은 간이역에는 기본적으로 맞지 않는다. 특히 교조적 느낌, 즉 법제성(institution)을 피하고 싶다면 더욱 그렇다. 법제성이란 형식성에 강하게 의존하는 판에 박은 권위인 셈인데 각종 공공건물의 기본을 이루는 조형성이다. 도심에 지어진 대형 기차역이라면 법제성이 필요할 수 있다. 많은 물류와 사람이 오가는 번잡한 장소라서 질서유지가 최우선이기 때문에 법제적 권위를 통해 최소한의 질서를 잡아야 한다. 간이역은 좀 다르다. 질서유지보다는 친숙함이, 법제적 권위보다는 여행의 흥겨움이 우선이 될 수 있다. 서울 사람들에게 경춘선이 갖는 감성적 의미를 생각하면 더 그렇다.

맞이방에 들어서면 넓은 공간감이 대표적 특징이다.[23] 여러 다른 간이역들보다 확실히 넓다. 이번에도 친숙함을 계속 유지하는데 정사각형의 비례감이 그 비밀이다. 한쪽으로 길었으면 황량함이나 위압감이 느껴졌을 것이다. 예를 들어, 철로 쪽으로 길었다면 대부분의 공간이 통로로 쓰이면서 황량했을 것이다. 반대로 철로 쪽 방향에 직각으로, 즉 맞이방에 들어섰을 때 양옆으로 길었다면 큰 공간이 덩그러니 남으면서 위압적이었을 것이다. 여기에서는 정사각형에 가까운 비례가 되면서 여유와 안정감을 주고 있고 이는 곧 친숙함으로 느껴진다. 정사각형의 기하학적 조형성 가운데 하나이다. 대부분의 간이역 맞이방이 아늑한 스케일을 보이는 것과 다른 점이다.

화랑대역 맞이방 내부.

건축적으로 보면 '내외부 일치'라는 것으로 외관에 나타난 큰 머리형과 그 속 공간이 일치한다는 뜻이다. 이는 솔직성으로 건축적 미덕 가운데 하나에 해당한다. 겉 다르고 속 다르지 않다는 뜻이다. 외관을 보면서 가졌던 큰 머리의 인상이 안에 들어와서도 동일하게 계속되면서 심리적 안정감을 준다. 둘이 다르다고 다 거짓말쟁이인 것은 아니지만 적어도 심리적 감성적으로 급변할 테고, 여기에 적응하려면 많은 에너지를 쓰게 되면서 피로감이나 불쾌감을 유발할 수는 있다. 이는 여행의 설렘을 안고 기차를 타러 오는 손님에 대한 올바른 예절이 아니다.

맞이방 창문과 철로 쪽 모습이 독특한 화랑대역

맞이방 안을 자세히 들여다보면 창이 독특하다. 먼저 분할을 보자. 창 하나의 수직 길이를 옆으로 넓적한 네 개의 직사각형으로 분할해서 안정감을 높였다. 건물 전체에서 느껴지는 안정감의 연장으로 볼 수 있다.[24] 진짜 특이한 것이 있는데 잠금장치이다. 이 창은 특별한 공식 명칭이 없는 "옛날식 나무 창문"이다. 전통시대에서 개화기나 일제강점기로 넘어오던 시기에 쓰이던 나무창이다. 옛날에는 흔했다. 20세기 전반부에 지어진 오래된 학교나 낮은 빌딩 같은 곳에서 아직도 드물게 볼 수 있는 창이다. 간이역도 그 중 하나인데 화랑대역 창이 특이한 것은 잠금장치이다.

24

맞이방 창문의 구성과 분할.

기다란 열쇠처럼 생긴 쇠막대기를 손으로 돌려서 잠그고 풀게 되어 있는 디테일이다.[25] 요즘은 원터치로 잠그게 되어 있어서 편리하지만 이 디테일은 창문을 잠그려면 몇 초 동안은 엄지와 검지를 이용해서 쇠막대기를 부지런히 돌려야 한다. 풀 때도 마찬가지이다. 지금 기준으로 보면 불편할 수 있겠지만 그래도 자잘한 재미들이 있다. 어른들이 세게 잠가 놓으면 어린아이들 힘으로는 못 풀 때도 있어서 엄마나 형을 찾게 되는데 이것은 가족들 사이의 의사소통을 자연스럽게 증가시키는 장치일 수 있다. 아기가 창밖으로 떨어지는 것을 방지하는 장치가 되기도 한다. 문을 한 번 열거나 닫으면 손가락 끝에 딱딱한 쇠막대기의 기억이 제법 오래 남는데, 무엇보다도 내 집의 일부에 내 몸의 일부를 밀착시켜서 비벼댄다는 것 자체가 집에 대한 애착과 친밀감을 높여준다. 집과 사람이 점점 분리되어가는 요즘, 오히려 그리워지는 옛날식 불편함이다.

디테일의 힘이라는 것이다. 모든 것이 기계화되면서 디테일이 사라져간다. 규모의 경제가 지배하면서 역시 디테일이

25

화랑대역 맞이방 창문의 옛날식 잠금장치.

26
맞이방의 하얀색 창틀과 나무의자.

사라져간다. 크고 단순한 게 미덕인 세상이다. 그래야 한번에 크게 한탕 건질 수 있기 때문이다. 이럴수록 자잘한 것들을 잘 지켜야 한다. 후기 산업사회의 문화 자체가 섬세한 관찰을 요구하는 쪽으로 변하고 있기도 하다. 너무 거창하게 들린다면, 그냥 나의 정서순화를 위해서 섬세한 어루만짐이 절대적으로 필요한 것이라고 해두자. 증거를 대라면, 이곳 화랑대역에 와서 맞이방 창의 잠금장치를 다섯 번만 열고 닫아보라고 하고 싶다.

잠금장치에 잠시 눈을 빼앗겼는데 자세히 보니 간이역 맞이방의 대표선수인 나무의자도 굳건히 살아있다. 창이 의자 바로 위까지 길게 내려오기 때문에 창과 의자가 한 장면 안에 들어온다. 조금 당겨 보면 창틀 아랫부분과 의자 윗부분이 함께 어울린다.[26] 둘 다 목조 디테일이 뛰어나다. 창틀은 각자 역할에 따라 선의 굵기를 다양하게 조절한다. 앞의 여러 역들에서 봤던 장면이다. 의자는 판재를 이어 붙여 안정적 면을 제공한다. 둘을 합해 보면 선과 면이 어울리는 미학이다. 심천역에서도 비슷한 장면이 있었는데 차이도 있다. 심천역에서는 색을 여럿 섞고 변화도 심한 편이어서 추상화처럼 나타났는데, 여기에서는 목조 디테일의 미학을 드러낸다.

선로 쪽 입면에서는 차양이 단연 도드라진다. 전체적 분위기는 정면과 유사하다. 크고 넓적한 박공 안에 모든 기능이 다 들어있고 좌우는 비대칭적 대칭이다. 박공 꼭짓점을 기준으로 왼쪽에는 맞이방이, 오른쪽에는 매표소와 역무실이 들어있다.[27] 맞이방은 창문과 출입문을 갖는다. 오른쪽에는 역무원 출입문, 역무실 돌출부, 창문이 순서대로 늘어섰다. 차로 쪽에서는 돌출부 없이 창의 면적만으로 좌우 사이에 저울의 균형

철로 쪽에서 본 화랑대역 전경.

을 이루었는데, 철로 쪽의 비대칭적 대칭에는 역무실 돌출부가 들어가면서 더 재미있어졌다. 좌우 조형가를 계산하는 방정식이 다양해졌다. 창의 면적만으로 따질 때에는 덩어리의 조형가는 없었는데 이번에는 들어갔다. 왼쪽 맞이방의 창과 출입문이 압도적으로 크고 넓은데 왼쪽의 돌출 덩어리가 그 무게를 상당 부분 상쇄시켜 극적으로 저울의 균형을 잡았다.

좌우 균형을 보고 나니 철로 쪽 전면에 늘어선 요소들이 리드미컬하다. '창–문–문–창–창–창'인데, 모든 요소가 크기와 모양이 다르다. 그러나 완전히 다르지는 않아서 최소한의 공통점을 갖는다. 다른 듯 같고 같은 듯 다른데, 한국다운 조형미이다. 그러면서 리듬을 만들어내는데 이 또한 한국다운 조형미이다. 창을 참 잘 썼다는 생각이 든다. 큰 머리형은 큰 바구니로 읽힌다. 그 속에 아기자기 많이 담은 셈인데 복잡

28

건물 벽면의 번잡함과 불균형을 잡아주는 긴 철로 쪽 차양.

하지 않지만 단조롭지도 한다. 단순함을 유지하되 일정하게 흥겹고, 경쾌하지만 역시 일정하게 안정적이다.

왜 그럴까 봤더니 차양의 역할이 크다. 맞이방 출입문에서 역무실 돌출부까지 길게 이어진다.[28] 좌우 동형대칭을 깨는 역할을 했지만 완전히 파토를 놓지는 않는다. 비대칭적 대칭을 돕는다. 박공 꼭짓점을 기준으로 차양의 좌우 길이를 대보면 오른쪽이 좀 긴데, 이는 왼쪽 출입문 면적이 넓어서 생기는 불균형을 잡아주는 역할을 한다. 좌우 길이를 떠나서도 그렇다. 여러 종류의 문이 긴 길이에 걸쳐 일렬로 늘어서는 데서 오는 번잡을 많이 잡아준다. 마치 사관생도가 모자를 쓴 모습 같다. 위에서 눌러주는 힘이다. 눈썹과 눈까지 가려서 많은 걸 생략한다. 그러나 복면처럼 아주 가린 건 아니다. 누군지는 안다. 위에서 눌러주어 좀 차분한 인상을 준다. 여러 종류의 창이 어울리는 흥겨움은 살아있다. 단, 그것이 과해서 흥분으로 번질까봐 애쓴 모습이다.

기둥 구조의 백화점, 화랑대역

차양을 받치는 구조 방식이 평범한 듯 복잡하고, 복잡한 듯 간결하다. 제대로 된 기둥 두 개와 벽에서 돌출한 가새 형식의 간이 기둥이 두 개다. 제대로 된 기둥은 맞이방 앞 차양을 받치고 간이 기둥은 역무실 돌출부 차양을 받친다. 차양이 맞이방과 역무실 돌출부를 하나로 묶으면서 생긴 화랑대역만의 장면이다. 서로 다른 두 종류의 기둥 형식을 함께 보는 것 자체가 일단 훌륭한 구조미학의 장면이다. 제대로 된 기둥은 가느다란 몸통에 두 팔 올린 가새를 덧댄 표준형이다. 간이 기둥은 역무실 돌출부의 벽에서 뿔이 솟듯 뻗친 가새만으로 이루어진다. 화랑대역에만 있는 독특한 구조이다. 독특한 것으로 모자라 좌우가 다르기까지 하다.[29] 왼쪽 것은 가새를 종 방향과 횡 방향 양쪽 모두 냈다. 옆이 맞이방 앞 차양이어서 그쪽도 받쳐야 하기 때문에 종 방향으로 하나 더 낸 것이다. 오른쪽 것은 차양이 끝나는 지점이기 때문에 종 방향 없이 횡 방향으로만 냈다.

그러려니 하고 지나치려는데, 간이 기둥 두 종류가 계속 눈길을 붙든다. 서로 다른 것도 다른 거지만, 각각의 구조 방식이 독특하다. 먼저, 왼쪽 것을 보자.[30,31] 종 방향 가새는 천장 보강부재 밑창에 바로 붙었다. 천장 보강부재도 같은 종 방향이고 위치도 가새 바로 머리 위를 지나기 때문이다. 팔만 뻗으면 닿을 수 있는 위치다. 횡 방향 가새는 좀 다르게 처리했다. 위치로 보면 종 방향 가새와 같게 처리할 수 있지만 단조로울까봐 피하고 싶었나 보다. 가새를 일부러 밑으로 내려 천장 보강부재와 거리를 벌렸다. 좋은 핑계거리가 생겼다. 거리가 멀어서 팔이 안 닿는다고

29 맞이방과 역무실 돌출부를 하나로 잇는 화랑대역의 차양 구조.
30, 31 삐쭉삐쭉 종횡으로 낸 가새들.

32, 33 마주치고 엇갈리며 이어
붙인 가새의 투박한 구조미학.

엄살을 부리고, 이것이 먹혀서 도우미를 불렀다. 공중에 띄운 보를 내서
가새와 천장 보강부재를 연결시켰다. 공중에 띄운 보는 천장 보강부재
를 밑에서 반쯤 먹고 들어가고, 가새는 이 보의 밑창에 달라붙는 방식이
다. 손을 뻗어 다리를 놔준 형국이다. 각목 셋이 열심히 어울리면서 구조
를 만들어낸다. 뭉툭한 녀석들인데 제법 열심이다.

　구조미학 가운데 접합의 미학이란 것이 있다. 보통 섬세한 디테일 부
재들이 만들어내는데, 여기서는 뭉툭한 각목들이 그 일을 해냈다. 섬세
하진 않지만 투박함의 미학이다. 가새 두 개를 같이 보면 나름 모여서 춤
을 추는 것 같다. 엇갈리고 교차하며, 뻗고 모인다. 까까머리 고등학생
녀석들이 애교 연습을 하는 것 같다. 접합 볼트가 재밌다. 아래 것은 벽
에 파고들어 가새를 접합시킨다. 위 것은 천장 보강부재나 공중에 띄운
보의 밑창을 뚫어 접합시킨다. 종 방향 가새와 횡 방향 가새 모두 같은
방식으로 처리했다. 볼트 네 개를 보는 것만으로도 튼튼해 보인다. 차양
을 거뜬히 받칠 것처럼 든든하다.

오른쪽 가새는 끄트머리라 그에 합당한 구조미학을 만든다. 왼쪽 가새가 몸통 안쪽이라 어떻게 해서든지 붙잡아 매달리고 붙들어 연결하려 애썼다면, 이곳 오른쪽은 그 반대이다. 끄트머리라 공중에 띄워내는 솜씨가 필요하다. 그것을 잘 알고 그렇게 했다.[32,33] 가새는 하나뿐인데, 이 녀석도 공중에 띄운 보를 끌어들였다. 하나뿐이니 이것마저 없었으면 단조롭거나 심심한 걸 넘어서 외롭다고 느꼈을 것 같다. 앞에서 본 '천장 보강부재―공중에 띄운 보―가새'의 세 녀석이 열심히 어울리는 구조 방식을 반복했다. 끄트머리라 공중에 띄운 보의 존재감이 좀 다르다. 공중에 떠 있는 부재 하나가 더 들어가면서 공중에 띄워내는 솜씨의 경연장처럼 되었다.

이것만은 아니다. 홈통이 남았다. 보통 기둥에 붙여야 하는데 이곳은 기둥이 없어서 벽에 붙였다. 차양에 붙이는 위쪽 처리가 독특하다. 차양이 제법 돌출해서 벽 사이의 거리가 부담스럽다. 창문 바로 윗 지점에서 긴 사선 부재를 넣어 한번에 해결했다. 훌쩍 뛰어넘어 때리는 장기판의 '포'의 활약을 보는 것 같다. 끝으로 갈수록 점점 굵어져서 로보트 태권 V의 팔을 보는 것 같은 장면은 팔당역과 비슷하다. 처마 끝에서 수평 방향의 홈통을 사람 손이 물건을 집는 모습으로 접합하는 처리도 여러 역에서 보던 장면이다. 긴 사선 부재가 역시 부담으로 남는다. 포처럼 때리긴 했는데 뒷수습이 필요하다. 공중에 띄운 보 끄트머리에서 띠 부재를 내려 붙들어 올렸다. 해병대 훈련에서 침투를 마치고 귀환하는 요원을 큰 고리로 들어 고무보트 위로 올리는 장면이 연상된다.

간이 기둥인데 여러 장면을 보여줬다. 제대로 된 기둥으로 가보자. 부재 개수를 보면 가새를 세 방향으로 댄 점에서 꼭 필요한 개수를 초과하고 있다. 그러나 낭비로 느껴지지는 않는다. 나름 목적이 있다. 화랑대역

34, 35 기둥 주두와 처마를 연결한 차양 안 모습.

만의 구조 방식을 만들고 싶어했다. 가새를 세 개 넣은 것은 임피역이나 심천역과 같은데, 구체적 처리에서는 많이 독특하다. 앞에서 본 간이 기둥에서 썼던 공중에 띄운 보를 적극 활용한다. 꾀를 냈다. 기둥을 차양 끄트머리에 대지 않고 안으로 밀어 넣었다. 그래야 공중에 띄운 보를 넣을 공간이 생기기 때문이다. 화랑대역은 꾀돌이인 것 같다. 큰 머리 하나만 가지면서 반듯하던 외모와는 많이 다르다. 멋을 부릴 줄 아는 녀석이다.

기둥이 안으로 들어오면서 주두와 처마 사이를 연결할 부재가 필요해졌다. 공중에 띄운 보의 출현이 기대되는 대목이고, 그래서 보를 냈다.[34,35] 처마 끝 막음 판까지 가지는 않았다. 중간에 천장 보강부재를 한 줄 더 넣어 거기다 댔고, 그 밑창에 가새가 달라붙는다. 접합 방식은 간이 기둥과 같다. 공중에 띄운 보가 천장 보강부재를 밑에서 반쯤 물고 들어가고, 가새가 보 밑창에 달라붙는 방식이다. 바깥 쪽 기둥에서는 이번에도 홈통을 띠 부재로 붙들어 맸다.[36]

'기둥─천장 보강부재─가새'
의 접합과 홈통의 모습.

이번에는 홈통 굵기는 날씬하게 놔뒀다. 자세히 보면 나중에 수리한 걸 알 수 있다. 요즘 많이 쓰는 가는 플라스틱 홈통이다. 추측해보면, 원래는 끄트머리 간이 기둥에 썼던 것과 같은 로보트 태권V의 팔 같은 양철 홈통을 썼을 것이다. 홈통의 아래 끄트머리는 원래 모습을 지키고 있는 것 같다. 이번에도 멋을 부렸다. 끄트머리를 싹둑 잘라 짧게 만들었다.[37] 단발머리의 미학이다. 임피역이 끄트머리를 길게 휘어서 땋은 머리처럼 늘어트린 것과 반대된다. 단발머리의 미학은 큰 머리형의 전체 인상과 잘 어울린다. 이 역은 정말 멋을 아는 녀석이다.

무툭한 각목들이 간이 기둥에서보다 더 애절하다. 선의 미학을 넘어선 '막대기의 미학'이다. 막대기를 잘 쓸 줄 안다. 이런 목적이라면 세 방향 가새의 '3'이라는 수자도 적절해 보인다. 종합하면, 구조적으로 안정감을 확보하는 범위 내에서 약간 초과하고 있는 정도이다. 인색하지도 과하지도 않은 중용의 범위에 들어온다. 부재를 줄이면 구조 능력을 뽐내는 것이 되고 부재를 늘리면 과함을 자랑하는 것인데 둘 사이에서 균형을 취했다. 특별할 것도 없는 상식의 힘인데, 부족함과 과함의 양극이 판치는 요즘이기에 오히려 돋보이는 교훈이다. 그 대신 앞에 본 것 같은 자신만의 독특한 처리를 통해 보는 즐거움을 선사한다. 이 정도면 부재를 좀 더 쓴 걸 용서하고 싶다. 아니 권장하고 싶다.

끄트머리가 잘린 홈통.

부재의 모양 처리도 마찬가지이다. 임피역에서처럼 끄트머리에 갈래를 친다거나 하는 식의 특별한 멋을 부리지 않았다. 그러나 춘포역 같은 빈약함도 피했다. 절제의 품위이다. 갖추되 과하지 않고 절제하되 없어 보이지 않는 절묘한 중용의 미덕이다. 이것 또한 상식의 힘이지만 살다 보면 지켜지기 힘든 경계의 미학이요, 더욱이 이것을 건축적으로 구현해 보인다는 것 또한 쉽지 않은 일이다. 하다 보면 과해지고, 아차 싶어 줄이다 보면 빈약해지기 쉬운 게 인간의 부족함이다. 상식과 중용이 가장 지키기 힘들다는, 그렇기에 진부하지 않고 오히려 더 큰 가치를 갖게 된다는 역설의 미학이다.

비대칭의 최고수, 화랑대역

이상이 어울려 멋 부리지 않고도 구조미학의 모범을 만들어냈다. 대저 우리나라에서 구조미학이라 하면 사찰의 공포 구조를 이리저리 다듬어 모방하는 것이 통례이다. 현대건축에서 구조미학을 추구할 경우 이것을 피해 가는 건 물론 쉽지 않다. 서양 구조미학의 대표적 양식이라 할 하이테크 건축*조차도 이런 통례의 범위에 들어올 정도로 구조미학에서는 움치고 뛸 여지가 많지 않은 것이 사실이다. 바꿔 얘기하면 전통 사찰의

*하이테크 건축: 1980년대 이후 건축의 구조방식을 심미요소로 활용해서 첨단 분위기로 표현한 사조.

공포 구조가 이미 그 옛날 구조미학의 전형을 너무도 강력히 구축하였고 그 패러다임이 21세기까지도 이어지고 있다는 것이 된다. 화랑대역의 차양도 크게 보면 이 범위를 벗어나지 못한다. 비밀은 상식에 기초한 잔재미에 있다.

부재를 단순화시켜 첨차나 소로 같은 공포부재의 노골적 모방을 피했다. 부재 접합은 구조적 안정성을 지키되 과하지 않은 상식을 지켰다. 부재 굵기는 답답하지도 허약하지도 않은 알맞은 스케일을 지켰다. 꼭 필요한 곳에서 자신의 기본 역할에 묵묵히 충실한 건강한 상식이다. 여기에 잔재미를 더했다. 잔재미는 주로 부재들 사이의 접합과 연결에서 나타난다. 홈통을 넓적한 철사로 매달아서 선을 이용한 연결 장면을 조형적으로 활용했다. 나무 부재를 연결한 볼트 머리는 간이역 차양에서 공통적으로 쓰인 디테일인데 이곳에서도 반복되고 있다. 마지막으로 도색이 잔재미의 미학을 돕는다. 지붕윤곽—차양윤곽—홈통으로 이어지는 윗부분과 기둥 몸통에 해당되는 아랫부분은 붉은 색으로, 이 사이에 낀 기둥머리는 파랑색으로, 박공 면은 노란색으로 칠했다. 간결하면서도 잔재미가 살아있는 분위기를 돕고 있는 채색이다.

차양 기둥을 다른 관점에서 보면 비대칭의 미학이다. 정식 기둥 두 개와 간이 기둥 두 개, 모두 네 개의 기둥이 있는데 넷이 모두 조금씩 다르다. 여러 단계에서 다르다. 노골적이지는 않은데, 은근한 비대칭들이 여러 곳에서 넘쳐난다. 모두 처한 상황에 순응해서 각자의 역할에 충실한 결과다. 정식 기둥은 차양을 제대로 받치는 임무를 가졌고, 간이 기둥은 역무실 돌출부 벽에 까치집 짓듯 세 들어 살기 때문이다. 먼저, 기둥 간격이 다 다르다. 기둥이 네 개이니 간격은 셋이 나온다. 정식 기둥 사이가 제일 넓다. 출입문을 드나드는 승객 동선을 충분히 소화하고도 남는다. 여기서도 비대칭을 만든다. 자세히 보면 두 기둥과 출입문 사이의 간격이 다르다. 왼쪽 기둥과의 간격이 더 넓다.

오른쪽 정식 기둥과 첫 번째 간이 기둥 사이의 간격은 제일 좁다. 옆 간격의 절반 정도밖에 안 되어 보인다. 정식 기둥에서 간이 기둥으로 넘어가는 급격한 변화의 충격을 줄이려는 목적인 것 같다. 돌출부 주변이 짜임새 있게 느껴지면서 돌출부의 덩어리 미학을 잘 살렸다. 이번에도 또 비대칭이다. 역무실에서 나오는 출입구를 오른쪽 구석으로 몰았다. 나머지는 그냥 벽이다. 간이역의 표준설계라 할 만큼 기능적인 처리지만 한옥에서도 자주 볼 수 있는 문 배치이다. 마지막 세 번째 간격은 역무실 돌출부의 폭과 같다. 셋 중 중간 거리다. 돌출부에 세 들어 사는 형편이니 주인 폭에 순응했다. 굳이 간격을 따지는 것보다 그냥 덩어리에 각목 덧 댄 접합을 즐기는 게 나을 것 같다.

기둥의 구조 처리도 서로 다르다. 간격이 서로 다른 건 금방 눈에 들어오지만 구조 처리는 좀 살펴보아야 한다. 구체적 내용은 앞에서 살펴본 그대로이다. 다른 이유도 앞에서 나왔다. 끄트머리냐 중간이냐, 주변에 무엇이 있느냐 등이 기준이다. 중요한 건, 한 가지 표준형을 고집하지 않고 처한 상황에 순응해서 변할 줄 아는 융통성이라는 점이다. 언뜻 보면 같아 보이는데 조금씩 다른 네 개의 기둥은 그렇게 해서 나온 결과이다. 은근함과 비대칭을 합한 은근한 비대칭의 미학으로, 한국다운 조형미의 최고봉이다. 한국 사람들은 같은 걸 싫어하는데, 그 싫어하는 걸 적극적으로 표현하는 걸 또 싫어한다. 안 보는 척 다 보고, 모르는 척 다 알면서도 무덤덤하게 있는 걸 좋아한다. 화랑대역은 한국다운 조형미의 최고봉을 제일 잘 표현한 역이다. 그래서 비대칭의 최고수이다.

건물 앞뒤면 전체가 그렇다. 이것 역시 앞에서 나온 얘기다. 차로 쪽

38 차로 쪽에서 본 화랑대역 출입구.
39 쏠림과 비대칭 구성을 상쇄하는 출입구 왼쪽의 창.

정면이 궁금해졌다. 아니나 다를까, 미니멀리즘 분위기로 크게 크게 갔는데도 비대칭의 경우의 수가 무궁해진다. 관건은 오른쪽으로 치우친 출입문이다. 왼쪽에서 각도를 잘 잡으면 역 간판 밑에 이놈 혼자만 있는 것처럼 보인다.[38] 완전히 한쪽으로 쏠린 구성이다. 심한 비대칭이다. 이 자체는 조형성을 가지나, 한국다운 은근함과는 거리가 있어 보인다. 오른쪽으로 옮겨 보면 왼쪽 창이 함께 나온다.[39] 비대칭은 계속되지만 쏠림은 약해진다. 균형까지는 안 가더라도, 이제야 은근함을 찾았다. 앞에서 얘기한 비대칭적 대칭과 일맥상통하는 얘기이기도 하다.

대칭 구도로 물질문명의 전성을 이룬 서양에서조차 심미성을 따지자면 비대칭적 대칭을 최고로 친다. 이것을 얻어내려 애를 무진 쓰는 편인데, 우리는 그냥 체질적으로 몸에 배어있다. 따로 노력할 필요 없이 국민성이 그렇다. 예를 들어, 지금 보고 있는 이런 종류의 비대칭적 대칭을 얻으려면 서양 사람들은 끙끙대야 하며 얻고 나면 무척 자랑스러워한다. 하지만 화랑대역을 지은 우리 장인은 그냥 매일 밥 먹듯 편하게 했을 것이다. 얻고 나서도 그냥 그러려니 했을 것이다. 은근함을 넘어선 무심

플랫폼 팻말 왼쪽 아래로 보이는 화랑대역.

함의 미학이다. 물러설 필요는 없지만 티내지 말 것이며, 하지 않는 것이 있어서는 안 되지만, 너무 많이 한 것 같아도 안 되는, 뭐라 말로 설명하기 힘든 한국인의 독특한 정서이다.

철로 쪽이 또 생각났다. 왔다갔다 비대칭을 즐기기에 적합한 역이다. 철로 쪽 건물의 비대칭은 앞에서 봤고, 이번에는 팻말이다. 플랫폼에 팻말을 두 개 세웠는데 또 비대칭이다. 이 팻말은 디자인으로 봐서 최근에 세운 것이 확실한데 두 개를 다르게 했다. 다른 역에서는 보기 힘든 장면이다. 원래 건물의 비대칭 구성이 가이드라인을 제공한 걸까, 비대칭을 확실히 의식했다. 오른쪽 팻말은 기둥을 세워 붙들어 맨 형식이다.[40] 이것 자체는 대칭이다. 좌우로 넓적한 판재를 매달았고 기둥에는 '화랑대역'이라고 쓴 작고 길쭉한 팻말을 붙였다. 좌우 글씨가 다른 것까지 비대칭으로 보는 건 무리다. 일단 구성으로만 보면 대칭이다. 그러나 건물과 함께 보면 이놈이 비대칭을 만든다. 왼쪽 절반에 역 건물이 정확히 들

팻말 오른쪽의 화랑대역.

어온다. 박공에 붙은 간판도 같이 들어온다. 플랫폼에 세운 팻말과 같이 보아야 한다. 이렇게 보면 비대칭이다.

왼쪽 팻말은 제일 흔한 디자인이다. 큰 판재를 바닥에 세운 형식이다. 이번에도 역 건물과 함께 보아야 한다. 팻말 오른쪽에 역이 위치하면서 앞과 유사한 비대칭이 만들어졌다.[41] 마지막으로 팻말 두 개와 역을 모두 함께 보아야 한다. 지금까지 봤던 오른쪽 팻말의 비대칭과 왼쪽 팻말의 비대칭을 합하면 그 자체가 더 큰 비대칭이 된다. 역을 기준으로 좌우에 팻말을 하나씩 둬서 대칭을 추구하되 둘을 다르게 해서 비대칭을 섞어낸 것이다. 좌우 팻말의 조형가는 저울에 달면 당연히 같이 나올 터, 결국 또 한 번의 큰 비대칭적 대칭을 만들었다. 도처에 은근한 비대칭이 넘쳐나는 참 묘한 역이다.

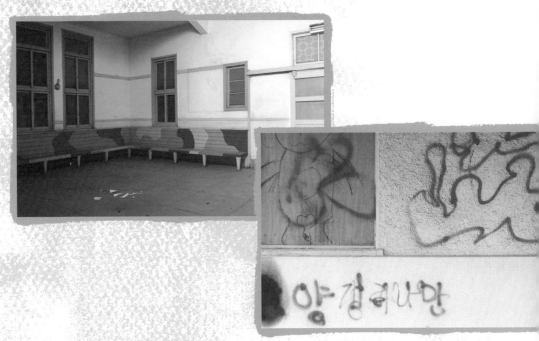

동촌역

대비구도 속 큰 박공, 표준설계이면서 큰 머리형

동촌역은 여러 역을 섞어 놓은 혼합형이다. 차로 쪽 구성은 임피역을 닮았다. 맞이방동과 역무실동 사이에 들고 남이나 분할 없이 전면이 평활한 점, 출입구 차양이 긴 수평선을 긋는 점, 출입문 양옆에 수직 창을 낸점, 박공이 뾰쪽 삼각형인 점 등이 임피역과 비슷하다.[1] 철로 쪽은 임피역과 심천역을 동시에 닮았다. 맞이방동 박공이 유난히 큰 점은 꼭 임피역의 모습 같다.[2] 맞이방동과 역무실 돌출부가 각각 별도의 박공을 가지면서 전면에 쌍 박공을 갖는 점, 역무실 돌출부의 오른쪽 본체에 출입문과 수평 차양을 갖는 점, 두 박공이 3차원 덩어리를 이루는 가운데 지붕의 2차원 면이 둘 사이를 이어주며 넓은 바탕 면을 이루는 점, 지붕과 차양이 분리되면서 겹 지붕을 만든 점, 박공과 차양 기둥의 선 요소가 여기에 악센트를 주며 윤곽을 형성하는 점 등은 심천역과 닮았다. 이런 내용들은 굳이 심천역과 닮았다기보다는 근대 간이역의 표준설계로 보는 것이 더 정확하다. 동촌역의 철로 쪽은 표준설계를 잘 지킨 구성이다.

　비례는 좀 애매하다. 건물 본체를 보면 전체적으로 수평 비례이다. 이 점에서는 가은역이나 팔당역 같은 한국형을 닮아있다. 문제는 박공이 유난히 뾰족하고 크다는 점이다. 임피역과 닮았다고 했으나 임피역 박공보다 더 뾰족하다. 밑변의 각도가 45도를 훌쩍 넘어 거의 60도에 육박하면서 급한 경사를 만들어낸다. 욱일승천하는 기세이다. 이렇게 보면 전체 비례가 수직적으로 느껴지기도 한다.[3] 이처럼 수평 비례와 수직 비례가 공존하는 묘한 분위기이다. 임피역이나 심천역과 비교하면 양면성이 확실해진다.

　임피역은 본체의 비례는 동촌역보다 높고 박공은 덜 뾰족하다. 임피역의 박공도 간이역 전체를 대상으로 하면 뾰족한 편에 속하나 동촌역에 비하면 역부족이다. 임피역은 본체와 박공 사이의 비례 차이가 적으면서 전체적으로 수직을 지향한다. 심천역은 좀 다르다. 박공은 넓적하나 박공 밑 몸통이 2층 높이가 되면서 '2층에 넓적한 박공을 얹은 형식'이 되었다. 이는 수직―수평 사이의 대비와는 또 다른 제3의 구성 방식이다. 어쨌든 수직 비례가 두드러진다. 박공의 넓적함이 몸통의 수직 비례와 대비되는 것으로 느끼지는 않는다. 몸통을 처음부터 2층으로 구성했기 때문이다. 임피역과 심천역은 대비 없이 수직 비례를 만드는 대표적 두 형식을 보여준다.

　동촌역은 또 다르다. 수평―수직 대비가 뚜렷하다. 박공 밑 몸통은 수평 비례 쪽에 가까운데 박공이 뾰족해서 결과적으로 수직선이 강하게 나타난다. 건물 본체는 나지막한 휴먼 스케일을 유지하는데 박공은 하늘을 찌를 것 같다. 몸통만 보면 분명 한국형의 느낌이나 박공은 딴판이다. 등록문화재 간이역 가운데 제일 뾰족하다. 밑변 각도가 45도를 넘는

1 동촌역 차로 쪽 전경. 65쪽 사진
11 참고.
2 동촌역 철로 쪽 전경. 65쪽 사진
12, 246쪽 사진 6 참고.
3 수직성이 강한 전체 비례와 박공.

유일한 예이기도 하다. 다른 역들에서는 볼 수 없는 우스꽝스러움과 파격이 느껴진다. 이것을 어떻게 해석하느냐가 문제이다. 우선 떠오르는 생각이 가분수이다. 박공 무게를 못 이겨 본체 몸통이 눌린 느낌까지 든다. 우스꽝스러움을 해학으로 본다면 나름 한국다움의 정서를 느낄 수도 있다. 은진미륵이나 토종 한국 체형의 5등신 비례가 선례이다. 앞에 나왔던 얘기이다.

조금 다르게 보면 신촌역과 화랑대역에서 봤던 도심 큰 머리형, 즉 일두형의 모습이다. 낮은 수평선을 뚫고 머리를 쑥 내민 것 같은 느낌인데, 이것 자체가 바로 도심 속에서 자신의 존재를 드러내기 위해 머리를 크게 해서 쳐든 형국이라는 뜻이다.[4] 신촌역이나 화랑대역이 맞이방동 박공이 크기만 한 전형적인 큰 머리형이라면 동촌역은 뾰쪽함까지 더한 변형 큰 머리형이라 할 수 있다. 뾰쪽함의 조형성을 수직 비례에만 국한시키면 언뜻 심천역의 산간형을 닮아보이나 이보다는 도심 큰 머리형에 더 가깝다. 세부 구성이 그 증거이다. 산간형은 출입구 차양과 간판 사이에 세 쪽 창을 넣는 것이 표준설계인데 동촌역에는 이것이 없다. 산간형

9장 동촌역 ‖‖‖‖ **319**

뾰족함이 특징인 동촌역의 변형 큰 머리형 박공.

에 비해 간판도 작다. 뾰족함이 산간형의 수직 비례를 노린 것이 아님을 알 수 있다. 다른 것을 노렸다는 얘기인데 도심 큰 머리형을 노린 것으로 볼 수 있다.

앞에 댄 증거 외에 더 있다. 우선 대구라는 대도시 도심에 지어졌다는 지리적 상황을 들 수 있다. 물론 당시에 이 위치는 대구 근교 시골이었다. 이런 점에서는 화랑대역과 상황이 비슷한 것으로 볼 수 있다. 처음에는 대도시 근교에 지어졌다 나중에 대도시 안으로 편입되는데 특이하게 처음 지을 때부터 도심 큰 머리형이 나타난 것이다. 대구선의 목적도 경부선과 중앙선을 이어주는 것이었다. 간선 노선을 잇는 지선이라 할 수 있다. 이것 역시 화랑대역이 위치한 경춘선이 지선인 것과 유사하다. 대구선의 실제 사용 내용은 대구와 포항의 두 도시를 이어주는 것이어서 일반 지선보다는 중요성이 더 컸다고 할 수 있다. 두 지방 도시를 이어주는 지방 철도인데, 대구가 일제강점기 때에도 큰 도시였기 때문에 어느

큰 머리를 더욱 눈에 띄게 하는
박공의 작은 간판.

정도 도심형을 의식했을 수 있다. 대구 도심에서 그리 멀리 떨어진 지점
이 아닌 것도 증거이다. 지금은 미 공군기지와 대구공항이 바로 옆에 들
어오면서 중요한 지역이 되었다. 당시에는 대구—포항을 잇는 일반 여
객뿐 아니라 농산물과 석탄 등도 실어 나른 종합 노선이었다. 특히 바로
옆 역인 반야월역은 대구 시내에 석탄을 공급하던 역이어서 지금도 검
은 석탄가루가 곳곳에 남아있다.

　지리적 상황 이외에 건축 처리를 좀 더 자세히 보자. 간판이 작다 보니
박공의 넓은 면적이 빈 채 남았는데, 큰 머리를 두드러져 보이게 한다.
박공 빈 면에 장식요소가 이것저것 들어가면 머리 크기보다는 장식요소
가 눈길을 빼앗는다. 큰 머리는 확실히 잔손이 덜 간, 큰 돌덩어리 하나
와 같을 때 더 크게 느껴진다. 간판의 위치도 상당히 위쪽이다. 빈 면에
다른 장식요소가 없는 상태에서 작은 간판을 위쪽에 올려 단 것은 포인
트를 주는 효과가 있다.[5] 큰 머리에 머리띠를 두른 다음 중앙에 마크나

심벌을 넣는 이치이다. 이를테면 마라톤 선수가 국기를 넣거나 테니스 선수가 협찬 회사 마크를 넣는 것과 같다. 이런 처리는 포인트를 주어 큰 머리에 눈길을 붙들어둔다.

　신촌역이나 화랑대역과의 차이도 있다. 두 역 모두 표준설계에서는 벗어나면서 큰 머리형을 이룬데 반해 동촌역은 표준설계를 지켰다. 이상을 종합하면 동촌역은 '임피역의 초창기 모습을 지키면서 심천역의 산간형과 일산역―가은역의 한국형을 섞은 위에 신촌과 화랑대역의 도심 큰 머리형을 합친 도심 큰 머리형'으로 정리할 수 있다. 건립연대를 보면 이런 해석이 타당해 보인다. 임피역은 올려 잡으면 1910년대 말, 현재 공식 기록에 의하면 1936년이다. 심천역은 1934년, 일산역은 1933년, 가은역은 1961년, 신촌역은 1920년대, 화랑대역은 1939년이다. 화랑대역과 가은역만 빼면 선례 모델로 거론한 역들은 모두 1938년에 지어진 동촌역보다 건립연대가 빠르며 그 시차도 크지 않아 몇 년 이내이다. 화랑대역은 동촌역보다 1년 늦게 지어졌다. 연도를 기준으로 보면 한국형, 산간형, 도심 큰 머리형이 섞여 들어가기에 좋은 대상임을 알 수 있다.

대비를 즐기며 갈등을 통합하는 서양식

동촌역은 서양 분위기가 제일 두드러진 역이다. 간이역을 설명할 때 등장하는 두 가지 단어가 서양식과 일본식인데 동촌역은 서양식을 대표한다. 심천역이 일본식을 대표하는 것과 비교해볼 만하다. 기능 구성만 보면 동촌역은 심천역과 제일 닮았다. 표준설계의 원형에 제일 가깝다는 뜻이다. 이것은 다시 일본식 주택을 제일 많이 닮았다는 뜻도 되는데 동촌역은 의외로 서양식 특징으로 모습을 바꾸어 나타난다. 서양의 교외 주택을 많이 닮았다. 두 역의 차이는 무엇일까. 몇 가지로 나누어 따져보자.

일본식 요소가 많지만 서양식
을 대표하는 동촌역.

　우선 수평－수직의 대비이다.[6] 수직성이 두드러진 일본식 주택에서
는 보기 힘든 특징이다. 일본 건축은 반듯하고 가지런할 수는 있어도 여
기처럼 대비를 통해 조형적 재미를 즐기는 경향은 약하다. 반면 수평적
안정감이 주를 이루는 한국다움과도 거리가 멀다. 비대칭은 두드러져도
이런 식의 대비는 부담스러워한다. 두 나라의 특징은 갈등을 대하는 국
민성과도 통한다. 한국은 갈등의 존재를 인정하면서 그것을 해학이나
비대칭으로 승화시킨다. 갈등을 제압하거나 해결하려 들지 않는다. 그
저 다양한 세상만물 현상의 하나로 받아들인다. '뭘 그런 걸 갖고 그래'
라는 한국다움의 대표 어구가 그것이다. 비합리적인 것에 대해서 비교
적 관대하다. 단, 이것이 힘들긴 마찬가지이기 때문에 즐겨서 승화시키
려 하는데 그 결과 나타난 것이 해학과 비대칭의 미학이다.
　일본은 반대이다. 갈등 자체를 인정하지 못한다. 절대주의 문명 탓이
다. 처음부터 갈등이 발생할 소지를 없애려 든다. 갈등을 부정적인 것으

로 보면서 가능한 한 극복하려 든다. 가장 좋은 방법은 아예 처음부터 만들지를 않는 것이다. '남에게 폐를 끼치지 말자' 라는 대표적인 일본 국민성이 좋은 예이다. 이 때문에 일본인이 한국인을 보면 거칠고 무례하고 질서가 없어 보인다. 한반도를 식민지로 만들고 처음 진출했을 때 그랬다. 끊임없이 갈등을 만들어 즐기는 조선인을 이해하지 못했다. 일본은 이런 조선의 국민성을 열등하고 근대화가 덜 된 미개한 것으로 보면서 고치려 들었다. 식민 지배를 효율적으로 운용하기 위한 목적에서부터 조선민의 국민성을 근대적으로 개조시키고 싶은 동기에 이르기까지 목적도 여럿이었을 것이다.

갈등에 대한 이런 일본의 국민성이 나타난 것이 일본 건축의 정형적 반듯함이다. 한때 한반도 곳곳에 넘쳐났던 일본식 주택이나 일본 전통 건축을 보면 잘 알 수 있다. 한국 전통 건축에서 볼 수 있는 은근함이나 하다만 것 같은 비인공성은 찾기 힘들다. 사람 손이 구석구석 갔으며 가지런히 정렬이 잘 되어 있다. 작은 예를 하나 보면, 모서리도 앙다문 입처럼 꽉 맞는다. 벌어진 모서리는 건축에서 갈등 현상일 수 있다. 비도 새고 바람도 새고 옆방의 소리도 들리고 쥐도 들락거린다. 모서리를 꽉 끼워 맞추는 것은 이런 갈등의 싹을 처음부터 자르겠다는 의도이다. 모서리 맞추기의 작은 예는 건물이나 건축 전체로 확장해서 일반화할 수 있다. 정갈할 수는 있으나 인간다운 허술함이나 대비의 극적 효과는 즐기기 어렵다.

서양은 중간쯤 된다. 갈등 자체는 부정하지 않는다. 인간사 전체, 이 것을 모은 인간의 문명 자체가 갈등 덩어리인 점을 누구보다 잘 알고 받아들인다. 서양 문명의 뿌리라 할 수 있는 플라톤과 아리스토텔레스 때부터 이미 그랬다. 그러나 한국처럼 이를 그냥 놔두거나, 일본인의 눈에

가지런하고 모서리가 꼭 맞는
동촌역의 지붕 이음새.

비친 것처럼 일부러 만들어 즐기는 것처럼 보이지는 않는다. 극복하려
든다. 화해와 통합을 통해서이다. 이것이 거시적 차원에서 봤을 때 서양
문명의 핵심이자 대표적 특징이다.

　개별 현상에서는 일본 건축에 가깝다. 모서리를 꽉 끼워 맞추는 특징
이 대표적인 예이다. 엄밀한 시공을 장인정신의 기본으로 삼는 점에서
서양과 일본은 많이 닮았다.[7] 장인정신을 은근하고 풋풋한 손맛으로 보
는 우리와 결정적으로 다른 대목이다. 이 때문에 일본은 우리보다 서양
문물을 잘 받아들일 수 있었다. 공통점이 컸기 때문에 상대적으로 거부
감이 적었고 쉽게 자기네 것으로 정착시킬 수 있었다. 반면 한국식 장인
정신은 이런 기준에서 보면 못 미더운 것이 된다. 하다 만 것 같기도 하
고 대강대강 한 것 같기도 하다. 흔히 한국 국민성의 단점으로 얘기하는
특징들이다. 이것이 전통 수공예 시대에는 더할 나위 없이 훌륭한 작품
성으로 나타났으나 산업화 시대와는 안 맞는 구석이 있다.

　서양과 일본 사이의 차이도 있다. 서양 건축에서 꽉 맞는 모서리는 다

8, 9 서양의 대비 구도가 나타나는 철로 쪽 모습.

분히 기능과 효율을 목적으로 한다. 갈등 자체를 원천 봉쇄하겠다는 일본의 입장과는 다른 것이다. 따라서 서양 건축에는 꼭 맞는 모서리 이외에 갈등을 즐기며 하나로 통합하려는 다른 요소들이 함께 발견된다.[8,9] 개별 현상으로서 꼭 맞는 모서리 뒤에는 거시적 정신문명으로서 갈등을 인정하면서 이를 통합하려는 큰 흐름이 있다는 뜻이다. 이것이 서양 문명의 핵심사항이다. 가능한 한 단순하게 만들어서 갈등을 무조건 줄이려는 일본과 다른 점이다.

동촌역에 나타난 서양다움은 일단 대비 구도를 즐기는 데에서 찾을 수 있다. 전체적인 구성은 앞에서 본 심천역의 내용을 상당 부분 그대로 적용할 수 있다. 두 역 모두 표준설계에 제일 가까우면서 닮았기 때문이다. 더해서, 동촌역은 심천역에는 없는 독특한 특징이 있는데 대비 구도가 대표적인 예다. 일본식 주택에는 확실히 없는 특징이다. 그렇다고 한국다움으로 보기도 어렵다. 동일성을 배제하고 둘을 다르게 한 것은 한국다움이라 할 수 있으나 한국 건축에서는 이것이 대비보다는 어울림이나 비대칭 등으로 나타난다. 반면 동촌역은 대비 자체를 즐기는 것 같다. 서양 교외 주택 같은 데에서 어렵지 않게 찾을 수 있는 서양다움이다.

그림다움과 서양식 낭만주의

한눈에 봐도 두 장의 박공의 크기 차이가 두드러진다. 건물 전체로 보면 앞에서 봤듯이 수평—수직 사이의 비례 대비가 역시 두드러진다. 대비는 불균형으로 나타난다. 크기 차이로 보면 어머니가 자식을 데리고 있는 의인화 관계에 유추할 만하다. 이는 한국다운 특징이지만 가만히 보고 있으면 그렇게 느껴지는 않는다. 둘이 좀 다른 것 같다. 박공 윤곽의 기울기와 박공 속을 처리한 점 등을 한 식구로 보기에는 닮은 정도가 약하다. 서로 다른 요소를 둘 나란히 놓은 것에 가깝고, 둘이 다르고 차이도 나다보니 불균형으로 나타난다. 서양에서는 이런 불균형 자체를 하나의 심미 요소로 본다. 하나의 큰 흐름을 이루는데 '바로크'라는 개념이 제일 잘 맞는 것 같다. 흔히 르네상스에 대비되는 개념으로 비정형 계열의 여러 경향을 일컫는다.

'르네상스 대 바로크'의 대비는 심천역과 동촌역에 대응시킬 수 있다. 심천역이 르네상스답다면 동촌역은 바로크답다. 심천역의 정리정돈 잘 된 모습은 르네상스답고 동촌역의 불균형은 바로크답다. 두 역이 닮으면서 동시에 다른 점도 르네상스와 바로크 사이의 관계에 대응시킬 수 있다. 르네상스와 바로크는 본디 한 뿌리로 모두 로마 고전주의를 출발점으로 갖는데 그것을 응용하는 방식에서 반대로 갈린 것이다. 이 때문에 크게 문명을 나누는 기준에서는 두 양식을 한 묶음으로 나눈다. 예를 들어 중세에 대비되는 '초기 근대 고전주의'하면 통상 르네상스와 바로크를 합한 15~17세기의 3세기를 가리킨다. 심천역과 동촌역 역시 간이역 표준설계를 출발점으로 삼아 서로 많이 닮은 점이 이와 같다. 표준설계를 구체적으로 적용하는 과정에서 반대가 된 것도 같다.

대비 자체를 좀 더 즐겨보자. 큰 박공은 홀쭉이이고 작은 박공은 뚱뚱이이다. 큰 박공은 중간을 차양이 끊으면서 아래를 받치는데 앞치마를 두른 모습이다. 이것을 다시 기둥이 받으면서 부재 수가 많아지고 '덩어리―면―선' 사이의 조형 구성이 다차원이다. 작은 박공은 온전히 덩어리를 드러낸다. 단순하고 간결하다. 조형가도 큰 박공이 있는 왼쪽 맞이방동 쪽으로 쏠려있다. 맞이방동과 역무실 돌출부 사이의 건축 구성은 달라도 조형가는 보통 둘 사이에 균형을 잡는데, 여기서는 왼쪽으로 확실히 쏠려있다. 이런 불균형은 급한 변화나 강약의 리듬감 등으로 읽을 수 있다.

순전히 조형적 목적만으로 불균형을 만들어내지는 않았을 것이다. 제일 쉽게 생각하면 기능에 맞춘 결과일 수 있다. 맞이방동 쪽으로 조형가가 쏠린 현상은 도심 큰 머리형의 일반적 특징이기도 한데, 일반 여객업무가 주를 이루면서 사용자가 많아지고 맞이방이 커지면서 나타난 현상이다. 중심도 맞이방동으로 넘어갔다. 큰 머리형을 일두형으로 부르는 이유를 여기에서도 확인할 수 있다. 신촌역이나 화랑대역처럼 단일 박공은 아니고 쌍 박공이긴 하지만 여전히 맞이방으로 무게중심이 쏠려있다. 대비 구도만큼 겉으로 드러나지는 않지만 심미안을 가지고 보면 또 다른 서양다움을 읽을 수 있다. 그림다움(pictoriality)이라는 특징이다. 그림다움은 간이역 모두에 조금씩 나타난다. 역사적 배경을 모르고 보면 간이역을 서정적 감상의 대상으로 받아들이면서 '추억의 간이역'이라 부르게 되는 직접적 이유가 이것이다. '그림다움'이라는 미학 용어를 이용해서 구체적으로 찍어내지 못한 것일 뿐, 많은 사람들이 간이역을 보면서 느끼는 서정성이라는 것은 대부분 부드러운 풍경화 한 장을 보는 것과 비슷할 것이다. 풍경화가 그렇듯 여기에 개인의 추억이나 여행의 설렘, 주변 시골의 낭만성 등이 더해지면, 서정성은 개인의 주관적 감성의 대상으로 발전하게 된다. 그 뿌리를 캐보면 '그림다움'에 있다.

동촌역은 그림다움이 제일 뛰어난 역이다. 대부분 간이역의 서정성이 주변 경치에 많이 의존하는 데 비해 동촌역은 경치 빼고 건물 자체의 그림다움이 제일 뛰어나다.[10] 때문에 순수 조형성만 따지면 어떤 면에서는 간이역 가운데 가장 아름다운 그룹에 속한다고 할 수 있다. 그림다움은 상당히 서양답다. 어디까지나 서양화를 보는 느낌이다. 가은역의 그림다움이 한국다운 것과 대비된다. 이 점이 동촌역을 감상하는 마음을 헷갈리게 한다. 역사성을 지우고 그림다움의 경치만 감상하자고 여러 번 다짐하지만, 그것의 서양다운 의미가 20세기 전반부 한국 역사에서 갖는 의미를 알기에 마음이 왔다갔다 한다.

동네 주민들이 모여서 담소를 하면서 말을 걸어온다. 간이역을 찍고 다닌다고 그러니까 다른 역들은 어떠냐고 묻는다. 이런저런 얘기 끝에 동촌역이 내가 본 간이역 가운데 제일 예쁘다는 말까지 나왔다. 내 마음의 반쯤을 차지하는 나름 속마음이다. 주민들은 싫은 눈치는 아니나 특별히 좋아할 것도 없이 무덤덤한 표정이다. 동네 주민한테 식민성과 서양외래 문명의 유입에 대해서 설명하기도 뭣해서 대화는 그걸로 끝냈는데, 마음 한 구석에 아름다운 장면을 이렇게 좋아만 해도 괜찮을 것일까 하는 생각

건물의 순수 조형성이 뛰어난 동촌역. 23쪽 사진 2 참고.

11, 12 자연 경치와 어울리며
'그림다움'을 보여주는 동촌역
(철로 쪽).

이 뒤섞인다. 1961년생인 내 세대가 갖는 애국심의 의무도 크게 작용하는 것 같다. 꼭 우리 세대만 그러란 법은 없는데 확실히 나중 세대보다는 식민 역사에 민감한 것이 사실인 것 같다. 이에 대한 해석은 곧 할 텐데, 일단 어느 점이 그림다운지 살펴보자.

그림다움은 멀리서 볼 때와 가까이 당겨서 볼 때가 다르다. 멀리서 볼 때에는 서양식 낭만성이 원천이다. 한마디로 낭만주의 풍경화 한 폭 보는 것 같다는 뜻이다. 낭만주의 자체는 자연경치를 주로 그리지만 자연과 잘 어울리는 건축물도 종종 주인공으로 등장한다. 더 나아가 회화의 이런 낭만성에 해당되는 건축현상이란 것도 있는데 바로 교외 주택이 그것이다. 이를테면 '목가(牧歌)다움' 같은 것으로, 건물 자체에서도 자연을 보는 것과 같은 낭만성을 찾을 수 있다는 생각이다. 동촌역은 서양식 교외 주택에 나타난 낭만성을 염두에 두고 지은 것으로 볼 수 있다. 실제로 서양에서도 19세기 기차역 가운데 시골에 지어지는 것은 자기네들의 교외 주택을 모델로 삼아서 지었다.

물론 지금이야 동촌역과 대구선이 폐쇄되고 그것도 모자라 철로마저

뜯겨나가기 시작하면서 흉물스러운 모습으로 방치되어 있지만, 1930년
대 말 처음 지어질 때에 이곳은 대구 외곽의 한적한 교외였다. 나름 서양
식 낭만주의가 어울린다고 판단했을 법하다.[11,12] 지금의 변한 주변 환경
이나 망가진 건물 모습과는 별도로 원형만을 염두에 두고 건축적으로
따져보면 분명 서양식 목가다움과 낭만성이 강한 건물이다. 설계자나
시공자가 서양의 교외 주택이나 농가에 일가견이 있는 사람들이었을 것
으로 판단된다. 예를 들어 철로 쪽 옆면에서 차양과 박공 등의 윤곽선을
보면 확실히 다른 간이역과 다른 서양다운 특징이 보인다. 선의 개수가
적은 대신 굵고 명확하다.[13] 한국다움이나 일본다움을 보이는 역의 동양
다운 선과 다른 서양식 선이다.

　　　　선이 선으로 머물지 않고 면이나 덩어리를 도드라져 보이게
한다. 차양 옆면을 막아서 면 요소를 추가하면서 더 그렇다. 차
양을 받치는 기둥의 모서리 부분도 단순히 선 요소로 끝나지 않
고 삼각형을 만들면서 지지 역할을 확실히 보여준다. 처음부터
선 요소를 세워 만든 것이 아니라 면을 오려내 만든 것 같다. 기
하학적으로 딱딱 맞아 떨어져 빈틈이 없다. 모두 서양식 건축기
법이다. 왠지 어수룩해 보이는 한국다움과는 완전히 다른 개념
이다. 똑같이 반듯하다고 해도 일본다움과는 어딘가 모르게 또
다르다. 기하학적 짜임새라는 것이다. 차양 너머 위쪽으로 보이
는 맞이방동 박공의 기울기가 매우 급하고 박공 삼각형이 하늘
을 향한 거인처럼 보이는 점도 서양다운 장면이다.[14]

13, 14 동촌역의 기하학적 짜임새와 서양
다운 건축의 특징.

현대 추상화 같은 서양다움, 문화 전파와 식민성의 양면성

동촌역이 모델로 삼은 서양의 교외 주택은 좁혀보면 미술공예운

15 차로 쪽에서 본 쌍 박공의
대비.
16 박공—매스의 구성.
17 동촌역의 모델이 된 서양의
교외 주택 멜세터 하우스
(Melsetter House). 윌리엄 레더
비의 작품, 1900년. 79쪽 사진
18, 102쪽 사진 4 참고.

동의 산물이다. 교외 주택은 서양 역사 내내 지어졌지만 동촌역과 같은
이런 모습을 구체적 대상으로 추구한 것은 미술공예운동이었다.
1850~1910년까지 영국을 중심으로 서양 전역에서 진행된 예술운동이었
다. 낭만주의와 중세 기독교 정신을 결합시켜 생활 조형환경 전반을 기계
문명의 침투로부터 막아내려던 정신예술 운동이었다. 낭만성은 앞에서
얘기했고, 기하 도형 가운데에서도 전체적으로 삼각형 요소들이 두드러
진 점은 기독교 정신의 산물로 볼 수 있다. 그리스, 로마, 르네상스 등 고
전주의의 도형은 사각형인 반면 중세 기독교의 도형은 삼각형이었다. 삼
위일체를 상징하기도 하고 하늘을 향하기도 하기 때문이다. 동촌역도 삼
각형이 주인공이다. 쌍 박공의 대비도 알고 보면 두 삼각형을 다르게 해
서 삼각형의 종류를 늘리려는 속셈이 아니었나 생각해본다. 정면에서 봐
도 그렇고 옆에서 보면 더 그렇다. 박공 삼각형이 하늘을 향한 거인처럼
보인다는 말도 같은 뜻이다.[15,16,17]

　가까이 당겨서 볼 때에는 구성미가 두드러지는데 이 역시 서양식이
다. 재료, 기하 형태, 표면질감, 색 등을 다양하게 해서 시선을 끌고 상상
력을 자극해서 표현력을 높이는 기법이다. 이것을 그림을 그린 것 같은

18, 19 동촌역 철로 쪽 쌍 박공 이음매.

표현력 자체에 집중하면 그림다움이다. 모인 요소의 다양성에 집중하면 콜라주(collage)*의 초기 단계가 된다. 서로 다른 요소들이 등을 맞대고 모이니 볼거리가 생긴다. 조각 요소들을 모아놓다 보니 각 조각이 원래 어땠을까를 상상하게 된다. 전체적 장면도 중요하다. 조형적으로 균형이 잡혀야 된다. 적당히 역동적이고 홍겹되 과해서는 안 된다. 직관이어도 좋고 계산이어도 좋다. 어쨌든 최종 모습은 감정적이되 흥분해서는 안 된다.

예를 보자. 철로 쪽 쌍 박공 주변이 좋다. 박공 두 장의 부분 조각과 그 사이의 지붕, 차양과 기둥, 건물 몸통과 창 등이 구성요소이다.[18,19] 일단 요소가 많다. 그만큼 그림다운 장면도 많이 발생한다. 박공 면의 반질반질한 평활 면과 지붕의 울퉁불퉁한 기와는 표면질감에서 대비를 이룬다. 회색 벽과 흰 선과 초록 면은 차분한 녹색 칼라코드를 만든다. 헐벗고 곪힌 차양 지붕과 깔끔한 박공 면은 세월의 흐름이 주는 두 가지 단상을 보여준다. 차양은 그림자를 불러 하늘은 밝고 땅은 어둡다. 집이라기보다는 추상화 한 편을 보는 것 같다. 분할이 적절하고 기하가 흥겹다. 면적은 안정적이고 사선과 수평선은 서로를 돕는다.[20,21]

2차 대전 이후 현대 추상화에서 다양한 요소를 끌어들여 연상을 늘리고 상상을 풍부하게 하려는 화풍을 그대로 옮겨놓은 것 같다. 몬드리안이 대표하는 2차 대전 이전의 추상화는 가능한 한 소재와 매개를 줄이면서 화면을 엄밀하게 분할하는 경향이 주를 이루었다. 감정은 최대로 억

*콜라주(collage): 근대 미술의 기법. 종이, 인쇄물, 사진 따위를 오려 붙이거나 가필하여 작품을 만든다.

제하고 이성이 지배했다. 현대미술에서는 추상성
을 유지하면서 온기와 감성을 실어내려는 경향으로
바뀐다. 몬드리안의 구성효과가 수학적 엄밀함과
분할에 의존한다면 현대 추상화는 표현력을 다양하
게 만들어 상상력을 확장하는 구성효과를 노린다.
동촌역의 당겨본 그림다움이 이것과 매우 흡사하
다. 이런 점에서 동촌역은 가까이 당겨보아도 여전
히 서양답다.

　동촌역의 서양다움을 조형적 관점에서 보면 간
이역 가운데 독특한 경우에 해당되지만 역사적 관
점에서 보면 새로울 것이 없다. 간이역에 이름표처
럼 따라다니는 '서양 근대양식' 이라는 문구의 하나
일 뿐이다. 일제강점기는 우리에게 식민시대인 동
시에 서양 근대문물을 받아들여 서양화되는 과정이
기도 했기 때문이다. 시기적으로 보면 춘포역이 지
어지던 1910년대 전반부까지는 주로 일본 양식을
사용하다가 만주철도 위탁경영기(1917년)를 거쳐
1920년대 후반기부터는 서양식을 도입하는 경향이
두드러진다. 같은 간이역이라도 일본식과 서양식
으로 다시 나눌 수 있는 것이다. 물론 1930년대에
들면 한국형, 산간형, 도심 큰 머리형, 바닷가형 등
으로 훨씬 다양하게 분화한다. 이때, 서양식이 단순
한 기능주의가 아니라 낭만성이나 그림다움이라는
점이 남다를 수는 있다. 같은 서양식이라도 단순히

20, 21 서양 현대미술의 추상성
이 느껴지는 차양—박공의 색,
재료, 기하 형태, 표면질감의 대
비.

물질적 요소만 들어온 것이 아니라 감성적 정신적 요소까지 들어온 것이 되기 때문이다. 더욱이 우리 스스로 들여온 것도 아니고 일제를 거쳐 식민국가 한반도에 들어와 이곳 대구 동촌역에 모습을 드러냈다.

좋게 보면 문화 전파지만 나쁘게 보면 식민성의 아픈 대목이다. 이 역시 양면 해석이 가능하다. 일본식 느낌이 약하기 때문에 가슴이 덜 아플 수 있다. 같은 외래 문물인데도 서양식은 거부감 없이 잘 받아들이면서 일본식에는 반일 감정이 개입할 수밖에 없는 한국의 특수 상황이다. 언어를 보면 잘 알 수 있다. 수도 없이 많은 서양어가 한글사전에까지 많은 자리를 차지하며 표준어가 되어가고 있는데 일본어만은 우리말로 바꾸려는 노력을 꾸준히 진행해오고 있다. 일제강점기 때 우리말에 침투해서 우리말이 되어버린 일본어의 잔재를 지우는 움직임이다. 서양 언어를 환영하며 받아들이는 것과는 분명 반대 현상이다. 외래어 도입의 주역인 언론매체에서도 일본어를 사용했다간 방송사고 급으로 비난받는다. 같은 동양권이라도 중국 문물에 대해서는 상대적으로 더 관대하다. 우리는 분명 외래 문물에 대해서 양면적 태도를 가지고 있다. 이렇게 보면 동촌역에 나타난 서양식 교외 주택의 모습은 일본식 주택보다는 덜 가슴이 아픈 것으로 볼 수 있다.

반대로, 어떤 면에서는 일본식 주택 모습으로 나타난 역들보다 더 가슴 아플 수도 있다. 지금이야 우리도 영국 문화를 많이 접하고 이를 받아들이는 데 거부감이 없는 편이나 개화기만 해도 영국식 교외 주택이란 건 정말 뜬금없는 이방인이었다. 대부분의 국민들이 이 세상에 '영국'이란 나라가 있다는 것조차 모르던 시대였다. 우리가 주체였다면 절대 지어질 수 없었던 이방의 낯선 양식이었다. 이것이 지어진 것 자체가 일제를 통한 강제 이식의 증거이다. 그만큼 조선의 무기력함과 일제의 절대

서양식 목구조로 지은 동촌역 창고.

지배를 보여주는 증거이다. 모습 자체만 보면 제일 예쁜 간이역일 수 있는 동촌역도 역사적 판단에서는 자유로울 수 없다. 이것이 우리나라 간이역이 갖는 숙명이다.

　동촌역에는 창고가 부속시설로 남아있다. 서양식 목구조의 교과서를 보는 것 같다. 정사각형으로 분할하고 그 속에 사선 방향 보강재를 넣은 트러스로 전체 구조를 짰다.[22] 기둥과 기둥 사이에 정사각형 틀을 네 개 뒀다. 처마를 차양처럼 길게 뺐기 때문에 이를 받치기 위해 트러스 밑동에서 사선으로 가새를 댔다. 길이가 제법 되어 옆에서 보면 경쾌한 일직선을 이룬다. 반대편으로는 짧은 가새를 댔는데 두 가새의 길이와 기울기가 다르면서 기우뚱한 삼각형을 만든다. 정면은 다소 무덤덤한 표정으로 기능에 충실한 전형적인 창고 건물이다. 다소 지루해 보이기도 한다. 옆면은 다르다. 박공은 그대로 놔두고 벽면을 3분의 2정도 뜯어냈다.

*광궤선: 선로와 선로 사이의 너비가 표준 너비인 1.435미터보다 넓은 궤도.

*노반공사: 노반을 만들기 위해 지반을 다지는 공사. 노반은 철도의 궤도를 부설하기 위한 토대.

그 끝에 기둥과 구조부재를 두어 뛰어난 구성효과를 낸다.[23] 고형과 진공, 면과 선 등의 대비효과가 두드러진다. 벽면은 널판을 이어 붙인 서양식 스틱 앤 싱글 구조이다. 서부영화를 보면 자주 등장하는 미국식 창고 건물의 전형이다.

동촌역과 대구선의 문화재 기록을 보자. 역은 창건, 이전(이축), 증축, 수리, 부분 철거, 폐쇄(예정, 완료), 무인화, 폐선 등의 역사를 걸어왔다. 1917년 11월 1일 보통역으로 영업을 개시해서 1928년 7월 1일 국철로 편입되었으며 1938년 7월 1일 대구—영천 간 광궤선*을 개량하면서 지금의 위치에 새로 지었다. 대구선은 대구를 기점으로 금호강 연안을 따라 영천에 이르는 철도로 경부선과 중앙선을 이어준다. 조선중앙철도주식회사가 1916년 2월 부설면허를 획득하면서 착공해 같은 해 11월 1일 대구—하양 구간(대구역—동촌역—반야월역—청천역—하양역)이 부분 개통되었고, 1918년 10월 31일 하양—포항 간 109.1 킬로미터가 개통되었다. 건설 당시에는 경동선이라 하였으나 현재는 대구선이라 부르며, 실제 영업 구간은 대구—포항 간이나 공식적 명칭 구간은 대구—영천 간으로 정하고 있다. 조선중앙철도주식회사는 1923년 9월 (주)남조선철도, (주)서철식산철도, (주)조선임업철도, (주)조선산업철도, (주)양강척림철도와 함께 합병되어 조선철도주식회사가 된 후, 1929년에 국유화되었다. 1997년 8월 노반공사*를 시작하여 2005년 11월 1일에 동대구—청천역 구간이 이설되었다. 기존 동대구—동촌—반야월—청천역 구간을 동대구—고모—가천—금강—청천역 구간으로 변경하였다.

전형적인 미국식 창고처럼 생긴 동촌역 창고.

chapter 10

진해역, 남창역, 송정역

바닷가 유흥다움의 표준형, 군항 도심의 진해역

진해역은 언뜻 보면 기차역 같지 않다. 고속도로 휴게소나 바닷가 별장 같다. 건물 형태나 건축구성도 특이한데 최근에 고치면서 재료까지 그런 걸 써서 더 그렇다. 제일 먼저 눈에 띄는 건 다른 역에는 없는 낯선 건축 요소들이다. 지붕 한가운데에 창이 났다. 차로 쪽에서 보면 역무실동 위에 두 개, 철로 쪽에서 보면 반대로 맞이방동 위에 두 개가 각각 있다.[1,2] 지붕창(dormer)이라는 것으로 주로 프랑스나 독일의 전통 건축에서 많이 사용하던 것이다. 그냥 유럽식이라고 하면 무리가 없을 것 같다.

　원래 목적은 다락방에 창을 내기 위한 실용적 목적이 강하다. 혼자 생긴 건 아니고 지붕과 연관이 깊다. 유럽은 알프스를 기준으로 남유럽과 북서유럽으로 나눌 수 있는데 북서유럽으로 갈수록 지붕이 커진다. 기후 때문이다. 지중해 일대인 남유럽은 북부 지방 일부를 빼곤 눈이 안 오기 때문에 지붕이 평평하다. 반면 알프스를 넘어 북쪽으로 올라가면 눈

1 진해역 차로 쪽 전경.
2 철로 쪽 맞이방동 위 지붕창.

이 많이 오기 때문에 눈이 떨어지라고 지붕을 경사지게 만든다. 지붕이 경사지면 앞에서 볼 때 눈에 보이는 면적은 작아지기 때문에 적당한 크기로 보이도록 만들다 보면 실제로는 매우 커진다. 지붕 속 공간이 아까워 이를 다락방으로 이용하게 되었고 창이 필요해서 내다 보니 이렇게 된 것이다.

창을 내놓고 보니 밖에서 보기에 모양도 괜찮아서 주요 건축요소로 자리 잡게 되었다. 자칫 지루하고 칙칙해지기 쉬운 길고 넓은 지붕에 조형 변화를 주기 때문이다. 지붕창은 도시와 시골 구별 없이 두루 쓰이는데 경쾌한 형태와 하늘을 향해 열린다는 상징성 때문에 전원을 대표하는 요소로 받아들이기도 한다. 이 경우는 캘린더 풍경사진에서 본 것 같은 알프스 인근 전원주택을 떠올리면 된다. 나름 낭만성이나 목가다움을 갖는다는 뜻이다. 물론 이곳 진해역에는 다락방은 없고 그냥 모양으로 낸 것 같다.

다음으로 특이한 요소는 철로 쪽 역무실동 지붕 형태이다. 몸통까지 합해서 정육면체로 만든 다음 세 면에 박공을 냈다.[3] 맞이방동과 이어지는 부분은 가려서 안 보이지만 높이 차이가 나기 때문에 원래 박공을 낸 것이라는 사실을 확인할 수 있다. 박공 비례가 특이하다. 몸통까지 같이 보면 정사각형이다. 역무실동과 맞이방동 지붕이 하나로 이어지지 않고 끊어지면서 역무실동이 독립 덩어리로 나타난다. 결과적으로 동그란 공처럼 보인다. 그만큼 덩어리 느낌이 강하다. 철로 쪽 건물 전체의 절반을 넘을 뿐 아니라 공처럼 동그랗고 큰 덩어리 하나로 뭉쳐있어서 더 그렇다.

　이 장면만 보면 도심 큰 머리형이다. 도심형으로 분류된 신촌역, 화랑대역, 동촌역보다도 더 도심형에 가깝다. 일두형이라는 말 딱 그대로이다. 입지도 그렇다. 진해라는 도시의 중심 역으로 지어졌다.[4] 그러나 도심형으로 보기는 어렵다. 도심형의 일두형은 차로 쪽에서 봤을 때를 기준으로 하는데, 진해역은 철로 쪽 모습이 큰 덩어리이다. 일두형은 번잡한 도심에서 자신의 존재를 알려 잘 보이게 하는 것이 목적이다. 그런데 진해역은 차로 쪽에서 보면 특별히 눈에 띄지 않는 평범한 모습이다. 진해라는 도시의 성격을 봐도 그렇다. 일제강점기 때부터 군항으로 지어

3 박공이 독특한 진해역 철로 쪽 역무실동.
4 철로 쪽에서 본 도심 큰 머리형 진해역.

졌다. 일반 승객은 많지 않고 군사목적이 주요 기능이었다. 신촌역 같은 도심형의 목적을 가질 필요는 없었다는 말이다.

따라서 진해역 역무실의 특이한 모습은 일두형이 목적이 아니라 형태를 목적으로 한 것임을 알 수 있다. 바닷가에 맞는 흥겨운 조형성이 목적이라는 말이다.[5] 정육면체부터가 그렇다. 정육면체를 비례의 관점에서 보면 완전도형으로 정신적 가치가 강한 형태이나 감성의 관점에서 보면 부담 없고 친밀한 형태이다. 얼굴이 긴 사람보다 동그란 사람이 더 만만해 보이고 말 걸기도 편한 것과 같은 이치이다. 진해가 해수욕장을 갖춘 관광도시가 아니라 군항이라는 점하고는 잘 안 어울리기는 한다. 그러나 기차역을 완전한 군사시설로 볼 수는 없기 때문에 바닷가라는 분위기를 건축구성에 반영하는 것은 무리가 없어 보인다. 건물이 주변 자연환경에 맞추는 것은 특별한 현상은 아니기 때문이다.

바닷가 건축은 확실히 경쾌하고 즐겁다. 유흥답다고까지 말할 수 있을 정도이다. 사람들 기질일 수도 있고 온화한 날씨와 강한 햇살 같은 자연요소에 맞추다 보니 그렇게 된 것일 수도 있다. 바다라는 요소 자체가 사람을 감성적으로 만들고 놀고 싶게 만든다. 그래서 바닷가 건축도 이런 분위기와 같아진다. 지중해 건축이 그렇고 남미나 동남아 바닷가도 마찬가지이다. 우리나라도 남해 쪽 절은 지리산이나 백두대간에 있는 절들하고 많이 다르다. 장식도 많이 사용하고 심각함이 덜하다. 이 연장선에서 진해역을 이해하면 될 것 같다. 지붕창과 함께 생각하면 이해가 더 쉬울 수도 있다. 지붕창을 둔 이유가 이것이 갖는 낭만성이나 목가다움을 빌려오기 위한 것으로 볼 수 있기 때문이다. 첫머리에 고속도로 휴게소나 바닷가 별장처럼 보인다는 것도 같은 뜻이다.

바닷가 분위기는 창에서도 확인할 수 있다. 건물 사면을 돌아가며 수

5 진해역 철로 쪽 정면 전경.
6 진해역 맞이방 출입문 양옆에 난 수직 창들(차로 쪽).
7 진해역 차로 쪽 노천 출입구.

직 창을 냈다. 2300×1100밀리미터를 표준 크기로 삼아 더 큰 것과 더 작은 것으로 변형시켜 썼다. 총 세종류의 수직 창이다. 차로 쪽 정면에는 모두 6개의 수직 창을 썼다.[6] 출입구 양옆에 작은 창을 하나씩 냈고 다시 그 양옆으로 표준형을 냈다. 오른쪽 끝에 표준형 하나, 역무실동 쪽에 표준형 두 개를 냈다. 마지막으로 역무실 끝에 큰 창 하나를 냈다. 이런 식이다. 철로 쪽에서는 역무실동에 큰 창 두 개를 붙여서 쌍둥이로 냈고 맞이방동에는 표준형 세 개를 냈다. 노천 출입구가 있는 옆면은 굴뚝을 기준으로 왼쪽에는 표준형 하나를, 오른쪽에는 표준형 두 개를 냈다.[7] 이것만으로도 비대칭인데, 오른쪽 것 두 개가 차양 속에 갇혀서 안 보이기 때문에 겉으로는 왼쪽 것 하나만 있는 것처럼 보인다. 외눈박이 형태로 노골적 비대칭이다.

수직 창 자체가 흥겨운 조형성을 갖는다. 건물 전체가 낮은 수평 비례를 유지하는데 창만 수직 창을 쓴 것은 바닷가형의 유흥다운 분위기에 맞추려는 조형적 목적이었음을 간파해본다. 대비 구도인 셈인데, 갈등을 노린 것은 아니고 역동을 노린 것일 것이다. 수평창이 차분하고 안정적 분위기를 주는 반면 수직 창은 흥겨운 유흥다움을 주요 특징으로 갖는다. 세 종류로 변형시킨 것도 그렇다. 산만하지 않은 범위 내에서 변화를 주려는 의도이다. 창 배치에서 비대칭이 두드러진 점도 같은 맥락이다. 비대칭은 변칙인 것이고 정석에서는 느낄 수 없는 일탈의 쾌감을 준다. 차로 쪽은 맞이방동의 박공을 기준으로 오른쪽에 표준형 하나, 왼쪽에 표준형 두 개를 내서 왼쪽으로 쏠렸다. 철로 쪽에서는 비대칭이 더 심하다. 역무실동에서는 쌍둥이 창을 아예 한쪽 구석으로 몰았다. 노천 출입구가 있는 옆면도 마찬가지이다. 굴뚝이 기준선을 긋는데 좌우의 개수가 틀리다. 오른쪽 두 개는 차양에 가려서 안 보이기 때문에 결국 왼쪽에 하나만 낸 외눈박이가 되었다.

차로 쪽은 평범한 표준설계인데 철로 쪽에 특이 요소를 집중시킨 것은 진해라는 도시의 성격과 연관 지으면 될 것 같다. 관광도시가 아니기 때문에 일반 시민들에게까지 유흥다움을 보일 필요는 없고, 군항이기 때문에 긴장을 줄 필요가 있었을 것이다. 그래서 그런지 차로 쪽은 넓은 광장을 갖는 전형적인 도심 중심 역의 구성이다. 도시 전체의 관점에서 보면 중심 공간으로 작용하기 위한 목적이고, 역 자체에 한정해서 미시적으로 보면 군수물자나 군인들의 들고남을 원활하게 하려는 기능적 효율을 중요하게 여긴 것 같다.

바닷가형 진해역의 독특한 노천 출입구

도시나 역의 규모에 비해서 광장이 큰 편인데 이 역시 군항이라는 기능적 목적을 생각하면 될 것 같다.[8] 역이 작은 것은 남해안 일대가 철도를 주요 교통수단으로 삼는 지역이 아니기 때문이다. 그런데도 광장이 큰 것은 군사적 목적에서였을 것이다. 배에 실을 크고 작은 무기도 쌓아두고 군인들 인원 점검도 하려면 운동장 같은 빈 공간이 필요했을 것이다. 세월이 흐르면서 진해는 딱딱한 군사도시보다 벚꽃 군항제로 유명해졌고, 진해역의 유흥다움은 효력이 더 커지고 있다. 답사를 다니느라 여러

8 진해역 차로 쪽의 넓은 광장.
9, 10 철로 쪽 맞이방 앞 차양에서 본 풍경과 장난감처럼
보이는 노란 기차.

도시를 가봤는데 실제로 진해가 가장 평화롭고 사람들도 여유로운 것 같았다. 해수욕장이 딸린 관광도시와는 또 다른 의미에서 바닷가의 여유를 살린 경우로 볼 수 있다.

대합실 앞 차양을 통해 보는 건너편 풍경이 평화롭기 그지없다. 멀리 나지막한 산 능선이 배경을 만들어주고 그 앞에 올망졸망 아담한 개인주택들이 모여산다.[9] 진해의 여유로운 도시 분위기를 대표하는 아이콘이다. 진해는 확실히 아파트가 적고 개인주택이 많이 남아있다. 바닷가 나지막한 능선을 따라 평화롭게 널브러져 있는 모습이 중학교 때 처음 보고 가슴이 편해졌던 그때 그대로이다. 진해에는 이런 장면이 아직도 많이 남아있다. 그 앞에 한쪽으로 치우쳐 서 있는 기차가 숫제 가벼운 소품으로 보인다.[10] 기차의 색까지 즐거운 원색으로 칠했다. 노란색은 그렇다 치고 연두와 파랑을 섞은 색은 바닷가에 잘 맞는 색이다. 기차가 산업역군이나 사람을 가득 채우고 먼 거리를 이동하는 교통수단으로 느껴지지 않고 바닷가 소품이나 장난감처럼 느껴진다.

진해역만의 특이한 점이 하나 더 있는데 맞이방 동 밖으로 확장된 노천 출입구를 별도로 갖는 점이다. 도경리역보다 진해역 것이 더 크다. 송정리역에는 건물과 떨어진 별도의 노천 출입구가 있다. 그러고 보니 바닷가형 셋 가운데 둘이 노천 출입구를 갖는다. 지붕을 덮어 개방 차양으로 처리했고, 목조 트러스로 구조가 지붕을 받친다.[11] 목적도 도경리역이나 진해역과는 다르다. 이것 역시 군대를 한 번에 들고날 수 있게 하거나 큰 무기가 다닐 수 있는 공간을 확보하기 위한 기능적 목적에서 만든 것으로 볼 수 있다. 지금은 담을 세워 막았지만 담이 없을 때에는 10열 종대 정도의 군대가 한 번에 들고날 수 있을 것 같은 넓은 폭이다.

진해역의 개방적 특징은 바닷가 분위기와 잘 어울린다. 일단 모양이 그렇다. 건물 본체 옆에 개방 공간이 길게 이어지면서 바닷가 분위기를 돕는다.[12] 흔히 대륙 기질은 호방하나 폐쇄적이고 바닷가 기질은 현실적이고 개방적이라 말하는데 그것과도 일맥상통한다. 이 장면 자체만으로 도로와 통하는 큰 숨통을 뚫어놓은 것 같아 시원해 보인다.[13,14] 바람도 들고나고 시선도 뚫려서 답답하지 않아 좋다. 보통 때에는 그늘을 즐기는 휴식공간으로 사용할 수 있다. 바닷가에 잘 어울리는 건축 요소이다.

노천 출입구가 있는 쪽에서 건물 본체와 함께 보면 다른 역에서는 볼 수 없는 독특한 장면을 만든다. 차로 쪽 오른쪽에서 본 장면이다. 창고에 노천 헛간을 덧붙인 것 같다. 서양 농가에서 쉽게 볼 수 있는 모습이다. 기차역 옆면에 긴 굴뚝을 덧대고 창은 작은 수직 창 하나만 내서 더 그렇다. 매우 실용적 모습이다.[15,16] 이쯤 되면 '추억의 간이역'이라는 말은 쏙 들어갈 만하다. 철로 쪽에서 봤던 바닷가의 유흥다운 모습과 많이 다르다. 지금은 역 자체를 많이 고친데다 진해라는 도시 자체가 군항제다 해서 많이 부드러워져서 그렇지 일제강점기 때, 본래 지어진 모습 그대로 봤더라면 섬뜩하고 삭막한 장면일 수 있다. 특히 이곳으로 중무장한 일본 해군이 일장기를 앞세우고 10열 종대로 드나드는 모습을 상상하면 소름이 끼친다.

11, 12, 13 시원하게 뚫린 진해역 철로 쪽 차양.　14 진해역 차로 쪽 차양.　15, 16 차로 쪽과 철로 쪽 차양 모습.

순전히 서양 농가로만 보면 그것대로 낭만성이 느껴진다. 군더더기나 불필요한 치장이 없는 간결함이 생명이다. 본디 치장과 장식은 도시 몫이고 시골은 소박하다. 소박함은 도시인의 눈에는 때때로 절제로 보이고 건축으로 환산하면 간결함으로 나타난다. 정작 시골 사람들은 절제다 간결이다 따지지를 않는다. 그냥 일하고 먹고사는 데 필요한 것만 갖춘 것일 뿐인데 도시인의 눈에는 절제와 간결로 보인다. 정작 당사자들은 무덤덤한데 도시인들이 절제네 간결이네 이름을 붙이고 미학을 끌어다대며 난리이다. 시골다운 기능과 효율의 생명이다. 필요한 것만 갖춘다는 것은 기능적이고 낭비가 없다는 뜻이다. 그 결과 조형적 힘을 갖게 된다. 힘이 아니라 아름다움으로 봐도 옳다. 도시인들의 눈에는 이 자체가 색다른 아름다움일 수 있다. 서양식 전원성과 목가다움의 주요 항목이다. 헛간과 창고라는 허드레 건물이 출처이다. 성당과 신전, 미술관과 궁전 같은 대형 고급 건물에는 없는 미학이다.

천장은 목조 삼각 트러스로 짰는데 기둥 주두 부분이 주목할 만하다. 크게 보면 기둥 위에 트러스를 얹은 구조이다. 기둥 윗부분에서 트러스 밑변, 즉 보를 향해서 사선 방향의 보강부재 가새를 댔다. 구조적으로 보면 상식적 처리인데 차양 한복판에 있는 기둥에 네 방향으로 모두 가새를 대면서 모양이 특이해졌다. 마치 우산살을 펼친 것 같다.[17] 구조미학의 전형적 장면이다. 등록문화재 간이역의 모든 차양에는 가새를 썼는데 네 방향으로 낸 것은 진해역이 유일하다. 노천 출입구가 되면서 기둥 수가 많아져 차양 한복판에 기둥을 낸 까닭이다. 다른 역들은 기둥이 모두 차양 처마 끝에 한 줄로 서기 때문에 네 방향으로 가새를 내고 싶어도 낼 수가 없다. 기댈 부분이 양옆 막음판밖에 없어서 두 방향으로만 낼 수 있다.

한 가지 더 특이한 점은 종 방향 보의 위치이다. 트러스의 밑변 보가 횡 방향 보를 이루고 여기에 직각 방향으로 종 방향 보를 냈다. 이 역시 상식적 구조 처리이다. 그런데 종 방향 보 세 줄의 높이 위치가 다르다. 철로 쪽과 차로 쪽 끝줄에서는 종 방향 보가 모두 횡 방향 보 밑으로 들어간 반면, 차양 중간 줄에서는 횡 방향 보 위에 올라탔다.[18,19] 다르게 한 이유는 구조적 목적이 제일 크다. 가운데 줄의 기둥은 삼각 트러스의 꼭짓점과 위치가 일치한다. 트러스에서는 밑변 보와 꼭짓점을 잇는 수직 기둥을 세우는 지점이다. 기둥과 보의 가구식 구조 전체의 입장에서 보면 이 수직 기둥은 지붕의 제일 깊고 높은 곳(삼각 트러스의 꼭짓점)을 받치기 위해 기둥 위에 세우는 동자기둥*에 해당된다. 동자기둥이 너무 길어지면 시각적으로나 구조적으로 모두 불안하므로 종 방향 보를 집어넣어 동자기둥의 길이를 줄인 것이다.

여기서 감상거리는 두 가지이다. 하나는 트러스 속에 보를 한 줄 더 집어넣어 만든 변형 트러스이다. 아주 귀한 것은 아니나 흔치는 않은 장면이다. 트러스의 본고장인 서양에서는 찾으려면 찾을 수 있는 장면이나 우리나라에서는 쉽지 않은 장면이다. 트러스를 아래쪽 주두와 함께 보

*동자기둥: 서까래와 보 사이
에 공간이 클 경우 서까래를
받치기 위해 보 위에 하나 더
세우는 작은 기둥.

면 더 재밌는 장면이 나타난다. 트러스의 수직 기둥 밑둥에서 양옆 사선 방향으로 가새를 냈는데 그 모습이 아래쪽 주두에 낸 가새와 비슷하다. 둘다 팔을 45도 각도로 올려 체조하는 장면이다. 가새의 길이와 각도는 조금 다르다. 트러스의 가새는 길이가 길면서 각도가 완만하고 주두의 가새는 짧고 급하다. 같은 주제를 쓰면서 서로 다르게 처리했다. 구조미학의 좋은 예이다. 다른 하나는 노천 출입구 차양 전체를 봤을 때, 종 방향 보의 위치에 따라 두 종류의 구조체계가 나타나는 장면이다. 횡 방향 보를 기준으로 종 방향 보가 위아래로 엇갈린 장면인데 다양한 구조방식을 감상할 수 있다. 이 자체가 그냥 구조미학이라는 심미적 가치를 갖는 장면이다.

박공을 겹치고 차양 기둥을 변형시킨 남창역

남창역은 변칙 양식이다. 변형보다는 좀 강하고 반칙보다는 좀 약하다. 언뜻 보면 별 다를 게 없어 보이지만 구성이 단순하다. 건물이 작은 간이역에서 이 정도면 표준설계에서 꽤 많이 벗어난 것이다. 박공의 위치, 겹침 박공, 차양 구조 등 세 군데에서 독특하다. 다른 역에는 전혀 없는 남창역만의 유별난 구성이다. 먼저, 박공이 맞이방에는 없고 역무실 한 곳에만 있다. 춘포역의 초기 구성과 유사하나 차이도 있다. 춘포역에서는 차로 쪽에 아예 박공이 없다. 철로 쪽은 남창역처럼 역무실 돌출부에만 있는데 개수가 하나이다. 남창역에서는 차로 쪽도 박공이 있다.[20] 왼쪽 역무실만 급한 박공을 갖고 오른쪽 맞이방은 그냥 경사지붕이다. 철로 쪽에서 보면 역무실 돌출부만 박공이 있고 개수가 두 개다.[21] 이런 모든 구성은 다른 역에는 없는 남창역만의 변칙 스타일이다. 역의 중심은 역무실 쪽으로 확 쏠려있다. 건물이 작아서 어차피 박공을 한 곳밖에 둘 수

20 남창역 차로 쪽 전경.
21 2개의 박공이 있는 역무실 돌출부.

없는데 맞이방이 아닌 역무실에 두었다.

철로 쪽에서 보면 박공 두 장을 겹쳤다. 쌍둥이라고 보기에는 겹침이 심해서 겹침 박공이라고 부르는 것이 좋을 것 같다. 겹치는 대신 크기가 작다. 차로 쪽 박공을 둘로 나눈 것 같다. 앙증맞다고 해도 어색하지 않다. 동기 간에 어깨동무한 모습이거나 연인이 뒤에서 어깨를 감싸 안은 모습이다.^{22,23} 위쪽 박공이 한쪽으로 조금 비켜서서 절반쯤 얼굴을 내밀었다. 정겹고 경쾌하다. 모두 바닷가 유흥 분위기와 잘 어울린다. 바닷가 분위기를 자유분방으로 해석한 것 같다.

지붕하고 같이 보면 겹침의 의미가 더 살아난다. 본 지붕과 차양을 하나로 합해서 큰 지붕 하나를 만들었다. 일산역에서 봤던 것과 유사한데 크기는 좀 작다. 일산역처럼 펄럭이는 모습은 아니나, 그래도 겹 지붕의 표준설계에서는 벗어난 구성이다. 이 자체가 일단 변칙 스타일의 한 예로 볼 수 있다. 문제는 여기에 겹침 박공을 집어넣고 함께 보는 장면이다. 이불 속에 몸을 묻고 머리만 내민 형제가 장난치는 모습이다. 놀이 본능을 자극한다. 아래에서 설명할 차양 구조의 변칙 스타일과 함께 보

22, 23 남창역의 겹침 박공.

면 더 그렇다. 바닷가의 유흥성이다. 진해역의 바닷가 특성이 좀 무겁고
진중하고 서양식이라면, 이곳 남창역은 장난기 어린 한국식이다. 규모
는 작지만 구석구석 장난기가 넘친다.

　신기한 건, 이런 지붕 구성이 서울 도봉구 일대 주택에서도 관찰된다
는 점이다. 많이 닮았다.[24] 지금은 5~6채 정도 남아있는데 옛날에는 더
많았을 것으로 추정된다. 남창역은 건립연대가 1935년, 서울의 주택은
1950~1960년대인데 둘 사이에 무슨 연관이 있는지 모르겠다. 도봉구 일
대를 돌아다니며 이 동네에서 오래 사신 어르신들을 붙들고 이것저것
여쭤봤지만 별 시원한 대답은 얻지 못했다. 혹시 남창역 공사에 참여했
던 분이 서울 도봉구로 이사 와 살면서 지은 것은 아닌지 모르겠다. 아니
면 아예 집 짓는 일을 한 건지도 모르겠다. 우연의 일치로 볼 수도 있지
만, 그러기에는 디자인이 너무 특이하고 많이 닮았다. 도봉구 주택은 박

24 남창역과 닮은 서울 도봉구
인수동의 주택.
25 서양의 교외 주택의 3개 박
공. 윌리엄 레더비의 멜스터 하
우스(Melsetter House).

공이 뾰족하긴 하나 겹친 건 찾지 못했다. 개수도 단독이다. 서양 교외
주택에서는 박공 세 장이 나란히 줄지어 선 예가 있다.[25] 이번에도 겹치
지는 않았다. 그러나 개수는 단독을 넘어서긴 했다.

차양 구조는 기둥 없이 캔틸레버로 처리했다. 기둥은 바깥 모서리 한
곳에만 세웠다. 이마저도 없으면 불안했을 것이다. 차양의 나머지 전 길
이는 기둥 없이 캔틸레버로 냈고 맞이방 벽에서 부재를 내 지지하도록
했다.[26]이런 구조 자체가 다른 역에는 없을뿐더러 지지부재 처리도 특이
하다. 벽에다 수직 막대를 붙인 뒤 그 끝에서 차양을 받치는 긴 막대를
뽑고, 다시 이것을 한 번 더 받치기 위해 수직 막대 밑동에서 사선 방향
으로 가새를 하나 더 내어 받쳤다.[27] 가새는 차양을 받치는 긴 부재의 중
간쯤에서 접합했다.

각 부재는 끄트머리에 모양을 냈다. 벽에 붙인 수직 막대는 아래쪽 끄
트머리를 쐐기 형태나 화살촉처럼 만들었다.[28] 경쾌하다. 차양을 받치는
긴 사선 막대의 끄트머리는 사선으로 쳐낸 뒤 턱을 뒀다.[29] 날렵하다. 구
조 방식은 단순한 대신 끄트머리를 툭툭 쳐내며 손맛을 보여준다. 이 역

시 요즘 보기 힘든 장면으로 공예미학과 구조미학을 합한 것에 해당된다. 긴 막대를 써서 가느다란 팔로 받치는 것처럼 구조를 처리한 것이나 끄트머리를 경쾌하고 날렵하게 처리한 것이나 모두 바닷가형에 제격이다. 작살 들고 낚시라도 떠나는 기분이다.

하나 더 있다. 기둥이 있는 제일 바깥쪽 구조이다. 구조 방식과 디테일 모두 특이하다. 바깥쪽을 박공처럼 막다 보니 이 막음 판을 받치기 위해 보를 냈다. 결과적으로 보—기둥—사선 막대의 세 부재가 한 지점에서 뭉친다.[30] 보는 각목이고 기둥은 원통형이다. 둘은 특별할 것 없이 중립적으로 만난다. 각목을 원통형에 덧댄 형국이다. 그 대신 볼트로 열심히 조였다. 젓가락처럼 긴 띠 부재를 기둥과 보 모두에 파 넣은 뒤 볼트로 조였다. 동양식과 서양식을 합한 접합방식이라 할 만하다. 부재 수가 많아지면서 역시 바닷가 분위기를 돕는다. 구조적으로는, 어쨌든 믿음이 간다. 사선 막대는 기둥 옆을 스치듯 벗어나 처마 끄트머리까지 내려간다. 턱을 둔 끄트머리 처리가 똑같이 나타난다.

남창역은 철로와 사이 마당에 항아리를 모아놓았는데 인근에 옹기마을이 있어서 그렇단다. 역장님 말씀이 울산시장을 만나고 왔는데 옹기를 역의 아이콘으로 삼기로 했다고 한다. 자신이 아이디어를 냈는데 시장님이 훌륭하다며 칭찬했다고 자랑이 대단하시다. 앞으로 역도 옹기색으로 다시 칠할 계획이라 한다. 조경의 일부분으로 항아리를 둔 역은 몇 되는데 이곳은 동네 이력이 그러니 더 의미가 있다 하겠다. 역을 배경으로 보는 것보다는 역 앞에서 앞산을 배경으로 보는 장면이 더 낫다. 너무 가지런하게 줄 세운 것 같긴 한데, 그래도 크기와 모양이 달라서 마치 한 마을 사람 전부를 한곳에 모아놓은 것처럼 정겹다. 산속에 평화롭게 자리잡은 동네 하나를 상징적으로 보여준다. 한가로운 앞산은 바닷가 농

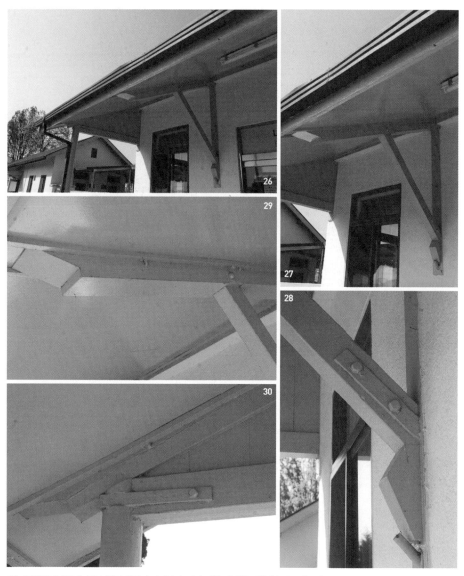

26, 27 캔틸레버로 처리한 남창역 차양과 지지부재. 사선 방향 가새를 포함해 누운 A자 모양.

28,29 각각 모양을 내 처리한 수직−사선 막대 끄트머리.

30 동양식과 서양식을 합한 남창역 접합방식.

철로와 남창역 앞 마당 사이에 놓인 항아리.

촌의 전형적 자연 풍경이다.³¹

바닷가 소녀가 윙크하는 듯한 송정역

송정역은 아담하다. 면적을 기준으로 하면 21개 등록문화재 간이역 가운데 10등이니 작은 역은 아니다. 그런데 작아 보인다. 욕심을 안 부려서 그렇다. 검소해 보이지는 않는다. 소녀가 나름 멋을 낸 것 같은 분위기이다. 성숙한 세련됨은 없으나 솔직하다. 젊은 직설이 느껴진다. 한껏 멋을 냈는데, 남자인 내가 봐도 셈이 다 읽힌다. 성숙한 여인의 뭔가 난해한 안개 같은 멋과는 분명히 다르다. 소녀의 들뜬 분위기이다. 스쿨걸 룩 같다. 동화 냄새도 난다. 바닷가형이라서 그런 것 같다. 이것대로 바닷가형답다.³² 진해역을 좀 닮긴 했지만 남창역과는 다르다.

언뜻 보면 바닷가형의 특징이 없는 것 같기도 하다. 그러나 자세히 보면 진해역을 닮은 점이 있다. 세 군데가 그렇다. 비대칭, 박공 처리, 창 구성이다. 비대칭은 차로 쪽 출입구가 심하다. 맞이방 출입문을 박공의 중

송정역 차로 쪽 전경.

심선에 맞추질 않고 왼쪽으로 조금 비켜서 냈다.[33] 사람 인상으로 치면
입 한쪽을 씩 올리며 반갑게 웃는 형상이다. 숫제, 윙크를 하는 것 같다.
웃는 모습도 가지가지일 텐데 입 한쪽을 씩 올리며 얼굴을 비대칭으로
만드는 건 농담을 건다는 뜻이다. 윙크는 한 걸음 더 나아가 특별한 관심
을 거는 것이다. 이것을 바닷가에 위치한 간이역에 대입시키면, 반가워
죽겠으니 '재밌게 놀다가세요'라는 반김으로 볼 수 있다. 앞의 첫인상과
합하면, 풋풋한 바닷가 소녀가 윙크로 반기는 형국이다. 같은 소녀라도
반곡역이 산골처녀라면 송정역은 바닷가 소녀다. 놀러오는 사람으로 치
자면, 바닷가 기차역에 내리면서 갖는 설렘을 표현한 것이다. 왠지 단추
도 하나쯤 풀어헤치고 모자도 거꾸로 쓰면서 조금 흐트러지고 싶은 흥
분 같은 것이다.

　박공 처리는 철로 쪽이다. 철로 쪽에는 박공이 하나만 있는데 이걸 온
전히 놔두질 않았다.[34] 박공의 기울기는 분위기에 중요한 요소이다. 보

33 송정역 차로 쪽 맞이방 출입
문과 박공.
34 송정역 철로 쪽 맞이방 박공.

통 급하냐 완만하냐만 따지지만 여기에서는 형태를 건드렸다. 절반 아래쪽을 지붕 속에 감춰버렸다. 밑동에서 지붕이 치고 올라와 위쪽 절반만 남긴 꼴이다. 여기에서 경사가 중요하다. 윗대가리만 남길 경우 경사가 너무 급하면 남는 조각이 정말로 작은 조각덩어리로 끝나버려서 지붕의 존재를 잃어버리게 된다. 그걸 막자니 박공이 옆으로 퍼졌고 기울기는 완만해졌다. 바닷가의 여유다. 진해역에서 큰 공처럼 만든 것에 해당되는 송정역의 변형이다.

여기에서 끝나면 심심하다. 지붕과 차양을 하나로 붙여서 큰 지붕 하나로 만들었는데 박공과 밑 부분 지붕의 기울기가 달라지면서 사선 두 개가 중간에 한 번 꺾이면서 이어지는 형상을 만든다. 진해역 철로 쪽 역무실동 지붕에 나타난 것과 비슷한 흥겨움을 만들어낸다. 사선의 기울기 말고도 여전히 흥겨운데 지붕과 박공의 대비 때문이다. 넓은 지붕 속에 박공이 폭 갇혔다. 일단 지붕이 크다. 본 지붕과 차양을 합해서 큰 지붕 하나로 만들었는데 형태도 좀 불규칙하다. 보통 본 지붕 한 장으로 합할 경우 본 지붕과 차양을 합한 것임을 알 수 있다. 원 요소를 추적할 수 있다는 뜻이다.

여기서는 다르다. 처음부터 그냥 큰 이불 한 장을 펼쳐놓은 것 같다.[35] 펄럭이지는 않는다. 크기만 따지면 일산역보다는 작다. 그러나 오른쪽 아래 끝 차양이 세 번 단을 지면서 파고 들어간다. 본 지붕과 차양의 구별도 거의 무의미하다. 여기에 밑동 잘린 박공을 집어넣으니 큰 이불을 뒤집어쓰고 노는 아이 같다. 이불 위로 머리만 빼꼼 내밀고 있는 모습이다. 아니면, 이발소에서 이발할 때 큰 보자기로 머리만 남기고 온몸을 감은 모습 같다. 이발소에서 머리 깎는 상황은 모르겠지만 이불 갖고 노는 아이라면 놀이 기능을 연상시키는 건축구성이다. 이 또한 바닷가형 기차역에 합당한 연상이다.

차로 쪽 창을 보자.[36] 창을 많이 안 냈다. 역무실동의 큰 창과 출입구

35

송정역 철로 쪽 전경.

위의 세 쪽 창이 전부이다. 역무실동 창은 그 정체가 여럿이다. 우선, 큰
창 하나를 낸 다음 크게 4등분을 하고 그 속을 다시 나눈 것으로 볼 수 있
다. 4등분은 아래쪽에 정사각형 창 둘을 내고 위쪽 나머지 부분을 옆으
로 긴 창 둘로 낸 것이다. 아래쪽 정사각형 창은 수직으로 2등분, 위쪽 긴
창을 격자로 각각 4등분했다. 격자창은 말이 좋아서 격자이지 옆으로 아
주 긴 창을 넷으로 나눈 셈이다. 다른 해석도 가능하다. 정사각형의 두짝
미닫이창을 두 개 붙여서 낸 뒤, 위쪽에 옆으로 긴 창을 계속 이어서 낸
것으로 보는 것이다. 미닫이창과 옆으로 긴 창을 각각 2등분, 4등분한 처
리는 앞과 같다.

　출입문 위의 세 쪽 창은 숫제 앙증맞다. 수직 창인데, 산간형에서 수직
비례를 내기 위해 사용하던 것과 사뭇 다르다.[37] 크기가 너무 작아 정식
창이라기보다 액세서리를 붙인 것에 가깝다. 바닷가에 놀러갈 때 액세
서리를 하는 여자들이 있는데 딱 그 모습이다. 안 그래도 작은 창을 위아
래로 한 번 더 나누었다. 결국 직사각형 창 하나를 6등분한 셈이 되었다.

작은 창을 여러 번 나누다 보니 창틀 면적이 창 면적보다 더 커졌다. 배보다 배꼽이 더 큰 형국이다. 이런 뒤집힘 자체가 흥겨움을 자아내는 요소이다. 작은 요소가 바글바글 몰려있는 장면은 눈길을 끈 다음 웃음을 일으킨다. 어쨌든 흥겨움을 더해주니 바닷가형에 필요한 역할을 다한 셈이 되었다. 역무실동 창과 출입문 위의 세 쪽 창 모두 창틀은 처음 지어질 때 목재 틀이 그대로 남아있다. 역 전체를 많이 고친 가운데에서도 용케 살아남았다.

기둥이 흥겹고 노천 출입구를 따로 갖는 송정역

칼라코드도 바닷가에 맞게 택했다. 옥색과 벽돌색을 섞어 썼다. 옥색이 주요색이고 벽돌색으로 악센트를 주었다. [38,39] 면은 옥색으로 바탕을 이루고 선형 요소에 벽돌색을 써서 포인트를 주었다. 옥색은 바다색을 좀 더 따뜻하게 만든 색이다. 파란색을 그대로 칠하면 너무 추워 보인다. 유흥업소라면 몰라도 기차역이기 때문에 더 조심해야 한다. 꼭 추워 보이

38, 39 철로 쪽 역무실동 돌출부와 벽돌색 기둥.

는 것이 문제가 아니라도, 어쨌든 바다의 푸른색을 건물에 그대로 칠하
는 건 아니다. 자연의 색하고 건물의 색은 일대일로 대응되지 않기 때문
이다. 옥색은 바다색을 건물에 칠할 때 사용하면 좋은 색이다.

전체적으로 너무 푸른 기가 강할 수 있는데 벽돌색은 좋은 중화작용
을 한다. 차로 쪽에서는 박공 윤곽 한곳만 벽돌색으로 칠했다. 철로 쪽에
많이 썼다. 박공 윤곽과 기둥 두 곳에 썼다. 박공 윤곽은 굵은 사선이고
기둥은 가는 수직선이다. 한 가지 특이사항은 기둥이 네 개라는 사실이
다. 등록문화재 간이역 가운데 기둥이 네 개인 역은 여기가 유일하다. 차
양이 그리 길지도 않은데 촘촘히 세웠다.[40] 박자로 치면 스타카토인데
바닷가 분위기에 잘 어울리는 비트이다. 건물 전체의 수평 비례에 견주
어보면 수직선의 급한 반복은 흥겨움을 주려는 악센트로 볼 수 있다.

어쨌든 색은 잘 어울린다. 기둥은 주두와 주신을 다시 나눴다. 주두는
하늘색으로 칠했고 주신만 벽돌색으로 칠했다. 두 부분이 확연히 대비
되면서 형상에 따른 연상 작용을 일으킨다. 주두만 따로 놀면서 세 꼬챙
이가 두드러져 보인다. 저팔계의 삼지창 같기도 하고 닭발 같기도 하다.

어린아이들이 갖고 노는 집게 같기도 하다. 우산살이나 부챗살을 펼친 것 같기도 하다.[41] 닭발이 좀 걸리긴 하는데, 어쨌든 모두 바닷가형 기차역의 유흥다움에서 크게 벗어난 것 같지는 않다. 장식 의도인데, 기둥 구조 전체에서도 드러난다. 건물 규모나 차양 크기에 비해서 주두에서 뽑아 올린 가새가 너무 많다. 세 방향이다. 진해역처럼 이번에도 우산살을 펼친 것 같다.[42]

　　송정역은 부산의 유명한 달맞이길 변에 위치한다. 동해남부선 기장역과 해운대역 사이의 역이다. 달맞이길은 해운대에서 대변항으로 넘어가는 언덕길인데 해운대 바다를 끼고 있어서 부산에서 낭만적인 길로 통한다. 부산 사람들은 별 감흥이 없다지만, 밖에서 보기엔 그렇다. 송정역은 그런 낭만성에 해를 끼치지 않을 정도로 적당한 낭만성을 지녔다. 전면에 송정리 해수욕장이 있다. 우리나라 전체를 통틀어 바닷가에 인접한 몇 안 되는 역 가운데 하나이다. 대부분 동해안에 몰려있어서 남해 쪽

송정역 노천 맞이방으로 보이는 노천 구조물.

에서는 진해역과 함께 드문 경우이다. 지금은 역 주변에 건물이 많이 들어섰지만 1960~1970년대까지만 해도 바로 앞까지 모래가 있었다.

바닷가 해수욕장 역이었음을 보여주는 강력한 증거가 있다. 기차역 옆에 기차역보다 더 큰 크기의 지붕 구조물이 그것이다.[43] 기능에 대해서는 정확히 알려진 바가 없다. 보고서 기록에 의하면 "화물 헛간, 대합실, 환송실, 군시설" 등으로 추측이 다양하다. "역무원들도 그 본래 기능에 대해서 알지 못한다"고 했는데 내가 갔을 때에는 한 역무원이 노천 출입구라고 얘기해주었다. 해수욕 철에 손님이 몰릴 때는 맞이방만으로는 좁기 때문에 플랫폼에서 바로 나갈 수 있는 출입구를 따로 두었다는 것이다. 도경리역과 진해역도 있는데, 이곳의 크기가 훨씬 더 크고 위치도 독립 건물로 처리했다. 앞의 두 역이 본 건물에 부속되면서 크기가 그리 크지 않았던 것과 다른 대목이다.

노천 출입구 치고는 장식이 정교하고 화려하다. 19세기 서양에서 유행하던 철물장식이다. 재료를 더 정확히 확인해봐야 하겠지만 서양에서는 이런 장식을 만들 때에는 철강(steel)이 아닌 단철(cast iron)이나 주철(wrought iron)을 썼다. 장식은 두 종류이다. 하나는 기둥에 직접 쓴 것이다. 기둥을 위아래 둘로 나눴다. 아래쪽은 보라색으로, 위쪽은 옥색으로 각각 칠

44, 45 정교하고 화려한 노천 출입구 기둥의 철물장식과 접합방식.

*오더: 우리말로 번역하면 '기둥'이지만, 단순히 구조기능만 하는 기둥을 넘어 그리스 신전에서 지붕과 기단까지 모두 합한 구조체계.

했다. 원래 하나의 긴 기둥인데 너무 길어서 둘로 나눈 것 같다. 나눔이 일어나는 중간 지점에 장식을 가했다.[44,45] 고전 오더* 장식을 단순하게 정리한 요소와 접합 볼트를 섞어 쓴 장식으로, 아래 기둥의 주두를 이룬다. 위 기둥은 지붕을 직접 받치게 되는데 지붕과 만나는 주두에 역시 장식을 가했다. 이번에는 순수한 장식요소는 없고 모두 접합에 필요한 구조적 요소들인데 장식처럼 보인다. 넓게 보면 구조미학의 한 장면이다.

다른 하나는 기둥과 기둥 사이에 첨가된 것으로, 구조적으로는 큰 역할을 안 하는 순수 장식이다. 기둥과 기둥 사이에 굵은 곡선 철물로 뾰족한 아치 윤곽을 낸 뒤 그 속을 가는 곡선 철물로 장식을 짜 넣었다.[46,47] 장식은 소용돌이 문양과 꽃 형태를 섞은 급한 곡선 형태가 주를 이룬다. 레이스라 할 만하다. 일부 기록에는 아르누보(art nouveau) 장식이라고 나와 있지만 이 부분은 주의를 요한다. 아르누보는 주로 유럽을 중심으로 1890~1905년 사이에 유행했던 예술사조로 곡선 장식을 주요 건축어휘로 애용했다. 이 역에 쓰인 장식은 이보다 전인 19세기 중반 서양에서 크게 유행했던 것과 닮았다. 철물 산업이 발달하면서 단철이나 주철을 이용

46, 47 레이스처럼 장식된 곡선 철물장식.

48

삼각 트러스로 짠 노천 출입구 천장 안쪽.

한 건축 장식이 대량생산되면서 크게 유행했다. 물론 이런 장식이 일부
남아 아르누보에까지 이어진 측면이 아주 없는 것은 아니나 장식 종류
에서도 두 양식은 차이가 있다. 이것이 뒤늦게 일제강점기 때 우리나라
에까지 지어지게 되었다. 아르누보이건 19세기 중반 대량생산 양식이건
중요하지 않다. 장식이 매우 섬세하고 흥겹다는 사실인데, 바닷가 분위
기에 잘 어울린다.

　천장은 트러스로 짰는데 구조미학을 감상할 수 있는 좋은 장소이다.
삼각 트러스인데 꼭짓점에서 아래로 내리는 수직 기둥 없이 사선 부재
들 중심으로 짰다. 좌우 각 3분의 1정도 되는 지점에서 세 개의 사선 부

재가 한 세트를 이루며 트러스 틀을 지탱한다.[48] 세 부재는 바깥쪽 것이 매우 짧고 안쪽 것은 매우 길다. 가운데 것은 물론 중간이다. 길이와 각도가 다른 세 부재가 협동하는 장면은 매우 역동적인 구조역할을 보여준다. 차양 기둥의 주두에서 본 삼지창 모티브를 반복한 것으로 볼 수 있다. 차이도 있다. 차양에서는 세 부재의 길이가 같았고 각도도 규칙적이었는데, 여기에서는 길이도 모두 다르고 각도도 제각각이다. 세 부재는 밑동에서는 한곳으로 모이는데 이 부분에 넓적한 철판을 대서 셋을 하나로 붙들어 매준다. 이상과 같은 장면은 기본적으로 구조적으로 나온 것이지만, 조형적으로 봐도 건축에만 있는 독특한 심미성을 갖는다. 구조미학이란 것이다.

마지막으로 역사 기록에 대해서 살펴보자. 동해남부선은 경주-포항 사이는 1918년 10월 31일 개통되었고, 1935년 12월 16일에는 부산-울산-경주 사이가 개통되었다. 동해남부선은 동해안의 해산물과 연선 지방의 자원 수송을 목적으로 부설한 것이다. 송정역은 1934년 12월 16일 역원 무배치 간이역으로 영업을 시작하여 1941년 6월 1일 보통역으로 승격되었다. 그리고 1976년 7월 차급화물 업무를 중지하였다. 한때 동해남부선 부산-울산 간 복선전철 건설구간에 속해 철거될 우려가 있었으나 등록문화재로 지정되면서 철거 위험은 면했다.